激動期のアメリカ

理論と現場から見たトランプ時代とその後

山岸 敬和・岩田 仲弘 編著

大学教育出版

はじめに

「激動期のアメリカ」、これが本著のタイトルである。アメリカの「変化」について書かれている。しかし国の「変化」というのは実に全体像を把握しにくいものである。政治・経済・社会・文化の変化を把握する手がかりを得るために自然の変化に目を向けてみよう。

我々は様々な自然災害を目にする。地震については、過去10年間、体感がないものを含め日本では年間10万〜30万回程度起こっている。その中で東日本大震災級の地震は1,000年に1回と言われる。火山の噴火のニュースもよく見かけるが、活火山の桜島では年間1,000回の噴火が起こる時もあるし、休火山の富士山は1707年の宝永大噴火を最後に300年以上にわたって噴火を起こしていない。

日本におけるこれらの自然災害の多くは、海底プレートが大陸プレートの下に沈み込むことで起こる。海底プレートの一つである太平洋プレートは東から西へ動くが、その移動距離は年間わずか8センチである。そのわずかな移動距離によって起こる摩擦によって、あるところでは大地震や大噴火が起こされる。しかし、それがあまり起こらないところもあるし、地震によっては大陸プレートの活断層が引き起こすものもある。

政治・経済・社会・文化の変化についても、全体像を理解するためには、まず「地上」で起こる振動や熱を現場で正しく把握することが重要になる。しかしそれと同時に、理論を用いたり時間軸を長く取ったりすることで、「地下」のプレートの僅かな動きを捉え、それがどのようなメカニズムで地表の動きに影響を与えているのかも理解しなければならない。また一つのプレートが他のプレートとどのように関連しあっているのかを理解するために、より俯瞰した視点も必要となる。

トランプ政権の4年間はまさに「地上」で大きな動きが見られ、我々もそれに振り回された感がある。2021年にバイデン政権が始動したが、前政権と何が異なり、どの部分が変わっていないのかという議論が続いている。

本著は、トランプ政権が終わり、バイデン新政権が成立して約1年が経過した時点で、今一度アメリカにおいて起こっている変化についての理解を深めようというものである。そのために研究者とジャーナリストが集まった。ジャーナリストは、「地上」をよく知り、現場で声を聞き、それを現場の熱とともに伝えるプロである。研究者は、「地下」を分析するためにそれぞれの学問領域で理論を学び、論理的に伝えるプロである。この両者が本格的に協力して、アメリカの近年の変化を政治・経済・社会・文化等幅広いテーマで分析しようとする著書はこれまでない。

章の進め方はまずは「地下」の動きを理解するために研究者による第1部から始める。そして第2部では、中日新聞（首都圏では東京新聞）のアメリカ特派員経験者が「地上」の動きを現場の声とともに伝える。以下各章を簡単に説明したい。

第1部「理論から」は7章によって構成されている。政治学、社会学、歴史学、コミュニケーション学、文学の研究者が集まり、多面的にアメリカの水面下で起きている変化を捉える。扱うテーマは、選挙・政党制（第1章）、経済格差・社会政策・移民（第2章）、人種・警察（第3章）、宗教（第4章）、国際関係・ジェンダー（第5章）、政治的言説（第6章）、文化・社会的言説（第7章）と多岐にわたるが、記述したようにこれらの「プレート」は相互に作用し合っている。そしてそれらが摩擦を引き起こし、ひずみを生み出し、地表の変化を生じさせる。

第2部「現場から」は9章によって構成されている。アメリカ特派員として現場に赴き、人々の声に耳を傾ける経験をした新聞記者によるものである。現場で特に大きな振動となった以下のような出来事に焦点を当てている。ブラック・ライブズ・マター運動・対アジア人差別の拡大（第8章）、女性参政権100年と大統領選（第9章）、GAFAと地方紙の困難（第10章）、グリーン・ニューディールと原発の関係（第11章）、コロナ禍における銃問題（第12章）、Qアノン（13章）、米中貿易問題（ 14章）、日米同盟（15章）、ハリウッドの政治性（第16章）。

読者の方の読み進め方は自由である。まずはアメリカの構造的な変化の全体像を掴みたいという方は第１部から読み始めていただければと思う。また「地上」で起きたことを把握した後に、「地下」で起こっていることを理解しようとするならば、第２部から読み始める選択肢もある。特定の問題について学びたいのであれば、第３章と第８章のように近い分野を合わせて読むこともできる。

記述したように、本書の目的は、冷静さと現場の熱、俯瞰性とミクロ視点、そしていわゆる「アメリカ政治本」よりも幅の広いテーマを取り扱うことで、より複眼的にアメリカという国で起こっている変化を理解しようとするものである。そうすることで、アメリカ政治や社会の行方、日米関係、そして広くは世界政治を理解するための視点を提供できれば幸いである。

各章の注表記について言及しておきたい。研究書において、インターネット上の情報の場合には通常URLとアクセス日を示す。しかし本著では、文字検索してすぐに見つかるものであればURLは掲載せず、また情報が後にアップデートされた場合以外にはアクセス日も記さない。

第２部の各章は、担当記者が中日新聞・東京新聞に自ら書いた記事を再構成した上で加筆修正したものである。直接取材した人物の肩書き、為替レートなどは取材当時のまま記している。また、写真は、取材先から提供を受けたもの以外、すべて記者が撮影したものを掲載した。

2021年10月

山岸敬和・岩田仲弘

激動期のアメリカ

―理論と現場から見たトランプ時代とその後―

目　次

第2部　現場から

第1部

理論から

第 1 章
なぜ共和党議員はトランプに従ったのか？
― 選挙政治と政党制の変化から ―

松本　俊太

は じ め に

本書は、ドナルド・トランプが大統領であった4年間の歴史的な意味を振り返ることを目的とする。その冒頭にあたる本章は、トランプ政権期（および現在）は、何が真に異例であり、何がこれまでのアメリカ政治との継続性によって説明されるべきものであるのかを見極める視点を提供する。

そのため、本章はまず、アメリカの政党制と選挙の基礎知識を紹介する。とりわけ、1960～70年代ごろから始まっている二大政党の「分極化」と呼ばれる現象について、先行研究を紹介し、有権者の政党帰属意識・選挙結果・議員の行動などのデータを提示する。この基礎知識から導き出される問いは、「なぜ共和党議員はトランプに従ったのか」である。本来、大統領と議会は別々に有権者から選出されるのだから、議員は大統領に従う動機をあまりもたない。ましてや、トランプは大統領予備選から2016年の本選挙にかけて、大半の共和党議員と敵対していた。この状況は、トランプの当選から2021年初頭のトランプの弾劾裁判までにおける大半の共和党議員の立場と大きく異なる。なぜ、どのように、両者の関係は変化したのか。

この問いに答えるべく、本章では、議員の再選戦略という従来の議員行動研究の知見に基づく説明と、トランプ個人の側からの説明を行う。結果、トランプの行動は、既存の政治制度や分極化の状況に適合的な戦略の１つに基づくものであったという点では過去からの継続性によって説明されるが、その徹底ぶりが特異であったことを論じる。最後に、以上の知見を踏まえ、2024年大統領選挙中心としたアメリカ政治の展望を簡単に述べる。

1. 政党制と選挙の基礎知識[1)]

（1） アメリカ政治を理解する前提

アメリカ政治を理解する上では、「知っているつもり」に陥らないよう気を付けることが大事である。外国の中でもアメリカの政治については、なまじ日本語で読める情報が氾濫しているのでそのような錯覚に陥りやすい。とくにダメなのは、安易な日本政治との類推で論じることである。日本は議院内閣制の国であり、党首をトップとした党組織が成り立っていて、与党議員は党首を長とする内閣や党執行部に従うことが前提となっている。この議院内閣制の頭で考えると、議員は大統領に従って当然、という誤った前提を置いてしまい、そこから先の理解をすべて誤る。合衆国憲法を中心とするアメリカ政治の基礎から確認しておくことで、本章が提示する「なぜ共和党議員はトランプに従ったのか」という、議院内閣制の下では自明な問いが、如何に問いとして成立しているかも理解されるだろう。

アメリカでは、大統領の意向にかかわらず、議員は所属政党に関係なく自由に立法などの活動を行い、有権者も自由に政治参加を行う。これが最重要の基本である。その主要な理由を３点挙げておく。

第１に、アメリカの統治機構の根幹をなす大統領制である。世界で初めて大統領制を生み出したのは、1788年に成立（制定は1787年）した合衆国憲法である。その根底にあるのは、権力や権力者を選ぶ民衆への不信感であり、だから、議会の暴走を防ぐために大統領や裁判所を設け、厳格な権力の分立を憲法は定めた。その厳格さは、後から大統領制を採用した各国と比べても、最も徹底している。議院内閣制の国の議員と異なり、アメリカの議員は、大統領の方針に沿う動機を最初からもたないばかりか、時には立法の立場から行政の長である大統領と対立する。有権者も、特定の政党に忠実な投票行動をとる必要はない。大統領と議員とで、別の政党に投票しても構わないし、むしろ、そのように投票することで、二大政党間のバランスをとることを意図しても構わない。

第2に、アメリカの政党組織の緩やかさである。多くの大統領制の国では、大統領は、党首など党の役職に就き、議会選挙などに関与することで、議会の大統領与党に影響力を行使することができる。ところが、アメリカの大統領は党首ですらないし、そもそもアメリカの二大政党には、党首なるものは存在しない。むしろ、アメリカの二大政党は、アメリカ政治のあらゆる部分を緩やかに覆う「テント」のようなものであり、それぞれのテントの中は、多数の自律的な組織の緩やかな連合体に過ぎない[2)]。だから議員は、大統領はもちろん、党議拘束などの形で政党組織に縛られることも、基本的にはない[3)]。

有権者についても、俗に「共和党員」(Republican)「民主党員」(Democrat)という言い方をするが、これは西欧や日本の政党のように、有権者が政党組織に所属することを意味しない。あるとすれば、有権者が居住する州に「有権者登録」(voter registration) を行う際に、所属政党を自己申告で登録するぐらいである。これとは別に、有権者と政党を主につなぐものは、「政党帰属意識」(party identification：PID と略される) というアメリカの有権者に特有の概念である。これは、有権者個人がどの政党に、どの程度の心理的な一体感をもっているかを表すものであり、つまり、各個人の心のありよう以上のものではない。

第3に、したがって、議会選挙に立候補する場合、個人の力で選挙戦を勝ち上がることが前提となっている。アメリカの政治学者デイヴィッド・メイヒューは、1974年に、*Congress: The Electoral Connection* という研究書で、「議員は再選を目指して行動する」という仮定のみに基づき、議員のあらゆる行動を説明した[4)]。現在のアメリカ連邦議会の研究の分野では、この仮定は、「定理」と呼んでも良いほど定着している。議員は再選を目指す、という言い方をすると、すぐに政治批判に結びつける向きもあるが、そのような安易な話ではない。政治家は、元来専門家でも何でもなく、一般人の代表である。その一般人に、政治に直接関わる権限を与えているのは、有権者の意思表示である選挙なのだから、政治家が選挙を気にするのは当然である。政治や政治家を批判したいならば、その選出の仕組みの具体的な不備を問題にする方が建設的である。

（2） 少しずつ変化しているもの1：二大政党の分極化

このように、アメリカの連邦レベルの政党政治は、緩やかなまとまりに過ぎない政党の名の下に集う公職者（大統領と議員）と有権者が、それぞれ自由に行動しながら展開してきた。アメリカの政党政治の歴史は、連邦の強化を志向する「フェデラリスト」（Federalist）と、州の独立性の維持を志向する「リパブリカン」（Republican）（注：現在の共和党と直接のつながりはない）の間で争われた1800年大統領選挙を起源とすると、220年以上の歴史をもつ。この間の政党政治の展開は、必ずしも安定的なものではなく、時には緩やかな、またある時には急激な変化を経験してきた。

1国内での政党同士の関係のことを、政治学では「政党制」あるいは「政党システム」という。この政党制の継続性と変化を説明する概念として、少し前までの教科書的なアメリカ政治の理解では、「政党再編成論」（party realignment）なるものが浸透していた。これは、アメリカの政党制は、およそ30年のサイクルで、安定期と、それを急激に変化させる「決定的選挙」（critical election）に端を発する数年間の再編成期を繰り返すことで変化してきたという理論、というよりも歴史の見方である。結党間もない共和党のエイブラハム・リンカーンが当選し、その後の南北戦争の引き金となった1860年や、大恐慌への対応として、フランクリン・ローズヴェルトが経済の新規まき直し（「ニューディール」（New Deal））を訴えた1932年の大統領選挙が、決定的選挙の代表例である。

しかし、約30年のサイクルで決定的選挙が発生するというのはただの経験則であり、理論的な根拠は（後付けのような説明を除けば）何らない。何より、1932年以降は、決定的選挙として衆目の一致をみる選挙が現れていない。こうしたことから、政党再編成論は、学術的には廃れつつある[5)]。が、政党再編成論は、様々な含蓄に富んだものの見方ではある。

そこで、あえてこの政党再編成論に乗っかって、1968年と2000年が「決定的選挙」に該当するという捉え方をしてみる[6]。1968年は、共和党のリチャード・ニクソンの「南部戦略」の年である。ニクソンは、「法と秩序」（law and order）を訴えて、それに先立つ公民権法等の成立によって民主党とのつながりが緩んでいた南部の白人層を、共和党に取り込もうとした。南部戦略はニクソンの当選に寄与したばかりか、南部の白人層が共和党支持に転じる契機にもなり、今や南部は共和党の強固な地盤になっている。

この南部と民主党のつながりが一時的に回復したのは、南部出身の民主党ビル・クリントン大統領と南部選出の上院議員だったアル・ゴア副大統領の時代である。その後継をめぐる2000年大統領選挙では、南部の大半の州は、民主党ゴア候補ではなく、同じく南部を拠点とする、共和党ジョージ・W・ブッシュ候補を選んだ。そしてこの選挙の開票結果が法廷で争われた「ブッシュ対ゴア事件」の一連の報道から、共和党が勝利した州を「赤い州」（Red State）・民主党が勝利した州を「青い州」（Blue State）と色分けすることが定着した。そしてその後5回の大統領選挙の各州における勝敗も、大半がこの2000年選挙のパターンを踏襲している。2000年大統領選挙は、1968年に始まる現在の二大政党の勢力関係を定着させた象徴となる選挙として位置づけられるのである。

政党再編成論にとって代わりつつある形で言われるようになった政党政治の変化は、1960年代から2021年現在に至る長期的なものである。この変化は、「二大政党の分極化」（party polarization 以下、「分極化」と表記）と呼ばれている[7]。二大政党は昔から分極化していたわけでも、たとえばトランプ1人が分極化を起こしたかのような直近の出来事でもない。50～60年ほどかけて、少しずつ、しかし着実に進行してきたものである。

分極化は主に2つの、互いに関連する側面からなる現象である。第1に、二大政党それぞれに所属するアクター（議員・その他公職者・有権者など）のイデオロギーが均質化すると同時に二大政党間のイデオロギーの隔たりが大きくなっていることである。多くの論者は、この「イデオロギー的分極化」（ideological polarization）のみをもって分極化を論じている。

だが、分極化はそれだけではない。アメリカの有権者の心理や投票行動を論じた古典である、ミシガン学派による研究に代表されるように、イデオロギーと党派性（有権者における党派性は、先述した政党帰属意識）は、別の概念であり、別の心のありようである[8)]。つまり、分極化の第2の側面は、各アクターが自らの政党に対してもつ忠誠心が強くなっていると同時に相手方の政党への敵対心が強くなっていることである。この「党派性の強化」とイデオロギー的分極化は、互いが互いを強化する関係にもなっている。また、議会では、二大政党の勢力が拮抗して、多数派の交代が常に現実味を帯びるようになったことによって、どちらの党も本気で相手の党と対峙するようになってきたことも、党派性の強化の一因と言われている[9)]。

以上の変化を裏付けるデータを示しておく。分極化は、選挙で選ぶ側の有権者と選挙で選ばれる側の公職者の双方について観察されるものであるので、それぞれについて紹介する[10)]。

図1は、有権者の「政党帰属意識」という概念を提示した、ミシガン大学の研究チームによる世論調査 American National Election Studies の調査結果である[11)]。図1（a）は、その世論調査において、「共和党」「民主党」「無党派」（Independent）の回答の割合の推移である（どちらかの政党寄りの無党派（leaners）はどちらかの政党に含めている）。これをみるかぎり、無党派が増えているようにみえるが、実態は少し異なる。政党帰属意識の強さの割合の推移をみてみると（図1（b））、ここでも無党派の割合が増えていることが確認できるが、同時に、強い政党帰属意識をもつ有権者の割合が、1970年代後半から着実に増えてきていることがわかる。このような有権者に含まれるのが、後述する「政党活動家」である。つまり、「数は少ないが声が大きい有権者」が増えているのである。

図1（a）でも、「共和党」と「民主党」の割合のギャップが縮まっていることがわかるが、依然「民主党」の方がやや優勢である。ところが、多くは民主党に帰属意識をもつ低所得者層やマイノリティの投票率は相対的に低いため、実際に民意が反映される投票結果となると、その差はさらに小さくなる。このことを確認するため、投票結果とは少しズレがあるが、有権者が選んでいる連

(a) 政党ごとの推移（政党寄りの無党派を含む）

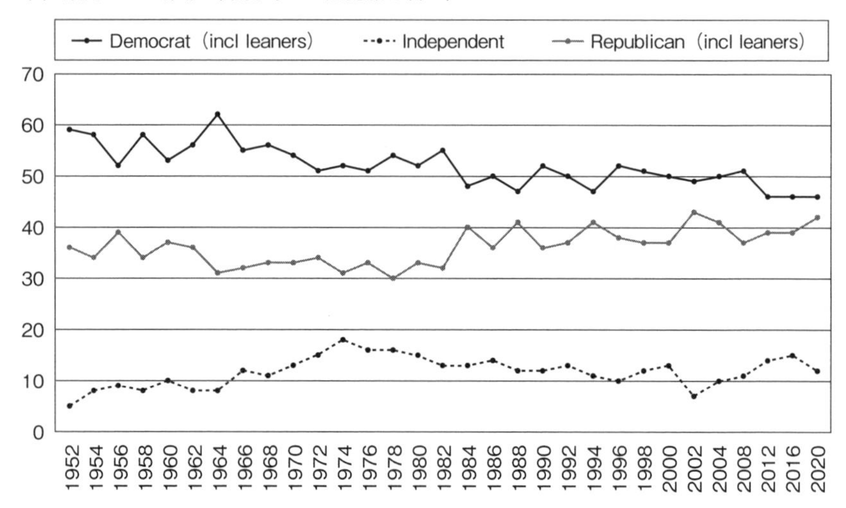

(b) 政党帰属意識の強さの推移

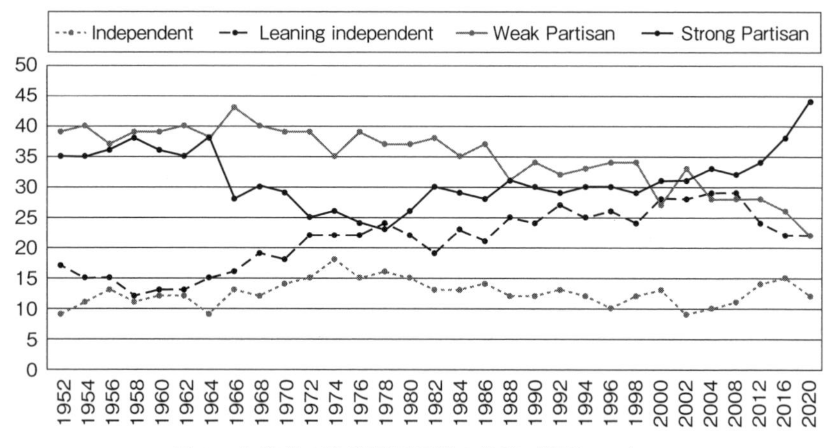

図1　有権者の政党帰属意識の推移（単位：%）

出典（a）：https://electionstudies.org/resources/anes-guide/top-tables/?id=22（2021年6月30日最終閲覧）

（b）：https://electionstudies.org/resources/anes-guide/top-tables/?id=23（2021年6月30日最終閲覧）

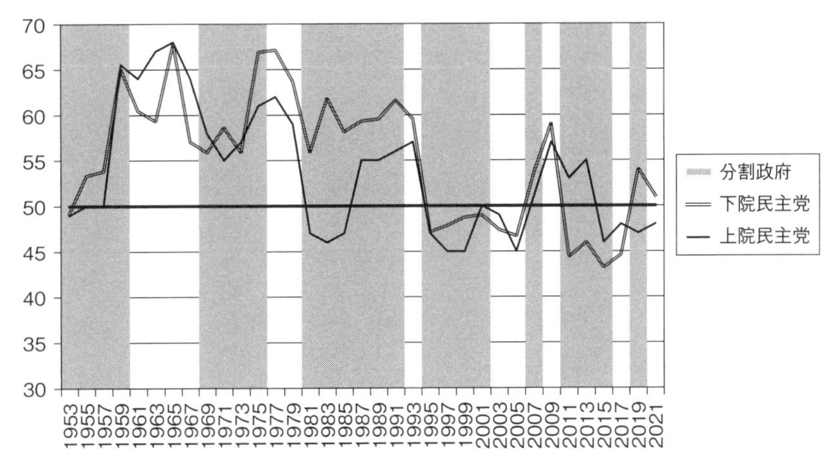

図2　上下両院選挙および大統領選挙の結果（単位：%）

出典：筆者作成。無所属議員の議席は、院内会派を組んでいる党にカウントした。議会選挙の結果のデータは、2015年（2014年選挙）までは、Stanley, Harold W. and Richard G. Niemi. 2015. *Vital Statistics on American Politics* 2015-2016, pp.27-31。2017年（2016年選挙）からは、各年の *CQ Almanac*。

邦レベルの公職者の所属政党の推移をみる。図2は、1953年から2021年までの上下両院の民主党の議席率と、「統一政府」（unified government）か「分割政府」（divided government）かを示す折れ線グラフである[12]。1970年代ごろまでは上下両院とも民主党が優勢であったこと、それが拮抗してくるのが上院は1980年代・下院は1990年代であること、その後は多数党が頻繁に交代していることが、読みとれるであろう。

では、選挙によって選出された議員は、議会の中でどのように行動しているのか。図3は、議員の議案への投票行動のパターンを測定した、DW-NOMINATEと呼ばれる指標を要約したものである。このDW-NOMINATEの値の推移は、分極化を表現するデータとして頻繁に紹介されるものであるが、1点注意を促しておくと、これはイデオロギー的分極化だけを表現しているものではない。素材となっている議員の投票行動は、イデオロギーの他に、政党組織からの圧力など党派性も反映しているものであり、したがって、イデオロギーと主には党派性が混在したものとして解されるべきものである。この

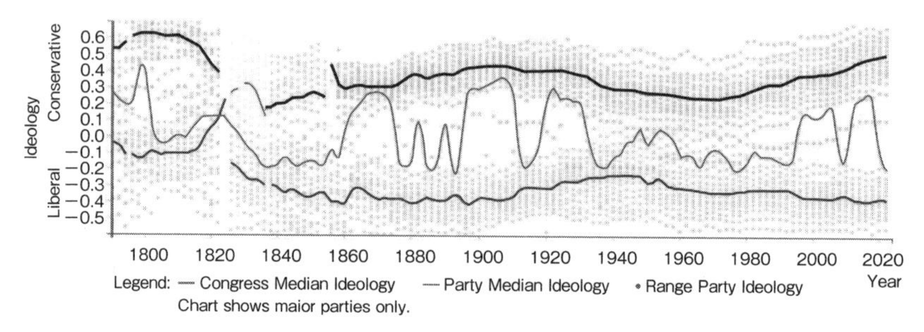

図3　DW-NOMINATE の党派別の推移

出典：https://voteview.com/parties/all（2021年6月30日最終閲覧）

値が大きい議員ほど保守（conservative）―共和党寄り、小さい議員ほどリベラル（liberal）―民主党寄りである。

この図3から読みとれることは、主に、ニューディール期の民主党は平均すると中道寄りでかつ党内のばらつきが大きいこと・それが1950年代ごろから緩やかにリベラル寄りになっていき党内のばらつきも小さくなっていること（この2つが先ほど紹介した分極化の定義に他ならない）・共和党の分極化は1980年代から本格化していること・共和党の方が分極化の程度と速度が大きいこと・1980年代ごろまでは、共和党の分布と民主党の分布は重なり合う部分が大きかったが、それがしだいになくなってきたこと、などである。これらは、先に述べたニューディール以降の政党政治の歴史と符合している。

（3） 少しずつ変化しているもの2：議員の行動

先に述べたように、議員の行動原理は再選である。ところが、同じく先に述べた分極化に伴って、その再選という目標を実現するための手段も、少しずつ変わってきた。

1960年代ごろまでは、州や都市といった地方のレヴェルの政党組織や有力者が、党を代表する候補者選びを実質的にコントロールする権力をもっていたが、それが崩壊した1970年代以降は、候補者個人が独力で資金集めを含む選挙運動を行い、自力で党内の「予備選挙」（primary または primary election）を勝ち上がるように変化してきた[13]。当初は、これを捉えて政党の弱体化を意味するものという説が強かったが、今ではこれは誤りであることが明らかになっている。政党の地方組織とは別の部分が強くなり、それが議員選挙や議会内での議員の行動に影響を及ぼすようになったからである。

第１の変化は、予備選挙の重要性が増していることである。主に二大政党で一本化された候補者同士で行われる本選挙とは異なり、予備選挙は、同じ政党に属する候補者同士の競争であり、その党に有権者登録をしている有権者が投票する[14)]。その上、予備選挙の投票率は低い。このような状況の中、「政党活動家」（party activist）と呼ばれる人たちが台頭してきた。この政党活動家の定義も明確には定まっていないが、おおよそ、一般有権者の中でも、特定の政党の候補者の当選を促すために行動したり、地元の党組織の活動に関わったりする人を指す。政党活動家は、ある政策や争点に関して極端な立場をとることが多い。現職の候補にしてみれば、再選を妨げる危険が大きいのは、本選挙よりも、極端な主張をする新人候補を相手にする予備選挙になる。こうなると、現職の議員は議会内で、相手方の党や大統領との交渉や妥協をせざるを得ない立場に置かれながらも、極端な立場をとって一部の地元有権者にアピールする動機が強くなる。

第２の変化は、議会内の政党組織が強くなってきたことである。かつての議会は、当選回数の序列によって常任委員会の委員長ポストが配分され、議員は、委員長の支配下で、自らの選挙区や支持団体が求める利益を追求してきた。この現状に不満をもつ若手議員などの要求によって、委員会を弱体化させるために、主に下院で、議会内の政党組織内部の規則や議事規則の変更が、1970年代から進められてきた。その結果、議会指導部（下院議長（Speaker）・院内総務（Floor Leader）・院内幹事（Whip）など、議会内政党の役職者たちを指す）が強化された。今では議会内政党は、独自に議会選挙に向けた選挙運動、とくに選挙資金の配分を差配するようになった。こうなると、いくら党議拘束はないとはいえ、議員は、議会内政党の方針に従う動機をもつようになる。

第３の変化は、大統領（選挙時の大統領候補を含む）と党所属議員の直接的な関係の変化である。たしかに大統領は党首ではない。が、その党を代表する「党の顔」ではある。党の顔としての大統領の役割が強くなってきた原因は、情報通信技術の変化などもあるが、党内での大統領候補の選出に、より民意が反映されるようになったことである。大統領選挙において、民主的な予備選挙や党員集会が行われるようになったのは、1970年代に入ってからである。この新たな状況下で最初に大統領に当選したのが、中央政界の経験がないジミー・カーターであった。これ以降、ワシントンDCの外側から改革を訴える候補者が大統領に当選することが常態化した[15]。

冒頭で述べたように、大統領制と弱い党組織の組み合わせからなるアメリカにおいては、議員は大統領に従う動機をもたないのが基本である。ところが、党内の候補者選出過程の民主化に伴い、政党活動家を中心とする党派的な有権者が好む大統領が選出されるようになってくると、大統領は、民意によって当選したという正統性と、自らの人気が党所属議員の当選に寄与した（これを、コートテイル効果（coattail effect）という）という事実をもって、非公式な影響力を、党所属議員に対してより強くもつようになる。

2. トランプと共和党議員の関係

大統領制という統治機構の根幹が変わっていない以上、議員は大統領に従う必要がない、という基本もまた、変わっていない。ましてやトランプは、2015年にまったくの泡沫候補の扱いから共和党内の候補者指名争いを始めてから、2016年11月の大統領選挙に至るまで、大半の共和党所属議員との関係は敵対的であった。このトランプと共和党議員の関係は、当選を境に一変した。

ここから導き出される問いは、「なぜ共和党議員はトランプに従ったのか」である。トランプが特異であり、議員に対して異例の影響力をもった、という答えは、誤りではないのであろうが、因果関係のメカニズムの説明としては不十分である。トランプが共和党議員に影響力をもったとしても、その経路は、前節で述べた選挙区・議会指導部・トランプ個人、いずれがどの程度強いのか。

トランプの特異性については、あらゆる論者が様々なことを述べているが、ここで筆者は、トランプが権力を獲得・維持するために採用した戦略を指摘したい。フランクリン・ローズヴェルト以降の大統領は、議会と共同で立法を行うことで政策を実現することを志向してきた。それには少なくとも一部の超党派の賛成を必要とする。こうして歴代の大統領は、立法を通じて国を緩やかにまとめてきたのである。単独の党だけで政策転換が行われたことになった先例はあるにせよ、それはあくまで立法過程のなりゆきの結果である。対して、トランプは、この超党派による政策の実現を、最初から放棄していた点で異質である。

かわってトランプが採用したのが、「数は少ないが声は大きい」支持層との連携によって、自らの権力基盤を確立させることであった。トランプは、政策の中身への関心は薄く、徹底的に権力志向であると言われている。2015年の出馬の時点（さらにはその前触れともなる、バラク・オバマの出生地に関する主張）から、トランプは、あからさまに白人至上主義を前に出し、それに呼応した一部のコアな有権者の支持を集めた。この、コアな支持層の支持を固めつつ、敵は恫喝して、追い出すか屈服させて味方に取り込むかを徹底した。この戦略によって、間接的に議員を従わせることに成功した、というのが、筆者の見方である。また、戦略である以上、トランプの一連の過激な主張はどこまで本音で、どこからが忠実な「顧客」を繋ぎとめるための発言であったのかもよくわからない。あるいは、コアな支持層の受けを狙っているうちに、引っ込みがつかなくなったのかもしれない。

前節で述べた、分極化した状況下で、再選を志向する議員に影響力を与える経路は3つである。それぞれについてトランプとの確認をみておく。

第1の経路は、上述のとおり、「トランプ信者」とも呼ばれるコアな支持層を固めることである。そのつながりの深さは至るところで言われているので、ここでは繰り返さない。ただここでは、トランプが行っていることは、それほど新しくない、ということを指摘しておく。まず、トランプは、ツイッターなどSNSを多用することが知られていたが、実際のところは非常にテレビ映えを重視する。そもそもトランプが世に出たのは、プロレスの興行であったり、テレビのリアリティー・ショーであったりする[16)]。そんなトランプのコアな支持層の一部は、2010年前後に勃興した、ティーパーティ運動（Tea Party Movement）の流れを汲む[17)]。したがって、トランプはゼロからコアな支持層を生み出したわけではない。新しいことがあるとすれば、あれほど露悪的なことをブレずに続けたことである。一般的な良識や精神力の持ち主にはできない。

第2の経路である議会指導部とトランプの関係は、当選を境に表面的には改善したものの水面下ではくすぶっていた。その議会指導部をトランプは、時間をかけて屈服させることに成功した。その代表例が、ポール・ライアン下院議長である。もともと同じ「保守」と言っても、リバタリアン（徹底的な小さな政府を志向する）のライアンと、ポピュリスト（既存の富裕層や大企業を批判する）のトランプとでは、その具体的な内容は異なる。ライアンは2018年下院選挙に出馬しないことで、下院議長はもちろん議員も引退した。

かわって台頭してきたのは、ティーパーティの流れを汲む議員たちである。これら議員も政策面ではトランプと必ずしも一致しないが、彼らはライアンの前任者のジョン・ベイナーの解任を要求するなど、議会指導部との関係が良くなかった。ティーパーティ運動が下火になった機会を捉えて、彼らとトランプは接近し、議会内での最大のトランプ支持層になった。最後は、その代表格であるマーク・メドウズが、下院議員からトランプの首席補佐官に転じるまでに至った。

ところが、トランプの影響力を考える上で肝心の第3の経路である、共和党議員がトランプ個人に直接的な影響を受けた、というエビデンスは、実のところあまりない[18)]。2016年・2018年・2020年と3回の選挙で、あからさまにトランプを支持する議員はたしかに何人か当選を果たしている。その（陰謀論を含む）主張が過激であるがゆえにメディアでも目立って取り上げられるが、数としてはごく一部である。共和党議員の大半は、選挙区事情と議会指導部の方針に従っているだけである。あるいは、議員はトランプ個人というよりも、党としてまとまって共和党の大統領に従っていると言った方がより適切である。

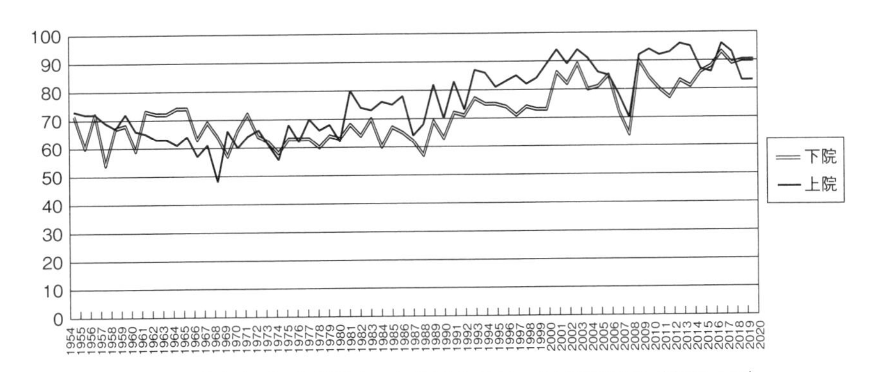

図4　大統領与党所属議員の大統領支持スコアの平均値（単位：%）

出典：筆者作成。2018年までのデータは、*CQ Almanac* 2018, B-14。第116議会（2021年1月は除く）のデータは、https://projects.fivethirtyeight.com/congress-trump-score より入手（2021年6月30日最終閲覧）

図4は、各議員の「大統領支持スコア」（本会議にて大統領が表明した立場と同じ投票行動をとった割合。単位は%）という値について、大統領与党の議員の平均値の推移を図示したものである。ここで明らかに読みとれることは、大統領支持スコアの平均値は一貫して上昇傾向にあること、および、「赤い州」と「青い州」が確立した2000年以降は、ジョージ・W・ブッシュ政権の末期を除けば、およそ80～95%の割合で安定していることである。トランプと議会共和党との関係だけが特別異質なわけではないことが、少なくとも長期的なスパンでみたデータからはわかるであろう。

おわりに

以上、本章は、アメリカの政党制と選挙の基礎知識を解説し、続いて、長期的に進行している事象として、二大政党の分極化と、これに伴って議員の再選戦略が変化していることを論じた。トランプが大統領選挙での当選とその後の権力基盤の維持のためにとった戦略は、この変化に適合的であった。「なぜ共和党議員はトランプに従ったのか」という本章の問いに対する解答としては、「既存の政治制度と分極化の状況に適合的な戦略をとることで、共和党を乗っ取ることに成功した[19]」から、ということになる。このことは、トランプの特異なところは、その戦略の徹底ぶりであり、トランプ個人のパーソナリティやカリスマといったものではない、ということも意味する。

これを前提として、今後の展望を2点述べる。第1に、トランプ個人の動向である。共和党を「トランプの党」に改変することで大統領の地位にしがみつこうとするトランプの戦略は、最後までブレなかった。2020年11月に実質的に落選が決まった後にも負けを認めず、陰謀論を語った部分は、そこだけをみれば異常の極みだが、これも2015年の出馬から一貫した、権力志向の行動といえる。トランプ個人の展望としては、この先も一貫して権力を追求することは間違いなさそうだが、その結果は先が読めない部分が大きい。2024年に返り咲く可能性もあれば、過去の犯罪疑惑で刑事訴追される可能性も、共和党内で他に有力な大統領候補が現れることで共和党から捨てられる可能性もある。

第2に、より重要なこととして、共和党およびアメリカの政党制の今後である。トランプの成功は既存の制度と分極化の状況を利用したという本章の結論に従うと、トランプが2021年にホワイトハウスを去ったことの意味も限定的であれば、トランプ個人の今後を論じる意味もあまりない。トランプを台頭させた根本的な状況が変化していないからである。トランプが問題にした（あるいは大統領職を得るための方便として使った）のは、行き過ぎたポリティカル・コレクトネスやグローバリズムへの異議申し立てであり[20]、さらにその背後には、アメリカ国民の半数以上がもつマスメディアへの不信感もある。これらが収まらないかぎり、トランプの再選も、第2・第3のトランプ的なものの登場もありうる。あるいは、トランプ自身が、第2・第3の、そういった不満をもつ有権者の主張を代弁する「乗り物」だったと言う方が的確なのかもしれない。

トランプは、共和党を一時的に乗っ取ることには成功した。しかし、これとは別に、長期的に共和党が「トランプの党」になったと言えるには、トランプがいなくなってもトランプの政策的な主張や政治手法が共和党内に浸透しなければならない。それを見極めるには、さしあたっては、2022年の中間選挙が試金石となるが、「政党再編成」を起こしたリンカーンやフランクリン・ローズヴェルトの先例に従えば、数十年単位のスパンで検証を続けねばならない話である。たしかにトランプは良くも悪くもインパクトの強い大統領であった。しかし、トランプの一挙手一投足にあまり振り回されることなく、合衆国憲法以降の政治制度と、その運用の歴史や、歴史の記録であるデータをよく学び、よく考えることによってこそ、トランプ政権の4年間の意味も少しはわかってくるのではないだろうか。

注

1)　アメリカの政党政治の基礎知識について、筆者は、大統領の行動を中心に論じる別の論考として、松本俊太「バイデン政権と議会：本当に異例のことは何か？」『国際問題』No.701（2021年6月）、pp.14-21を執筆した。これとの重複を極力避けるべく、本章における基礎知識の解説は、議員およびその行動を規定する有権者の側からの話を中心とする。

2)　岡山裕『アメリカの政党政治』（中央公論新社、2020年）、序章。

3)　このように、アメリカの政党は中央集権的な組織としての体をなしていないため、逆に、「なぜ政党なるものが存在するのか」という問いが立てられ、これまで競合する説明が行われてきた。最大の論点は、政党は政権を得ることを目的とした集団なのか、全国的な争点への賛否それぞれを代表する集団なのかである。この両者の論争は、より折衷的で洗練された説明が現れながら、現在でも続いている。

4)　デイヴィッド・メイヒュー『アメリカ連邦議会：選挙とのつながりで』（岡山裕訳）（勁草書房、2013年）。

5)　政党再編成論の主要業績の要約およびその批判は、Byron E. Shafer ed., *The End of Realignment?: Interpreting American Electoral Eras*（Madison: The University of Wisconsin Press, 1991）が、最もよくまとまっている。

6)　もちろん以下の説明も後付けである。1968年については、当時もそのような議論はあったが、学術的な議論というよりも共和党の時代の到来を喧伝する政治的主張と言った方が良い。2000年選挙を決定的選挙と捉える論者は、筆者の知るかぎり見当たらない。筆者が創作したストーリーである。

7)　分極化に関する本章の議論は、1953年から2012年までの観察に基づいた拙著、松本俊太『アメリカ大統領は分極化した議会で何ができるか』（ミネルヴァ書房、2017年）を大幅に簡略化したものである。ただし、次項「与党の大統領化」以降の部分は、2013年以降の動向を踏まえて、同書の議論を補っている。

8)　Angus Campbell and Phillip E. Converse, Warren E. Miller, and Donald E. Stokes,

The American Voter (New York: John Wiley and Sons, 1960).

9) Frances E. Lee, *Insecure Majorities: Congress and the Perpetual Campaign* (Chicago: University of Chicago Press, 2016). それ以前のアメリカ政治は、民主党のフランクリン・ローズヴェルトが掲げた「ニューディール政策」に、低所得者層・黒人含むマイノリティの他、南部の白人を中心とした伝統的な民主党支持層が結集していた。これを「ニューディール連合」(New Deal Coalition) という。この時期は、有権者も選挙で選ばれる公職者も、民主党が大きな割合を占めていた。それが、上記の経緯で南部の白人層を中心に共和党へと移った結果、二大政党の勢力が拮抗するようになった。「ニューディール連合」が崩壊したと本格的に言われるようになった契機は、1980年大統領選挙における共和党ロナルド・レーガン候補の大勝である。

10) 有権者と公職者の接点に位置するアクター（利益団体・マスメディア・シンクタンク・政党活動家など）こそが、分極化の主な原因という見方もある（松本、前掲書、pp.32-34）が、本章では、紙幅の都合上省略する。

11) 2005年からはミシガン大学とスタンフォード大学の共同で行われている。

12) 分割政府の定義は、上下両院の1つ以上の院の多数党（過半数を占める政党）が大統領の所属政党とは異なる状態を指す。下院は定数が奇数の435であるので、必ずどちらかの党が多数党になる（無所属議員はどちらかの党と院内会派を結成しているので、政党に所属しているものとみなされる)。上院の定数は州ごとに2名であるため必ず偶数になるので、両党の議席数がちょうど半分に分かれることが起こりうる。この場合は、副大統領が上院議長を兼ねることから、大統領与党が上院の多数党として扱われる。

13) 選挙ではなく、その地域に住む有権者が集まって話し合いを行う「党員集会」(caucus) の形態で選出する地域もある。

14) この仕組みを、クローズド・プライマリー（closed primary）というが、州によっては、その党に登録していない有権者でも予備選挙に投票できる、オープン・プライマリー（open primary）を採用している。

15) 上院議員36年・副大統領8年を歴任したジョー・バイデンが当選した2020年大統領選挙は、近年では異例である。

16) トランプと、事実と演出の境目の曖昧さを特徴とするリアリティー・ショーの関係については、渡辺将人『メディアが動かすアメリカ — 民主政治とジャーナリズム』（筑摩書房、2020年、pp.174-187）を参照。同書で紹介されているように、トランプの知名度を確固たるものにした番組「アプレンティス」を制作・放映していたNBCの社長は、後にCNN社長に転じ、反トランプの報道を全面的に展開して視聴率を稼ぐことになる。大手既存メディアも、本当に正義の観点からトランプを批判したいのであれば、必要以上に煽情的に報道して悪役トランプを目立たせることは得策ではないであろう。これでは、トランプと反トランプの論陣を張る報道機関は、共犯関係にあると言われても仕方ない。

17)　ティーパーティー運動は、徹底した「大きな政府」への批判を行っていたという点ではトランプの主張と一致しない部分も大きいが、トランプが2016年予備選挙に勝利した頃を境に、その一部がトランプ支持を打ち出すに至った。

18)　厳密な分析は、紙幅の都合上、および長期的な視点を主とする本章の性質上、省略する。今後の研究課題とする。

19)　したがって、トランプが国を二分させたという論調に対しては、YesともNoともいえる。トランプを台頭させたのは分極化したアメリカである。その分極化した状況をトランプが進行させたのもまた間違いないであろう。

20)　トランプを支持する白人層やその思想的背景に関する文献がこのところ多く刊行されている。渡辺靖『白人ナショナリズム－アメリカを揺るがす「文化的反動」』(中央公論新社、2020年）が、最もコンパクトかつ網羅的である。

第2章

なぜ民主党は労働者の支持を失ったのか？
― 経済・社会政策の変化から ―

山岸　敬和

はじめに

ドナルド・トランプを当選させた原動力となったのは、かつての工業地帯であったいわゆるラストベルトに住む白人労働者であると言われている。1930年代にフランクリン・ローズヴェルトが大恐慌下で苦しむ労働者に対処するためにニューディール政策を行って以降、労働者は民主党支持連合の重要な位置を占めていた。特に労働者階級が多いウィスコンシン、ミシガン、ペンシルベニアの3州では、1992年以降、一貫して民主党大統領候補者が勝利してきた。だからこそ2016年にこの3つの州がトランプの手に落ちるとは予想できず、ヒラリー・クリントンは同地での選挙活動を疎かにしてしまった。

しかし、労働者階級内の民主党支持の揺らぎは、2016年に突如始まったことではない。グローバリゼーションによる生産拠点の海外移転、生産のオートメーション化による労働市場の変化、そしてメキシコや中国等アジア諸国からの移民の流入は長い時間をかけて進んだ。労働者のセーフティネットになる社会政策の変化も同様に、歴史的な政策発展のメカニズムの中で漸進的に変化した。その結果、労働者階級が置かれる経済状況が悪化し、その政治的位置付けが変わり、労働者たちのアイデンティティは揺さぶられた。

以下ではまず、アメリカの労働者階級の特徴を掴むことから始める。次に、経済政策と社会政策の長期的な文脈の変化を概観しながら、労働者が置かれた環境がどのように変化したのかを確認する。そしてその中で労働者の政治的行動がどのように変化したのかを論じる。最後に、バイデン政権以降の社会政策について見通したい。

1. アメリカの労働者「階級」

アメリカで社会政策を学ぶ時の必読書がある。それはドイツの経済学者ヴェルナー・ゾンバルトの『アメリカにはなぜ社会主義がないのか？（*Why is There No Socialism in the United States?*）』である。1906年に出版された同書では、当時ドイツで労働運動が激しさを増す一方で、アメリカでは同様のことが起こっていないのに注目し、その原因について論じた。

ゾンバルトは、その著書の中で、アメリカではドイツと比べて労働者の平均賃金が高く、また社会的流動性が高いため、流入する移民にとってミドルクラスになることが比較的容易であることがその原因だと論じている。また建国後に封建的制度が残らなかったこと、さらに政党組織の発達がヨーロッパと異なったこと、経済階級的な差異と政党の差異が重ならなかったことも指摘された[1)]。

マーティン・シェフターは、男子普通選挙法の成立と官僚制の発展のタイミングがヨーロッパと異なる点について注目して、アメリカの政党の特徴についての論を進めた。ヨーロッパでは官僚制が発達した後に少しずつ選挙権が拡大していった結果、政党は経済階級と結びつき、選挙権を拡大すること、またはそれに反対することを主張することで発達した。他方で、アメリカでは政党が官僚制に先んじて発達したため、政党は情実によって公職を任命する機能を基にして発展した[2)]。

ルイス・ハーツは、アメリカの思想の側面に注目することで、ゾンバルドが立てた問いに答えている。ヨーロッパでは封建制に対抗する形で自由主義が出現した一方で、アメリカでは封建制の伝統がなかったことで同様な思想的対立が生まれなかった。アメリカでは生まれながらに自由であり、自由主義が絶対化され、自由主義が保守主義となったとする。その中で階級を前提とする社会主義は定着しなかった[3)]。

アイラ・カッツネルソンは人種・民族の側面に注目して、アメリカ的な労働者階級の特徴を論じる。都市部ではコミュニティと職場が断絶しており、そこでの統治は人種や民族に焦点が当てられ、生活のための物品やサービスの提供を中心に行われているが、そこで職場の労使関係等の問題が取り上げられることはあまりない。都市政治のこのようなあり様は、人々の意識や言動の中でコミュニティの政治と職域の政治が大きく引き離されてしまう。その結果、社会主義が人種や民族の壁を超えて広がることはアメリカでは難しいとする[4)]。

以上のような研究者が指摘するように、アメリカには社会主義が広まりにくい経済的、社会的、政治的背景がある。アメリカには労働者はいるが、強い政治的連帯によって、政治的に影響力を持ち、政治体制を大きく変えるほどのものにはなりにくい。本節のタイトルの「階級」を鉤括弧付けにした意味がここにある。

以下、労働者をめぐる経済環境の変化を歴史的に追っていきたい。

2. 世界の中のアメリカ経済

1783年にアメリカの独立が正式に認められた時点で、世界の覇権国の地位を争っていたのはイギリスとフランスであった。アメリカの13の植民地は、いわばその当時の超一流の経済大国から独立を果たした結果、一気に発展途上国の地位に転落したことになる[5)]。

そこで明治維新後の日本のように、列強に追いつくために富国強兵・殖産興業政策をとったかといえばそうはならなかった。確かにアメリカでも初代財務長官を務めたアレクサンダー・ハミルトンは、連邦政府が主導する産業立国を主張した。しかし、独立がイギリスの国家権力に対する反発によってなされたという記憶が、まだアメリカ人の中に強く残っていた。

アメリカ植民地の独立への動きは、イギリス本国の増税政策に端を発した。ボストン・ティーパーティ事件は反税運動の象徴的な出来事になった。その動きが独立運動につながっていく中で、ヨーロッパの「旧世界」の封建制を真似るのではなく、アメリカ大陸の「新世界」では、人民がリーダーを選出する共和制を打ち立てる、そして中央政府の権力をできるだけ抑制するという方向性を明確にしていった。その過程で、共和制樹立を世界史の中での必然として訴えたトマス・ペインの『コモン・センス』は、独立戦争をイデオロギー戦争に変えるために大きな役割を果たした[6)]。

そのイデオロギー戦争の結果は合衆国憲法に書き込まれ、連邦政府に権力が集中しないように政治システムが設計された。連邦制によって、州政府と連邦政府が統治権限を分有する形をとり、人民の福祉に関する政策は原則的に州政府の権限とされた。さらに、連邦レベルでも行政・立法・司法の間の役割分担が明確にされ、一点に権力が集中しないようにされた。日本の首相と異なって、アメリカの大統領が法案提出権を持たず、議会からの正式な招待がないと議場にも足を踏み入れることができないというのは象徴的である。

このような政治文化と政治システムの制約の中にあって、なおハミルトンは産業化を図るために連邦政府の権力を強化することを主張したのである。それに対してトマス・ジェファソンは異論を唱えた。ジェファソンが目指したのは農業立国である。自営農業を前提とし、連邦政府の権力を極力抑える。ジェファソンのは、アメリカの経済的・政治的な将来像を示すのみならず、農業こそがアメリカ的道徳心を育むのだと訴えた[7)]。

1800年の大統領選挙でジェファソンが勝利し、さらには1803年に財政難に陥っていたフランスのナポレオンから、支流を含んだミシシッピ川流域の広大な土地を購入した。この「ルイジアナ購入」でアメリカの国土は約2倍になり、農業立国の方針を維持することが可能になった。移民の多くは新たな領土に入植し、そこで経済的・社会的階段を登っていった。

西部フロンティアではコミュニティごとに自治が行われ、男子普通選挙法が広まった。西部では社会的流動性が高かったことに加え、通信手段が未発達の状況下で、連邦政府があるワシントンDCからの距離によって、西部地域が高い自立性を持つことを可能にした。まさにアメリカの建国の理念がフロンティアで実現したと言えた。

1833年に初の「西部」出身の大統領となったアンドリュー・ジャクソンは

それを象徴する存在であった。ジャクソン自身が正式な教育を受けたことがなかったということもあったが、彼は連邦政府には専門知識を持った知的エリートは必要ないとした。連邦政府のポストを選挙戦で尽力した支持者に与える制度を導入した。これを猟官制というが、これによってヨーロッパと比べて中央官僚が少ないのに加え、その政策能力もさらに低下することになった。ジャクソンは、当時あった合衆国銀行も廃止した。連邦政府に経済政策の司令塔的な機能を期待することはますますできなくなった[8)]。

しかし農業を基盤とする経済が発展していく中で、産業化も漸進的にではあるが進んでいった。一つの契機となったのは1812年の米英戦争である。この戦争ではイギリスにワシントンDCまで攻め込まれ、ホワイトハウスまで焼討ちにあった。この約2年半の戦争中は、大西洋がイギリス艦隊でほぼ閉鎖されてヨーロッパからの輸入が途絶えた。アメリカ国内で軍需関連製品の生産をしなければならず、その結果産業の発展につながった。また1860年代の南北戦争でも、北軍、南軍共に戦争遂行のために積極的に産業化を推進した。

ハミルトンが建国当初に夢見た産業発展が、半世紀以上を経て実現したかのように見えた。しかし、アメリカの産業化は進んだものの、日本の明治政府のように、連邦政府が国営企業を作って特定の産業を振興したわけではなかった。平時になると連邦政府はインフラ整備や関税などによって経済に関与する程度に送戻りした。それでも民間主導で産業化とそれに伴う都市化は進んだ。

産業革命がもたらした科学技術によって、都市部では製造業が活発になった。工場では労働者不足になり、そこに世界からの移民が押し寄せた。19世紀末までにはアメリカの経済力は世界で首位となり、その後も経済発展は続いた。

第一次世界大戦は、アメリカ経済をさらに大きく成長させた。戦争のために科学技術は発展し、戦後は荒廃したヨーロッパからの復興需要の恩恵を受けた。大戦を挟んでアメリカは債務国から債権国に変わった。

1920年代は「狂騒の時代」と呼ばれる。フォードが自動車の大量生産方式を生み出し、自動車は中間階級にとって手の届くものになった。その結果、中間階級はその住居を都市部から離れたところに移し、いわゆる「郊外」が形成されていった。大量生産は自動車だけにとどまらず、1920 年代は大量消費時代の幕開けとなった。

ここで重要なのは、この経済発展や経済構造の変化は、連邦政府主導でなされたわけではないということである。戦時中は戦時計画経済の必要性が唱えられ、連邦政府による生産統制や価格統制が行われた。しかし急速に拡大した連邦政府の権力は、戦後「平常への復帰」が唱えられる中で急速に縮小することになった。アメリカにとっての「平常」の「小さな連邦政府」なのである。

この流れは 1930 ～ 40 年代でも繰り返された。大恐慌や第二次世界大戦によって再び連邦政府の経済統制が強まった。しかし戦後は「平常への復帰」が求められ連邦政府の役割は縮小した。また、同時にヨーロッパ等での復興需要から恩恵を得たのも前対戦と同様だった。

日本のようにアメリカでも戦後には経済の高度経済成長期を迎えた。しかしその中での中央政府が果たした役割は大きく異なった。日本では通産省等の中央官庁が産業発展の道筋をつけるために積極的に関与したが、アメリカの連邦政府はより消極的であった。世界経済の中でアメリカが圧倒的な力を有しており、敗戦から立ち上がり他国に追いつこうとしていた日本とは状況が異なっていたことが背景として重要である。また、冷戦構造の中で、アメリカが資本主義・自由主義世界の旗振り役になったことも、この連邦政府の消極的姿勢を後押しした。

連邦政府とビジネスの関係は、日本との比較の中で捉えれば、大きな変化はなかった。1950 年代にソ連が計画経済で成功を収め、1970 年代には日本や西ドイツの台頭によって、アメリカの世界における経済的地位はある程度の揺らぎは見せた。しかし、ここで連邦政府が積極的に介入しようとする動きは強まらなかった。逆に 1980 年代にはレーガン政権が誕生し、連邦政府はニューディール的な大きな連邦政府を否定して新自由主義的な経済政策を進め、対外的には自由貿易主義的な方針を強めた。それに対して本来民主党は保護貿易主義色が強い政党であったが、クリントン民主党政権になると方針を転換し、北米自由貿易協定（NAFTA）締結を主導した。自由貿易主義への超党派的な支持の広がりは、オバマ政権まで続いた。

以下、経済政策のコインの裏側ともいえる社会政策の歴史的発展を見ながら、労働者を取り巻く環境の変化をまとめたい。

3. 移民と社会政策の歴史的推移

19世紀末にかけて産業化と都市化が進むとともに社会問題が生まれた。多くの工場労働者は低賃金で長時間労働を強いられた。また産業化が進むと経済の好不景気の波が大きくなり、景気後退期には多くの労働者が解雇された。彼らは都市部でスラムを形成して、公衆衛生と治安が悪化した。その中で労働環境の改善を求めて労働争議が起こった。1886年にシカゴで起こったストライキとデモが暴動に発展し、群衆の中に爆弾が投げ込まれて死傷者を出したヘイマーケット事件は、当時のアメリカの労働者の地位の脆弱さを示した。

この世紀転換期にアメリカは未曾有の社会的変化を見せていた。いわゆる「新移民」の流入が大きな要因となった。図が示すように19世紀半ばごろには

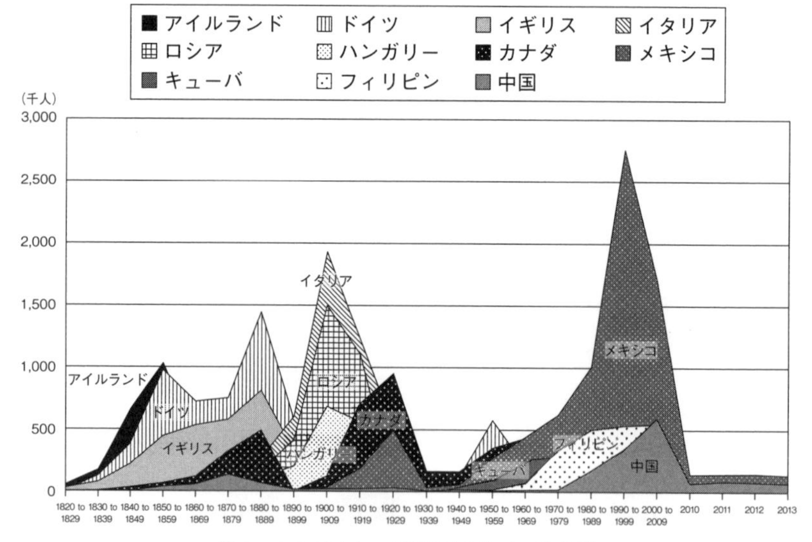

図5　アメリカへの移民の流入（国別）

出典：Office of Immigration Statistics, Department of Homeland Security, “2013 Yearbook ofImmigration Statistics.”

アイルランドやドイツから移民が流入した。そしてロシア、イタリア、ハンガリー、メキシコからの移民が続いた。彼らのほとんどはいわゆるWASP（白人＝アングロ・サクソン（イギリス系）＝プロテスタント）ではなかった。英語を話さず、これまで主流であった文化とは異質な文化背景を持った人々が増え、新移民はそれまでと比べると同化に時間がかかっているように見えた。

その状況を危惧して、主にWASPの知的エリートが立ち上がって生まれた改革運動が革新主義運動である。彼らはアメリカ労働立法協会を設立し、当時先進的な労働立法を行っていたドイツやイギリスの事例を参考にしながら、アメリカにも労働者へのセーフティネットを導入しようと試みた。

セオドア・ローズヴェルト、ウィリアム・タフト、ウッドロー・ウィルソンの三大統領は、「革新主義の大統領」と呼ばれる。ローズヴェルトは「スクエア・ディール（公正な取引）」をアメリカ市民に約束して、社会問題を解決するために連邦政府の役割を拡大すべきだということを訴えた。ローズヴェルトは「トラスト・バスター」として知られており、経済の独占化に対して厳しい姿勢を示した。続くタフト、ウィルソン両政権でも、その主張はより穏健的なものに変化したものの同様な方針が継続された。

しかしこの運動は労働者に大きな成果をもたらすことはなかった[9)]。政治文化の面でも、政治制度の面でもそのための準備ができていなかったと言える。それまで絶対化されてきた自由主義は、19世紀末に現れた社会進化論やアメリカンドリームの考え方と繋がり、個人の成功は個人の努力によって達成されるべきだという考え方が広まった。

また連邦政府に複雑な労働立法を立案するための能力が欠如していた。1903年に商務労働省が設立され、1913年にはこの組織が二つに分けられ商務省と労働省となった。しかし、連邦政府は19世紀までは「夜警国家」と言われる状態で、国内的には治安維持と州を跨ぐインフラ整備に関わってきたが、経済や労働に関わることは州政府の管轄とされてきた。その歴史的文脈の中で、連邦政府が全国的な取り組みを行おうとしても、急に必要な人員を確保し、必要なデータを集め、州政府と調整して実施する体制を整えるのは困難であった。

連邦政府が社会政策に関わることに対して、より正当性を与える出来事が1929年に起こった。大恐慌である。労働者の4分の1以上が失業したと言われる経済状況が長引く中で、州政府の対応力には限界があった。そこでフランクリン・ローズヴェルトは、「ニューディール（新規まき直し）」を訴え、大恐慌に対して大胆な方策を取れないフーバー大統領を批判し、連邦政府による積極的な経済や社会への介入を訴えた[10)]。

ローズヴェルト政権の最大の社会政策は、1935年に成立した社会保障法であった。失業保険、高齢者年金、生活保護等がそれに含まれた。改革派は革新主義の時代に挫折して以来、社会政策を立案・実施するための準備を行ってきた。またローズヴェルト自身がこれまでの政治文化を変えるべく積極的に世論に訴えた。大統領が定期的にラジオで直接政策について語りかけ、それをたいていラジオが置いてある暖炉の周りに集まって聞く、その様子から「炉辺談話」と名付けられた。ローズヴェルトは以下のように訴えた。

> 私は未だに崇高な理念というものを信じている。しかし今のアメリカの自由という理念は、自由な人が限られた特権階級に尽くすために動員されるような結果をもたらしてしまっている。私は自由の理念をより幅広く解釈したいし、皆さんもそうだと信じる。それは、平均的な人が自らの望みを成し遂げることができ、アメリカの歴史の中で経験したことのないような生活の保証を享受できるような、そのような社会をもたらす自由の理念である[11)]。

ローズヴェルト大統領がここで主張したのは、それまでの自由主義、大まかにいうと「政府権力からの自由」では、一部の大企業や富裕層が富むばかりでその他は救われない。本当の自由は最低限の生活が保証されることによって生み出される。すなわち人々が市民社会に積極的に参加する自由を得るためには、政府が労働者のセーフティネットの拡充を図らねばならないということであった。

ここに伝統的自由主義に加えて「liberalism」が登場する。これをそのまま日本語に訳すと自由主義となることもあり、通常は「リベラリズム」とカタカナ表記にする。大きく党派を分けるとすると、伝統的自由主義が共和党、リベラリズムが民主党を支える思想となる。まさにハーツが指摘したように、アメリカの政治思想は基本的に自由主義の枠組みの中に存在するというという現れでもある。

ニューディールとともに生まれたリベラリズムは、戦後においても主流となり続けた。前節でも述べたように、連邦政府が経済活動への関与が拡大する方向性はそれほど強まらなかったが、社会政策の面では1960年代のケネディ、ジョンソン両政権において連邦政府の役割が大きく拡大した。

ジョン・F・ケネディの暗殺を受けて誕生したジョンソン政権は、ケネディ政権で行おうとしていたことを引き継いだ。若いケネディの下に集まった若い専門家たちは、社会改革に燃えていた。1950年代は経済的には繁栄の時代であったが、その中でもアパラチア地方に貧困層が存在し、それが何世代にもわたって続いていることが指摘された。また、マーティン・ルーサー・キング・ジュニア牧師などを中心に広まった公民権運動が人種差別問題を全国的な争点にした。資本主義経済の歪み、そしてアメリカに歴史的に埋め込まれた社会の歪みを一気に解決しようとしたケネディ大統領は凶弾に倒れた。

ケネディの遺志を継いだリンドン・ジョンソン大統領は、政権発足直後に「貧困との戦い」、続いて「偉大なる社会」というスローガンを打ち出し、より幅広い社会改革を訴えた。貧困家庭の児童向けの教育プログラムであるヘッドスタート、職業訓練プログラム、医療扶助であるメディケイド、高齢者公的医療保険であるメディケア等が成立した。それに加え、公民権運動に対応する形で、1964年には公民権法、1965年には投票権法が議会を通過し、黒人に対する差別解消に大きなステップとなった。

1960年代半ばにかけて大きく勢いづいたリベラル勢力であったが、1960年代末になると一気にその動きは減速する。ロバート・ケネディやキング牧師が暗殺され、公民権法や投票権法によってもなお消えない人種差別を解消すべく人種差別撤廃運動が過激化し、それに加えベトナム戦争への反対運動が大きく広まった。

社会が一気に混乱の様相を深める中で、1968年の大統領選挙が行われた。連邦政府の役割をさらに拡大することで問題の収拾を図ろうと訴えた民主党のヒューバート・ハンフリーに対して、共和党のリチャード・ニクソンはまずは「法と秩序」(law and order) を回復すること、偉大な社会プログラムの見直しをすることを訴えた。有権者は後者を選んだ。

ニクソンは「南部戦略」によって民主党の牙城を切り崩した。「リンカーンの党」である共和党に対して、南部州の奴隷制を支持していた白人は南北戦争後も民主党を支持した[12)]。また1930年代にニューディールによって大きな政党再編が起こっても、南部州は比較的貧しい州が多かったため、経済的弱者の救済を訴える民主党を継続して支持した。しかし、北部の民主党勢力は都市部の労働者を中心に発展したため、新移民や黒人等のマイノリティの権利を擁護する姿勢を取った。いわば呉越同舟の状態であった民主党から、ニクソンは「法と秩序」を訴えることで、マイノリティ集団の権利の拡大や社会の混乱に不安を覚えた南部白人の支持を獲得するのに成功したのである[13)]。

ニクソンは「新連邦主義」(New Federalism) を訴え、社会政策において連邦政府が主導権を発揮すべきかどうかを吟味し、もしその必要性が認められなければ州政府にその権限を移すべきだとした。1980年代のレーガン政権になるとその動きは加速し、連邦政府による社会政策の全面的削減が唱えられた。共和党大統領が選出されることが続く中で、民主党は議会ではほぼ多数を占め続けたが、「小さな連邦政府」の動きに対して有効な対案を出すことができず、民主党支持も低下傾向を続けた。

1992年の大統領選挙で当選したビル・クリントンは、この流れに対する民主党の一つの回答であった。旧来のリベラル路線では勝利できないと判断したクリントンは「第三の道」を模索した。社会政策で象徴的だったのが、共和党議会と協力して成立させた1996年の福祉改革であった。公的扶助の支給年限を5年に定め、できるだけ早く就職することを前提としたプログラムに変更した。いわゆる「ウェルフェアからワークフェアへ」(welfare to workfare) である。ニューディール期に生まれたリベラリズムがここに挫折したことは明確だった[14)]。

この民主党の流れは、2008年に誕生したオバマ政権下でも大きく変わることはなかった。このような歴史的な流れは労働者の政治的行動の変化と連動している。以下、労働組合に関する動きに注目して、トランプ政権前までの政治的変化を概観する。

4. 労働者の政治的行動

19世紀末までには労働争議が広まり、ヘイマーケット事件が起こったことは既述した。同時期に労働組合も組織化された。20世紀前半において最大の労働組合であるアメリカ労働総同盟（AFL）は1886年に設立された。AFLは労使交渉などで主導権を発揮したが、連邦政府が社会政策を拡大することに対しては消極的であった。

AFLは熟練工による団体であった。その結果、新移民が多い非熟練工とは労働環境・条件が異なっていた。またAFLは伝統的自由主義の枠組みを尊重し、労働組合もそれに従って行動すべきであるとした。革新主義者による改革運動が広まった際、サミュエル・ゴンパーズは労働者保護プログラムに対して以下のように述べた。「人々が自分でできること、すべきことを与えてしまうことは危険な試みである。…人々の福祉は、まずは人々が自立していることが重要である[15]」。前述したように、革新主義運動はWASPエリートによるもので、労働運動の高まりによって生まれたものではない。このような「保守的」なAFLが20世紀前半の労働運動を主導したのである。

労働組合の保守性を示すもう一つの事例に、連邦政府による医療保険改革に対する姿勢が挙げられる。20世紀初頭からの医療技術の発達によって医療費はしだいに高まっていた。1935年に社会保障法が立案されていた時にローズヴェルトは公的医療保険の導入を試みたが、アメリカ医師会等の反対にあってそれを断念した。しかしこれはAFLがアメリカ医師会に対して徹底抗戦をして敗北した結果という訳ではなかった[16]。

また第二次世界大戦中のインフレ対策として連邦政府が給与外手当として民間医療保険を支給することを認めると、労働組合もそれを団体交渉の材料の一つにするようになった。その結果、労使交渉でできるだけ良い給付内容の民間保険を獲得することが労働組合の関心事になり、連邦政府による皆保険制度の導入に対しては総論では賛成するものの、実現するために積極的に政治的資源を使おうとはしなかった。これが労働組合の加入者と非加入者との間に分断が生まれる背景になる。

2010年3月に成立した患者保護および医療費適正化法（通称オバマケア）も多くの労働組合が支持表明をしたが、直接的な利害関係を持っているわけではなかった。オバマケアは主に労働組合に入らない自営業やフリーランス等を対象としたプログラムだったからである。強力な労働組合がある企業で働く人々は、労使交渉によって保険料も窓口負担額も低い雇用主が提供する保険に加入している。したがってオバマケアには総論では賛成するが、その税負担が自らに課せられることになると容易に反対側に回る。

労働組合の政治的行動を理解する上でもう一つ重要な点がある。それはアメリカが多様な集団を内包しながら二大政党制をとっていることである。歴史をたどると影響力のある第三政党が生まれなかった訳ではないが、大統領選挙史上、第三政党の候補者が勝利したことはない。労働組合はニューディール以

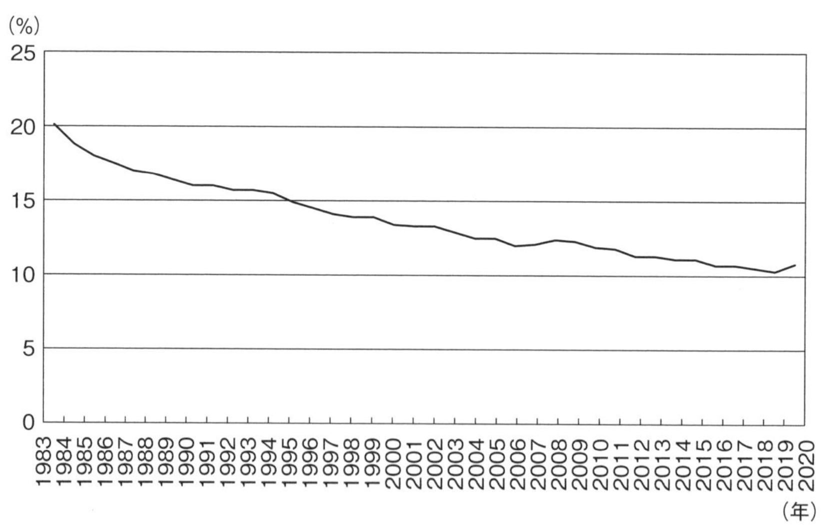

図6　アメリカにおける組合員の割合（全被雇用者比）

出典：U.S. Bureau of Labor Statistics, “Labor Force Statistics,” https://www.bls.gov/webapps/legacy/cpslutab4.htm, accessed on June 60, 2021.

降、民主党にとっての有力な集票マシーンであったが、自ら政党を組織化して候補を立てることは困難であった。二大政党は様々な利益集団の支持連合であり、その中で妥協を強いられるため、労働組合も連邦政府に働きかけを行うよりも自らが影響力を直接行使できる労使交渉に政治的資源を使う選択をしたとも言える[17)]。

他の多くの国と同様、アメリカの労働組合は長期的な組織率低迷に苦しんでいる。1950年代には約25%前後あった組織率が、1980年代には20%、2020年には10%近くまで低下している（図6)。これは他の先進国に比べても低い。その結果、未だ労働組合が強く給与外手当が充実している労働者と、それ以外の組織化されていない多くの労働者との格差が拡大した。トランプはこの労働者の分断に目を付けたのである。

5. トランプ的時代の経済・社会政策

トランプが当選するために行ったことは、白人そして強力な労働組合の保護を受けておらず、前の世代に比べて賃金が大きく低下した職業に就いている労働者たちの不安に訴えることであった。トランプは、反自由貿易、反不法移民、反多国間協調主義的な姿勢を明確にし、「アメリカ・ファースト（アメリカ第一主義)」というスローガンを押し出した。政権が発足すると、環太平洋パートナーシップ協定（TPP）の交渉から離脱し、国外に工場を移転しようとする企業は名指しで非難し、メキシコとの国境には「壁」を建設した。

トランプは他方で民主党をエリートの党として攻撃した。この攻撃には根拠がまったくない訳ではない。既述のように、民主党は労働組合を支持基盤にしてきたが、その組織率が低下すると同時に、組合員とその他の労働者との格差が広がっていた。1990年代に民主党が自由貿易主義に舵を切ったことも労働者軽視と批判される種になった。

エリートの党として批判されるもう一つの原因は、1980年代から激しくなったいわゆる「文化戦争」である。1960年代から人種的、民族的マイノリティの権利を主張する流れが強まった。これは白人・男性中心文化に対する挑戦となった。さらに1973年にロー対ウエイド裁判で女性が中絶を行う権利が認められると、世俗化を懸念する人々が政治に積極的に関与し宗教右派を形成した。そしてこの価値観をめぐる「文化戦争」がアメリカ社会に広がった。アメリカの社会の価値観の変化に恐れをなし、グローバル化の流れで取り残されたと感じた白人労働者などがトランプに票を投じたのである[18)]。

このトランプ政権を生み出した要因は、2020年にジョー・バイデンが当選を果たしても大きく変わっていない。バイデンは人種問題に積極的に取り組む姿勢を示した。しかし、民主党を生まれ変わらせるためにバイデンがまず行うべきことは、トランプに奪われた白人労働者票を民主党にしっかりと取り戻すことにある。バイデンはそのためにいわば綱渡りを強いられることになる。

トランプを生み出した要因の一つは所得格差の拡大である。トランプはそれに対して、不法移民や民主党への怒りを煽ることで白人労働者の不安に応えた。しかし、所得格差の問題はそれでは解決しない。ジニ係数は経済格差を表しているが、値が1に近づけば所得格差が大きくなる。1960年代以降を見る

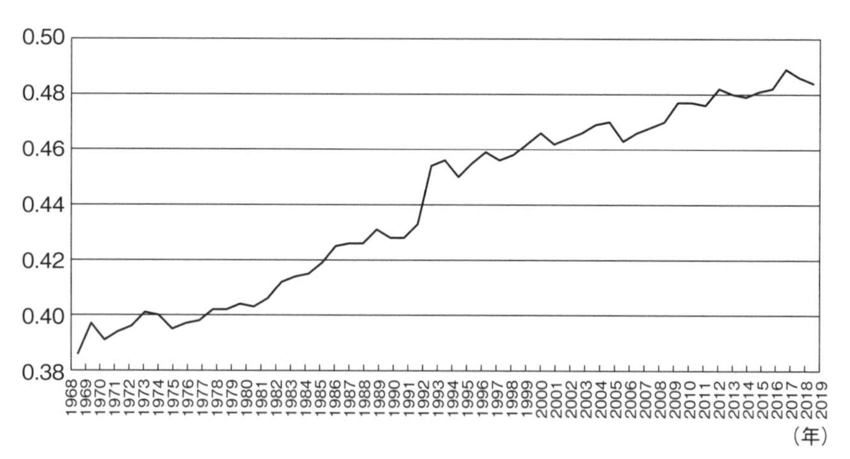

図7　アメリカにおけるジニ係数

出典：United States Census Bureau, "Historical Income Tables: Households," https://www.census.gov/data/tables/time-series/demo/income-poverty/historical-income-households.html, accessed on June 30, 2021.

と増加傾向が続いている（図7)。中流階級から転落してしまった労働者を対象とした政策を実施するためには富の再分配を行うための政策が必要になる。

バイデンの「3つの計画」はそのためのものである。2021年3月11日に成立した大型のアメリカ救済計画法は、個人向けの現金給付、失業手当ての上乗せなどによってコロナ禍で苦しむ人々への対処するものであった。3月31日に発表されたアメリカ雇用計画には、道路や橋などの補修、電気自動車の充電ステーションの整備、高速通信網の整備、人工知能や感染症等の研究分野への投資などが含まれた。4月28日に明らかにされたアメリカ家族計画では、コミュニティカレッジや幼児教育の無償化、大学進学支援、保育施設の整備、低所得者や子育て世帯への補助等が含まれた[19)]。

これらのプログラムを実施するための費用は総額6兆ドルにものぼる。バイデンは、これを大企業や富裕層への増税によって賄うとしている。レーガン政権以降、富裕層への減税圧力が続いてきた。もしバイデン政権がその流れを変えることができれば歴史的転換になる可能性がある。しかし、「文化戦争」を主導するアイデンティティ政治は民主党内で未だ存在感が大きく、これは党派対立を激化させる原因となる。また連邦政府の役割の拡大に対しては、世論全体として未だ警戒心は強い。この中でバイデン政権は難しい舵取りを強いられる。

おわりに

2020年初頭の新型コロナウイルス感染症がトランプ敗北の決定的要因になったかどうかはまだ議論の余地はある。それでもパンデミックが経済政策や社会政策の歴史的文脈に大きな影響を与えたことは確かである。

パンデミックは準戦時体制を作り出した。連邦政府が経済活動を維持させるために、そしてコロナ禍で苦しむ人々を救済するために積極的に関与することが正当化された。感染者数や死亡者数では経済階級や人種によって差があるものの、ウイルスは経済格差や人種の壁を超えて移動することから、アメリカの社会政策が論じられる時に意識される「我々」と「彼ら」の間の壁は低くなった部分もある。

バイデン政権がこの4年間でトランプ的要素を乗り越えて民主党の支持基盤を作り直し、経済や社会への連邦政府の役割を再定義できるか。パンデミックが起こり大きな政治の転換点になる可能性もあるが、バイデン政権が発足して約半年が経った時点では、未だ大きなうねりが生み出される兆しは見えていない。

注

1)　Werner Sombart (transl. by Patricia H. Hocking and C. T. Husbands), *Why is There No Socialism in the United States?* (New York: Routledge, 1976 [1905]).
2)　Martin Shefter, *Political Parties and the State: The American Historical Experience* (Princeton N.J.: Princeton University Press, 1994).
3)　Louis Hartz, 有賀貞訳『アメリカ自由主義の伝統』(講談社、1994年)。
4)　Ira Katznelson, *City Trenches: Urban Politics and the Patterns of Class in the United States* (Chicago: The University of Chicago Press, 1981).
5)　アメリカの経済史については以下を参照。谷口明丈、須藤功編『現代アメリカ経済史―「問題大国」の出現（有斐閣、2017年)。
6)　アメリカ建国期について、それ以降の大きな政治史の流れについてはそれぞれ以下を参照。斎藤眞『アメリカ革命史研究―自由と統合』(東京大学出版会、1992年)；久保文明『アメリカ政治史』(有斐閣、2018年)。
7)「全ての人民は平等に作られている」で始まる独立宣言の起草者でもあるジェファソンは、バージニア州の自らのプランテーションで常時100人以上の黒人奴隷を使用していた。独立宣言で謳われる自由・平等の理念の中には黒人奴隷は含まれていなかった。
8)　中央銀行制度である連邦準備制度（FRB）が設立されたのは1913年になってからである。
9)　多くの州で労働災害保険が成立した。
10)　佐藤千登勢『アメリカ型福祉国家の形成―1935年社会保障法とニューディール』(筑波大学出版会、2013年)。
11)　Social Security Administration, "FDR's Statements on Social Security."
12)　南部州では南北戦争後一時的に黒人政治家が増加したが、しだいに黒人の投票権の制限などが強化され減少していった。
13)　Matthew D. Lassiter, *The Silent Majority Suburban Politics in the Sunbelt South* (Princeton, NJ: Princeton University Press, 2007).

14）　山岸敬和「社会福祉政策」岡山裕、西山隆行編『アメリカの政治』（弘文堂、2019年）。

15）　Samuel Gompers, *Labor and the Common Welfare* (New York: E.P. Dutton & Company, 1919), p.16.

16）　アメリカ医療保険制度の歴史的発展については以下を参照。山岸敬和『アメリカ医療制度の政治史―20世紀の経験とオバマケア』（名古屋大学出版会、2014年）。

17）　Marie Gottschalk, *The Shadow Welfare State: Labor, Business, and the Politics of Health Care in the United States* (Ithaca, NY: Cornell University Press, 2000).

18）　会田弘継『破綻するアメリカ』（岩波書店、2017年）。

19）　山岸敬和「バイデンは『火事場泥棒』か？『変革的大統領』か？」SPFアメリカ現状モニター（2021年5月24日）。

第3章
なぜBLM運動と警察改革が大きな争点になったのか？
― 人種関係の変化から ―

武井　寛

はじめに

2016年の大統領選挙戦で「アメリカを再び偉大にする」をスローガンに掲げて当選したドナルド・トランプは、政権に就いていた4年間に人種差別的・性差別的な言動を繰り返していた。2017年にバージニア州シャーロッツビルで白人至上主義者やネオナチ組織が集会を開催し、反対派と衝突して1人の女性が亡くなる事件が起きた際に、彼は集会を開いた白人至上主義者を擁護するような発言をした。また、2019年にアレクサンドリア・オカシオ＝コルテス議員など彼に批判的な4人の女性民主党マイノリティ議員に対して、「犯罪が蔓延するもとにいた国に帰れ」とツイッターで批判した。彼女たちは非白人の連邦下院議員であるが、この発言はまさに彼の人種差別的・性差別的な考えと排外主義的な姿勢が合わさった見方を表していた。本来ならば大統領は国民をまとめるべき役割を担うはずだが、トランプは彼を批判する人々を非難し、その真逆の行動を取り続けることで支持者を惹きつけてきた。彼のこの姿勢は国家の分断を助長する結果を招いていたと言えるだろう。

トランプ政権の4年間でアメリカ社会の人種問題に目を向けたときに、最も注目すべき社会現象は2020年のブラック・ライブズ・マター運動（BLM運動）であることにおそらく異論はないだろう。BLM運動はオバマ政権下の2012年のトレイボン・マーティン射殺事件を契機に起こった運動であり、その後も継続的に運動は行われていた。しかし、2020年5月のミネソタ州ミネアポリスで白人警察官デレク・ショーヴィンが黒人のジョージ・フロイドを殺害した事件によって、BLM運動は明らかに運動の位相が変わり、新たな局面に入った。この運動の重要な点は、警察の暴力を批判しつつ、そこから派生する刑務所の問題、福祉や住宅の問題など、アメリカ社会の構造的な問題にも注目しているところにある。

本章では、BLM運動が改革を目指している警察暴力（police brutality）の問題に焦点を当て、その歴史的展開を検討する。その際に警察暴力を警察官個人の心の問題として捉えるのではなく、アメリカ社会の中で歴史的に構築されてきた制度的人種主義（institutional racism）の問題と捉えて考察する。本章では警察暴力がBLM運動の中で主要な争点になった要因を、アメリカ社会の構造や社会制度に埋め込まれた人種差別の歴史とともに明らかにする[1)]。

本章は以下のような構成で議論を進めいてく。第1節では、警察暴力がアメリカの人種問題といかなる関係のもとに展開されてきたかについて、主に警察機構の発展と黒人に焦点を絞って検証する。第2節では、19世紀から20世紀の世紀転換期の黒人の人口動態の変化と、それに伴う警察暴力の状況を、黒人の大移動（Great Migration）とリンチに注目して考察する。第3節では、第二次世界大戦後から公民権運動時代の警察暴力に注目する。第4節では、ポスト公民権運動の時代にカラーブラインド・レイシズムが台頭していく1970年代から現代の警察暴力を検討する。「法と秩序」が求められていくこの時期は、現代の警察暴力の萌芽期としても重要である。最後にこれまでの議論を踏まえた上で、BLM運動が警察暴力を最も重要な係争点として掲げる要因を明らかにする。

1. 警察暴力と人種問題

アメリカの警察の起源はイギリスの植民地時代まで遡る。初期の植民地の見回りは、ウォッチ（Watch）と呼ばれる共同体的な形態をとり、地域のボランティアがコミュニティに危険が及ぶ出来事を報告していた。ウォッチは初めに大都市で導入され、火事や犯罪などを防止するために夜間に行われていた。たとえばボストンでは1636年、ニューヨークでは1658年に夜間のウォッチが設置された。しかし、仕事中に飲酒や居眠りをする者もいて、これは効率的な犯罪対策ではなかった。都市の発展とともに人口も増えたために、ウォッチは昼間でも行われるようになった。それと同時に、ウォッチはボランティア行為から、薄給であるが有給の職として発展していった。また、ウォッチ以外にも令状の執行や逮捕を行って法廷で証言し、法令を順守させる役割を担うコンスタブルという制度もあったが、その社会的威信は低かったと言われている[2)]。

1830年代になって初めて中央集権的な地域警察の概念が登場し、アメリカで最初の警察組織が1838年にボストンで設立された。その後も1845年にはニューヨークが、1855年にはシカゴ、そして1869年にはロサンゼルスでそれぞれ警察が誕生した。警察の必要性は徐々に全国へと浸透し、1880年代までにはアメリカのほぼすべての都市に地方警察が設置された。これらの最新の警察システムは、公的な支援を受けて官僚的な形態を保ち、常勤の職員が務めることになった。

しかし、19世紀のアメリカの警察組織は地元の政治家と密接な関係を築いていたため、政治的な腐敗が横行していた。その理由として考えられるのは、ほとんどの地域で地元政党の区長が地域を管轄する警察官を選んでいたからである。区長は自分の影響力のある選挙区の酒場や売春宿なども掌握しており、息のかかった警察官が街の繁華街の取り締まりを行っていた。そこでは賄賂や窃盗、違法な飲酒や票の買収などが公然と行われていた。警察官は区長の政敵に対しては厳しく、時には虚偽の罪で逮捕することもあった。すなわち、警察はこうした不正に積極的に関わり、中心的な役割を担う存在だったのである[3)]。

北部都市で都市化の進展とともに警察機構が発展していったのに対して、南部の警察は北部とは異なる過程で形成されていった。南部における近代的な警察組織の起源は、奴隷の反乱や逃亡を阻止するために組織された奴隷パトロール（slave patrol）に求めることができる。最初の奴隷パトロールは、

1704年にカロライナ植民地で創設されたと言われている。奴隷パトロールは、奴隷制度があった南部で主に3つの機能を果たしていた。第一に、暴力や脅迫などを用いて恐怖を与える奴隷パトロールの存在そのものが、奴隷の反乱や抵抗の抑止力となっていた。第二に、奴隷が逃亡した際に奴隷を追跡して逮捕し、所有者に返す役割を担った。第三に、奴隷主人の言うことを聞かず反抗的な態度を取り、規則に違反した奴隷に対してリンチや暴力を振るうことで他の奴隷たちに見せつけ、南部社会の人種的秩序を保っていた。こうした秩序を保つ規則はブラック・コードとして法制化され、奴隷に対して白人優位の南部の人種秩序を維持させていたのである[4)]。

南部では白人が政治的支配を維持するために、奴隷制度が廃止になった後も黒人を抑圧するブラック・コードが形を変えながら影響力を持った。南部でもともと奴隷を取り締まる方法として誕生したブラック・コードは、自由の身となって解放された黒人の移動や労働を規制することに重点が置かれていた。ブラック・コードの中でも注目すべき項目は、浮浪者を取り締まる法律である。警察はこれを基に徘徊や放浪などの軽微な違反行為で黒人を逮捕した。

このブラック・コードと共に黒人を規制するために用いられたのが、憲法修正第13条である。1865年に奴隷制廃止を明言した憲法修正第13条が制定されて、奴隷は自由の身分を手に入れたが、この法律には「犯罪者を罰する場合は除く」という例外規定があった。1865年以降、奴隷制度があった南部では刑務所に送られた囚人を強制労働させることができる囚人貸出制度が始まった。これは奴隷制時代の黒人奴隷労働とその内実が変わらないものであった。これ以降、南部では警察の取り締まりによって刑務所に送られる黒人の数が急増した。奴隷制時代の奴隷パトロールや南北戦争後のブラック・コードのような制度は、19世紀後半にジム・クロウ法として南部に人種隔離体制が制度化していく過程の中で、南部の警察に受け継がれていったのである[5)]。

南北戦争後から20世紀の初頭にかけて、警察の取り締まりの主な対象となったのは、この時期にアメリカに来た新着の東欧・南欧の移民や黒人が多く、一般的に彼ら彼女らは社会に危険をもたらす者と捉えられていた。この時期の警察は、犯罪を制圧すること以上に治安を維持することに重きを置いていた。警察は公共の場での飲酒、政治的な抗議行動、労働者で暴力事件を起こす人々を生物学的に劣っており、乱暴で道徳的素養もない下層階級の産物であると考えていた。警察は治安を保つために社会生活に危険をもたらす下層階級を監視し、犯罪を未然に防ぐことが自分たちの重要な役目だと信じていた。こうして19世紀から20世紀転換期にかけて、予防的対処としての警察のパトロールという概念が、治安維持という名目のもとで重視されていくことになったのである[6)]。

2. 黒人の大移動とリンチの全盛期

19世紀末から20世紀初頭にかけて、アメリカにおける人種と暴力の関係を考える上で重要な現象は、黒人の大移動と呼ばれる南部から北部や西部の都市部への黒人の移動と、全国的なリンチの拡大である。20世紀の前半に南部から多くの黒人がニューヨーク、フィラデルフィア、デトロイト、シカゴといった北部の産業都市に、仕事やより良い生活を求めて移動した。例えばシカゴでは1916年から1970年の間に50万人以上の黒人がやってきた。この大移動以前のシカゴ人口に占める黒人の割合は2%程度だったが、1970年には33%になっていた[7)]。北部では人種別に居住区が分かれていたために、増え続ける黒人に対して恐怖と敵意を持って対応していた。これは居住空間の隔離と暴力的な抵抗というかたちで現れたが、ニューディール期以降には連邦政府や地方政府が居住空間の人種隔離を促進する政策を講じていたのである[8)]。

黒人の移動と共に拡大した人種暴力がリンチであった。アメリカにおけるリンチは、1830年代の南北戦争前の南部に始まり、第二次世界大戦後まで全国的に行われていた。リンチは1890年代から1920年代にかけて最盛期を迎え、これは初期の黒人の大移動の時期と重なっていた。黒人やマイノリティが主なリンチの対象となっていたが、その理由は白人に対して横柄な態度をとり、人種秩序を乱したというものであった。最近の研究では、1877年から1950年にかけて、南部のリンチによって4,084人もの黒人が犠牲になっていたことが明らかになっている[9)]。リンチは全国的に展開されていたものの、圧倒的に南部に集中していたのである。

リンチの中でも最も扇情的に行われたのが、黒人男性の白人女性に対するレイプ疑惑である。確固たる証拠がなく、時には犠牲者とされた白人女性の流言である場合でもリンチは敢行された。また、リンチは公衆の面前で行われることが多く、一種の「見せしめ」としての役割も担っていた。黒人男性を野蛮なレイピストとして描き、白人男性は犠牲者の白人女性を守る存在として男らしさを保っていたという点で、リンチは人種とジェンダーが交錯する最も凄惨な暴力形態の一つであった[10)]。

南部の人種秩序を維持するためのリンチは、黒人男性だけでなく黒人女性や子どもも含めて対象となっており、人種とジェンダーが複雑に絡み合った暴力であった。黒人女性は窃盗の容疑や労働に対する反抗的な態度を理由にリンチされた。しかも黒人女性の場合は、リンチされる前に複数の男性からレイプされることもあった。奴隷制時代から黒人女性は身体の自己決定権を奪われていたが、南北戦争後も男性同様に南部の人種秩序を乱す存在としてリンチの対象とされ、人種や性別を理由に自警団の暴徒の手による人種的・性的暴力を受けていた。リンチという行為は超法規的な行為であったが、警察官は公然とリンチに参加していただけでなく、収監されていた黒人の被告を釈放してリンチを行う群衆に引き渡すこともあったのである[11)]。

3. 公民権運動時代と警察暴力

多くの黒人は、第二次世界大戦期に国家に貢献することでアメリカ市民としての意識を高めたが、その後アメリカの人種差別の根深さを思い知らされることになった。第二次世界大戦期に軍需産業や軍隊内部で人種差別を禁止する大統領令が発令されるなど、人種問題の一定の改革は行われたが、黒人復員兵は日常生活において様々な差別的な問題に直面していた。黒人復員兵に対する警察暴力で最も有名な事件の一つが、1946年にサウスカロライナ州で起きたアイザック・ウッダード暴行失明事件である。1946年2月12日、ウッダードは、フィリピンでの海外任務を終えて帰国し、陸軍基地のあるジョージア州から家族が待つノースカロライナ州の自宅に向かう途中で、警察官によって暴行を受けて両目を失明した。

事件の経緯は次のようなものであった。ウッダードは、グレイハウンドバスに乗って自宅へ戻る途中でバスの運転手にトイレ休憩を求めたが、運転手はそれを拒否して2人は口論となった。次の停留所のサウスカロライナ州ベイツバーグで運転手はウッダードをバスから降ろし、そこで待機していたベイツバーグ警察署長リンウッド・シャルに引き渡した。ウッダードは警察官から警棒によって暴行を受けながら治安紊乱行為で逮捕された。その後ベイツバーグ警察署に連行された後も警察官から暴行を受け、それを静止しようとしたウッダードに対して複数の警察官は警棒や拳銃で彼を殴り続け、ついには両目を失明させたのである。この事件でベイツバーグ警察署長のシャルは後に起訴されるが、たった30分の審議で無罪となった[12]。

ウッダード暴行失明事件は黒人団体や著名人の協力を得ながら裁判へと発展したが、ベイツバーグ警察署長のシャルが無罪となったことで、この非道な事件にさらに注目が集まった。全米黒人地位向上協会（National Association for Advanced Colored People、以下NAACPと略記）は、歌手のビリー・ホリデイや当時人気の黒人ボクサーのジョー・ルイスの協力を得ながら、ウッダードのためにチャリティ・コンサートを開いて2万人以上の観客を集めた。コンサートは大成功を収め、ウッダードに対して約1万ドルの寄付金が集まった。さらに事件を聞いたハリー・トルーマン大統領は、その残酷さに驚き、すぐに公民権に関する大統領委員会を設立し、1948年に委員会の勧告に基づいて軍隊内における差別を禁止する大統領令に署名した[13]。黒人復員兵が犠牲となった今回の事件は、その後の公民権運動を後押しする結果となったが、それと同時に警察暴力の残虐性をアメリカ社会に知らしめたものとなった。

黒人復員兵に対する警察暴力は今回のような直接的な暴力行為だけでなく、間接的にも行われていた。第二次世界大戦後に戦地から戻ってきた黒人復員兵の多くは、除隊後に家族と生活する住宅を探し求めた。例えばシカゴでは、白人が多数を占める地域に黒人復員兵が進出すると白人住人から暴力的な反発にあい、しばしば「人種暴動」へと発展した。地元の警察官は暴動を鎮圧する際に白人の逮捕には甘く、黒人に対して徹底的に取り締まっていた[14]。

さらに警察暴力は黒人男性だけでなく、黒人女性に対しても容赦なく振るわれた。南部において、警察官は白人優越主義を擁護する最前線の部隊であり、黒人女性は警察官の脅迫や嫌がらせ、そしてレイプなどの性的被害を最も恐れていた。ローザ・パークスは、1955年にアラバマ州モンゴメリーで座席を白人に譲らなかったとして逮捕され、その後のバス・ボイコット運動で有名になった人物である。しかし、彼女は同運動の以前から黒人女性が直面する問題に取り組んでいた。例えば複数の白人暴徒にレイプされた黒人女性レシー・テーラーや、警察官にレイプされた黒人女性ガートルード・パーキンスの事件のように、警察官や白人男性にレイプされたにもかかわらず、法廷で裁かれなかった黒人女性のために正義を求めて積極的に活動していた人物だったのである[15]。 警察官は黒人にとって治安を守る存在ではなく、脅威の対象であった。

公民権運動時代は警察暴力があからさまに行われており、その最も有名なものは1963年のアラバマ州で行われたバーミングハム闘争である。バーミングハム闘争は、公共施設やレストランの人種隔離撤廃、そして黒人の雇用促進を求めた運動であった。地元の黒人牧師フレッド・シャトルスワースが中心となって長年活動していた中で、マーティン・ルーサー・キング・ジュニア牧師と彼が代表を務める南部キリスト教指導者会議（the Southern Christian Leadership Conference、以下SCLCと略記）が加わり、運動を展開した。この運動には大人だけでなく、大学生や高校生も参加していた。しかし、子どもも参加するデモ隊に対して、消防隊の高圧ホースや警察犬を用いて容赦無く弾圧したのが、ユージン・コナー署長率いるバーミングハム警察であった。この様子はアメリカ国内だけでなく、世界中にテレビを通して放映され、南部の人種差別の問題だけでなくアメリカの警察暴力の実態も映し出していた[16]。

このように、第二次世界大戦から公民権運動時代においても、警察暴力は平然と行われていた。南部における警察は、南北戦争後と同様に人種秩序を維持する尖兵としての役割を担っていた。警察暴力は男女問わず日常的に行われ、国家のために尽力した黒人復員兵も例外ではなかった。さらに、警察暴力は南部に限定されたものではなく、北部の都市でも同様に行われていた。そして公民権運動時代の警察暴力は、黒人に対して当然のように行われていた。しかし、1960年代中頃からこうした警察暴力に対して、公民権運動団体も異議を唱え始めた。それは都市の人種暴動が増加し始めた時期であり、公民権運動後のカラーブラインド・レイシズムが台頭する時代の始まりでもあった。

4. カラーブラインド・レイシズム時代の警察暴力

1960年代中頃、各地で公民権運動が展開される中で警察暴力を非難する声は高まり、その根絶に取り組む活動が生まれ始めた。1950年代から1960年代の公民権運動時代において、主流の公民権運動団体は警察暴力をあまりにも自明のこととして受け止めており、それに対応する声は少なかった。しかし、バーミングハム闘争の暴力に直面したフレッド・シャトルスワースのように、警察暴力を対応すべき問題にあげて、1960年代中頃よりその根絶に取り組む動きが出始めた。また、黒人民族主義を掲げて1966年に結成されたブラック・パンサー党（Black Panther Party、以下BPPと略記）は、その活動綱領の中に警察暴力の撤廃を明記していた。このように1960年代後半から1970年代にかけて、警察暴力の問題に抵抗する動きが出始めたのである[17]。

1960年代中頃から警察暴力への注目が高まる時期であったが、それと同時にアメリカでは各地で「人種暴動」が頻発した時期であった。1960年代中頃からアメリカでは「長く暑い夏」と呼ばれる叛乱が頻発し、1964年のハーレム暴動、1965年のロサンゼルスのワッツ暴動、そして1967年のデトロイト暴動などが起きた。なかでもワッツ暴動は1965年投票権法が成立してわずか5日後に起きたため、その衝撃は大きかった。リンドン・ジョンソン大統領は、イリノイ州知事オット・カーナーを委員長に任命して、原因解明と再発防止にむけて特別諮問委員会を創設した。1968年に発表されたこのカーナー委員会の報告書では、「アメリカは二つの社会、一つは黒人の社会でもう一つは白人の社会、分離され不平等な社会に向かいつつある」という衝撃的な内容を冒頭に綴っている。さらに、一章を使って警察がいかに暴力的な取り締まりや職権乱用を日常的に行い、黒人コミュニティから信頼されていないかが報告されている[18]。しかし当時のアメリカでは、警察暴力の問題よりも「人種暴動」が重大な社会の不安定要素として捉えられていたのである。

ジョンソン政権は徐々に犯罪に対する取り締まりを強化し始め、それは1970年代以降の警察機構の軍隊化へとつながっていった。ジョンソン大統領は1964年から「貧困との戦い」を掲げて国内の福祉政策を充実させ、貧困問題の撤廃に取り組んでいた。しかし、この政策に反対する共和党の批判は凄まじく、さらにこの時期は「人種暴動」に大きな注目が集まっており、黒人貧困層を救済する政策はますます困難になっていた。ジョンソン大統領は1965年に「犯罪との戦い」を呼びかけ、同年3月8日に議会に提出した「法執行援助法」(Law Enforcement Assistance Act) は、地方の警察活動や裁判所、州刑務所に連邦政府が直接関与することを初めて定めた。これにより都市部の警察官はこの新たな戦いの「最前線の兵士」と見なされ、武装化が進んで犯罪の予防的な取り締まりが増加した。それと同時に福祉に対する予算が削減されていき、近年注目されている刑罰国家へとつながっていったのである[19]。

刑罰国家はアメリカの経済が停滞し、保守化していく1970年代から1980年代に進行していった。この時期は犯罪の取り締まりを強化し、刑務所へ収監される人が増加した時期であり、その際に警察官の取り締まりのターゲットになったのが黒人やヒスパニックなどのマイノリティであった。警察官は貧困や福祉、さらにはドラッグと結びつけて彼ら・彼女らを潜在的な犯罪者と見なした。当時のリチャード・ニクソン大統領やロナルド・レーガン大統領は、人種について巧みに言及を避けながら福祉予算を削減し、アメリカ社会はカラーブラインド・レイシズムが横行していた[20]。

こうした厳罰主義は民主党政権の下でも強化されていき、1990年代以降は受刑者の増加と共に、民間企業が運営する刑務所が増加した。それにより、受刑者は刑務所と契約した企業の製品を安い賃金で製作し、アンジェラ・ディヴィスが言うところの「監獄ビジネス」という、まるで南北戦争後の囚人貸出制度の現代版のような制度が拡大していったのである[21]。

アメリカの都市部で起きた「人種暴動」の多くは、警察暴力がきっかけとなっていることが多いが、1992年のロサンゼルス蜂起は近年の「人種暴動」のなかで一つの転換点となっていた。1991年3月に黒人青年ロドニー・キングはスピード違反の取り締まりで複数の警察官から暴行を受けた。今回の警察暴力がこれまでと異なる点は、キングが暴行される様子を近隣住人がビデオで録画しており、それが全国に拡散したために多くの人々が警察暴力を目にすることになった。翌年4人の警察官が過剰暴行の罪に問われたが、無罪となった。これをきっかけに、6日間で50人以上が死亡、2,300人以上が負傷し、物的損害は約10億ドルに上るロサンゼルス蜂起へと発展した。今回の蜂起は、韓国系の商店の被害が目立ち、黒人だけでなくヒスパニックも多くの逮捕者を出した。これは従来の人種差別の問題に加えて、新たな移民とマイノリティとの軋轢など、ロサンゼルスの事情が警察暴力をきっかけに爆発した多人種型の人種蜂起だったと言えるだろう[22)]。

警察暴力は人種蜂起という最悪の結果を招く要因となる場合が多いが、なぜこのようなことが起こるのだろうか。一つは警察特有の組織文化があげられる。この警察文化では、警察集団の連帯感、忠誠心、そして警察官の権威に対する挑戦と見なされた黒人の抵抗に対する「力の誇示」が強調される。この警察文化はしばしば男らしさの概念と結びついており、多くの警察官は職務中に自分の力を見せつけられない場合に、「男らしくない」と同僚から馬鹿にされるのを恐れている。そして、この警察文化は黒人警察官も内面化しており、白人警察間以上に黒人に対する取り締まりを強行に行う場合も多いのである[23)]。

以上のように、植民地時代から現代において、警察暴力は繰り返し行われてきた。近年はその暴力が以前より可視化され、黒人やマイノリティにとってはこれ以上看過できない問題へと発展し、それがBLM運動へと結実したのである。

おわりに

アメリカの警察暴力は警察文化の一部として組み込まれ、歴史的にも常に形を変えながら繰り返されてきた。公民権運動以降に警察暴力に対する関心は高まったが、「人種暴動」に対する懸念が広がりつつある時代背景があったとはいえ、NAACPなど主流の公民権団体は積極的に取り組んでいたとは言えなかった。むしろ警察暴力を問題視したのは、BPPのように黒人コミュニティと寄り添いながら活動していた人々であった。しかし、BPPはその後連邦政府や警察から徹底的に弾圧されていき、その勢いは減少していた[24)]。その結果、1970年代以降に警察機構の肥大化と刑務所の増加による現代の刑罰国家へとつながっていくのである。

ではこうした歴史的な展開を踏まえて、最後にBLM運動で警察暴力が主要な争点になった要因を検討したい。これまで見てきたように、警察暴力は黒人の日常生活において常に遭遇する可能性が高いことであった。特に警察暴力の被害者の多くは、貧困層や低所得者の労働者階級の人々が多かった。こうした人々は、政治的影響力や警察暴力の問題を効果的に訴えるために必要な財源を持たない人々である。BLM運動を立ち上げたうちの一人であるアリシア・ガーザは、雇用問題や人権問題に長年取り組んできた活動家であり、社会的弱者を組織化して問題解決に向けて運動を続けてきた。したがって、警察暴力は日常的に頻繁に起きていた問題であった。特に彼女の地元サンフランシスコで起きた2009年のオスカー・グラント3世殺害事件は、彼女に警察暴力を最も身近なものとして感じさせた。そのため警察暴力が争点となることは、至極当然の成り行きであった[25)]。

また、BLM運動でフロリダを拠点にするドリーム・ディフェンダーズの創設者の一人であるフィリップ・アグニューも、14歳の黒人少年が更生施設で殺された2006年の事件をきっかけに活動を開始し、地元で起きたトレイボン・マーティン殺害事件を受けてドリーム・ディフェンダーズの活動を開始した。ドリーム・ディフェンダーズは、警察暴力の廃止はもちろんのこと、黒人やヒスパニックの若者が高校の卒業後に指針を失い、刑務所へと送られるサイクル（“the school-to-prison pipeline”）を打破することも重要な問題として取り組んでいる[26]。

こうした若い世代の活動家は、公民権運動やBPPの活動から多くを学び、BLM運動でそれを実践している。BLM運動の活動家は、公民権運動時代に学生が主体となって活動していた学生非暴力調整委員会（Student Nonviolent Coordinating Committee）からいかに人々を組織化するかを学び、アンジェラ・デイヴィスやBPPからはアクティビズムやコミュニティの自治の方法を貪欲に吸収している[27]。

またBLM運動は、公民権運動時代の男性中心的なリーダーシップのあり方を拒否し、緩やかに連帯しながら脱中心的なリーダーシップのあり方を取り入れている。その際に黒人フェミニズムの思想を基盤としながら、人種や性の問題を単一の問題として捉えるのではなく、それらが交錯するインターセクショナリティの問題として取り組んでいることが重要である。これらは今までにない新しい動きであると言える。近年は少しずつ支持の輪を広げているが、NAACPや中産階級の黒人、さらに黒人政治家の中には警察の存在を重視し、警察暴力を問題視するBLM運動と距離をとる人々もいる[28]。しかし、黒人を代表する既存の黒人政治家や公民権団体が後ろ向きであったからこそ、これまで無視されてきたマイノリティの声を拾い、幅広く連帯しながら運動へと接続するBLM運動は人々をつなぎ、発展してきていると言えるだろう。

注

1）制度的人種主義については以下を参照。南川文里「制度から考える反人種主義――制度的人種主義批判の射程」『現代思想』Vol.48（13）（青土社、2020年）、pp.91-96. なお、制度的人種主義はsystemic racismと呼ばれることもあり、「racism」は「人種差別」と訳される時もある。

2）Larry K. Gaines and Victor E. Kappeler, *Policing in America*, 7th ed.（MA: Routledge, 2011）, p.69；西山隆行「『政治』から『改革』へ――アメリカ警察の政治的特徴と革新主義時代の改革」林田敏子・大日方純夫編『近代ヨーロッパの探究13 警察』（ミネルヴァ書房、2012年）、pp.279-281.

3)　Samuel Walker, *The Police in America: An Introduction* (New York: McGraw-Hill, 2017), pp.35-39; Carol Ann Archbold, *Policing: A Text/Reader*, 1st ed. (Thousand Oak, CA: SAGE Publications, Inc., 2012), pp.6-8.

4)　Philip L. Reichel, "The Misplaced Emphasis on Urbanization in Police Development," *Policing and Society* Vol.3, (1992), pp.1-12; Sally E. Hadden, *Slave Patrols: Law and Violence in Virginia and Carolinas* (Cambridge, MA: Harvard University Press, 2003).

5)　Sandra Bass, "Policing Space, Policing Race: Social Control Imperatives and Police Discretionary Decisions," *Social Justice* 28-1 (2001) : pp.156-161; Douglas A. Blackmon, *Slavery by Another Name: The Re-Enslavement of Black Americans from the Civil War to World War II* (New York: Doubleday, 2008)；アンジェラ・デイヴィス『監獄ビジネス――グローバリズムと産獄複合体』（上杉忍訳）（岩波書店、2008年）、pp.17-37.

6)　Khali Gibran Muhammad, *The Condemnation of Blackness: Race, Crime, and the Making of Modern Urban America* (Cambridge, MA: Harvard University Press, 2010), pp.15-87；西山「『政治』から『改革』へ」、pp.288-297.

7)　James Grossman, "Great Migration," in James Grossman, Ann Durkin Keating, and Jan Reiff, eds., *The Encyclopedia of Chicago* (Chicago: University of Chicago Press, 2004), pp.363-364.

8)　Richard Rothstein, *The Color of Law: A Forgotten History of How Our Government Segregated America* (New York: Liveright Publishing Corporation, 2017).

9)　Equal Justice Initiative, *Lynching in America: Confronting the Legacy of Racial Terror*, 3rd ed., (2017), p.40.

10)　兼子歩「一世紀前の『ヘイトの時代』から考える――アメリカ南部におけるリンチとその歴史的背景」清原悠編『レイシズムを考える』（共和国、2021年）、pp.53-71.

11)　Leon F. Litwack, *Black Southerners in the Age of Jim Crow* (New York: Alfred A. Knopf, Inc., 1998)；Evelyn M. Simien, ed., *Gender and Lynching: The Politics of Memory* (New York: Palgrave Macmillan, 2011)；Robin D. G. Kelley, "'Slangin' Rocks...Palestinian Style' Dispatches from the Occupied Zones of North America," in Jill Nelson, ed., *Police Brutality* (New York: W. W. Norton & Company, 2000), pp.27-32.

12)　Richard Gergel, *Unexampled Courage: The Blinding of Sgt. Isaac Woodard and the Awakening of America* (New York: Picador, 2019), pp.9-23; Equal Justice Initiative, "Lynching in America: Targeting Black Veterans," (2017), p.42.

13)　Gergel, *Unexpected Courage*, pp.32-47, 251-252.

14)　Arnold R. Hirsch, *Making the Second Ghetto: Race and Housing in Chicago, 1940–*

1960 (Chicago: University of Chicago Press, 1983)；Hiroshi Takei, "The Unexpected Consequence of Government Manipulation: Racial Disturbances at Chicago's Public Housing for Veterans in the 1940s," *The Journal of American and Canadian Studies* No. 31, (2013), pp.49-77.

15)　Jeanne Theoharis, *The Rebellious Life of Mrs. Rosa Parkes* (Boston: Beacon Press Books, 2013), pp.17-45; Danielle L. McGuire, *At the Dark End of the Street: Black Women, Rape, and Resistance-A New History of the Civil Rights Movement from Rosa Parks to the Rise of Black Power* (New York: Vintage Books, 2010).

16)　Glenn T. Eskew, *But for Birmingham: The Local and National Movements in the Civil Rights Struggle* (Chapel Hill: University of North Carolina Press, 1997)；Andrew M. Manis, *A Fire You Can't Put Out: The Civil Rights Life of Birmingham's Reverend Fred Shuttlesworth* (Tuscaloosa, AL: University of Alabama Press, 1999).

17)　Kelley, "'Slangin' Rocks...Palestinian Style'," pp.37-38. 歴史家のロビン・D・G・ケリーは、1960年代中頃まで警察暴力を運動の目標として優先的に取り組む主流の公民権運動団体はなかったとしている。しかし、近年の研究ではローカル・レベルでの警察暴力に対抗する活動を明らかにしつつある。Clarence Taylor, *Fight the Power: African Americans and the Long History of Police Brutality in New York City* (New York: New York University Press, 2019)；Simon Balto, *Occupied Territory: Policing Black Chicago from Red Summer to Black Power* (Chapel Hill: University North Carolina Press, 2019).

18)　The National Advisory Commission on Civil Disorders, *The Kerner Report* (Princeton: Princeton University Press, 2016), pp.1, 301-321.

19)　土屋和代「刑罰国家と『福祉』の解体――『投資・脱投資』が問うもの」『現代思想』Vol.48 (13), pp.124-131; Elizabeth Hinton, *From the War on Poverty to the War on Crime: The Making of Mass Incarceration in America* (Cambridge, MA: Harvard University Press, 2016).

20)　藤永康政「ブラック・ライヴズ・マター蜂起の可能性」『世界』8月号 (2020年7月)、pp.48-50.

21)　デイヴィス『監獄ビジネス』。

22)　Robert Gooding-Williams, ed., *Reading Rodney King/Reading Urban Uprising* (New York: Routledge, Inc., 1993).；土屋和代「格差社会アメリカ――『多人種都市』ロスアンジエルスの歴史から」知祐人編『東大塾現代アメリカ講義――トランプのアメリカを読む』(東京大学出版会、2020年)、pp.86-87.

23)　兼子歩「アメリカの警察暴力と人種・階級・男性生の矛盾」『現代思想』Vol.48 (13)、pp.75-81; Keeanga-Yamahtta Taylor, *From #BlackLivesMatter to Black Liberation*

(Chicago: Haymarket Books, 2016), pp.115-119.

24) Donna Jean Murch, *Living for The City: Migration, Education, and the Rise of the Black Panther Party in Oakland, California* (Chapel Hill: University of North Carolina Press, 2010)；Jakobi Williams, *From the Bullet to the Ballot: The Illinois Chapter of the Black Panther Party and Radical Coalition Politics in Chicago* (Chapel Hill: University of North Carolina Press, 2013).

25) アリシア・ガーザ『世界を動かす変革の力――ブラック・ライブズ・マター共同代表からのメッセージ』（人権学習コレクティブ訳）（明石書店、2021年）。

26) Barbara Ransby, *Making All Black Lives Matter: Reimaging Freedom in the 21st Century* (Oakland, CA: University of California Press, 2018), pp.33-38.

27) Taylor, *From #BlackLivesMatter to Black Liberation,* pp.173-174.

28) Ibid., pp.75-106.

第4章
なぜ福音派はトランプを支持したのか？
― 政治と宗教の関係性の変化から ―

松本　佐保

はじめに

なぜ福音派はトランプを支持するのかという質問をよく受ける。およそ敬虔なキリスト教徒には見えないトランプ大統領が、キリスト教福音派から熱狂的な支持をうけたことについては、その社会、経済、政治・外交の要因から考察することが必要である。

アメリカの建国の歴史の中では、イギリスで迫害されたプロテスタントの一派であるピューリタンが重要な位置を占め、その歴史は約400年で欧州の約6分の1程度だが経済・政治や軍事で世界一の繁栄を誇る。そこから「神に選ばれた国」という自負が生まれ、それは21世紀現在もその社会のあり方を規定している。その政治・外交や経済、そして軍事を動かすのがアメリカのキリスト教ナショナリズムである。

そのためアメリカのキリスト教福音派の意味するところは、日本やヨーロッパのそれとは異なる。定義としてはプロテスタントの非主流派であり、歴史的には少数派であったが、1980年前後に逆転し福音派が多数となった。その理由はバイブル・ベルトに代表される南部バプティスト教会の信者数の増大で、南部の台頭という経済的な理由とも関係がある[1)]。

人口動態の変化によるサン・ベルトのバイブル・ベルト化など、人口増大による南部の台頭、特にバイブル・ベルトの福音派からテレビ伝道師やカリスマ牧師、メガチャーチの出現などにより、票田として注目されるようになる。かつて農業中心の貧しかった南部に、北部の産業が温暖で地価が安いことから一部移転し、雇用の拡大によって人口も増大したのである[2)]。

本章では「福音派」はあくまでアメリカ社会や政治文脈で使用し、それは宗教保守や宗教右派ともほぼ同じ意味で使われる。また宗教右派＝キリスト教右派、宗教保守＝キリスト教保守ともなる。聖書に書かれていることを絶対視する原理主義者で、70年代の終わり頃から保守的なキリスト教徒が政治活動に関与しメディアが使用するようになった用語である。

また本章ではキリスト教右派を福音派などのキリスト教原理主義の意味で、キリスト教保守をプロテスタント福音派＋カトリック保守の意味で使用する。もう一つ重要な点は、アメリカでは19世紀から戦後までカトリックに対する差別が強くあったが[3)]、1960年頃から変化が起き、その多数派が民主党を支持していたカトリックが真っ二つに割れ、カトリック保守と福音派の間に連携が生まれ共和党の支持に回る。そうした経緯でカトリック保守も宗教保守に含まれるようになる。要するに「福音派」とは極端な言い方をすると、政治化したキリスト教団体やロビーのことを指していると定義できる。彼らは大統領選挙の勝敗を決めるほど大きな政治的影響力を発揮する場合もあり、その文脈では「宗教票」と呼ばれる。

まずトランプ政権誕生前の福音派などの宗教票の歴史的な変遷について概観し、またこの課題に関する先行研究について触れておこう。

アメリカ社会を理解する上で最も重要な二つの論点に人種と宗教であるとされ、本著では人種については第3、8章を参照されたいが、この2つの問題は互いに深く関わっている。アメリカでは福音派など宗教と政治研究には多くの先行研究が存在し、中でもジョン・グリーンによると宗教票と人種票を「価値の投票行動」（Value Voter）と定義した、帰属意識や価値観の研究が重要である[4)]。つまり宗教ナショナリズムの台頭や、また白人教会と黒人教会は別々に発展した南部バプティストの存在が選挙戦でも重要な争点となり、そうした経緯から南部で顕著な黒人への人種差別問題とも関わってくる。トランプ政権下で問題となったブラック・ライブズ・マターの反人種差別デモの背景には、白人に主導権がある南部バプティスト教会の存在があるからである。

1. 第4次宗教覚醒運動を経て

こうした人種差別が色濃く残るアメリカ南部が、選挙戦で重要となり、さらにもともと民主党の支持基盤であった地域を共和党支持に転換させる道筋を築いたのは、リチャード・ニクソン大統領だった。ニクソンは、「1968年革命(社会改革)」への強い反発と反動となった「サイレント・マジョリティー」の支持によって勝利、彼らの中にすでに「福音派」の潜在的な政治性が注目されていた。まだこの時点では彼らは沈黙を守り目立った政治活動は行っていなかったが、ニクソン政権下で起きた1973年のロー対ウエイド裁判の判決への強い反発が福音派に目覚めを齎(もたら)した。

アメリカ建国以降、第1次～第4次まで宗教的覚醒運動があり、1960～70年代はこの第4次覚醒運動にもあたっており、福音派やキリスト教根本主義といった保守的なキリスト教会が勢力を拡大、最も伝統的なキリスト教団体である南部バプティスト教会とミズーリ・ルーテル教会が急成長、各地でメガチャーチの建設が開始された。これに対しエキュメニカル派（他教派や他宗派と宥和的）のプロテスタントの会員数は減少し影響力も衰退、強まる世俗主義（同性愛者や中絶の権利を求める運動等）に対して保守的なキリスト教会が徹底抗戦に着手した[5)]。これ以降、福音派は徐々に一大政治勢力となり、短期的なサイクルで見ると、大統領選挙戦では主に共和党候補への支持表明活動（ジミー・カーターまでは民主党支持)、そして共和党政権下では彼らのアジェンダの政策化へ圧力をかけ、民主党政権下では一時的に休眠しつつ、政策や判決によっては目覚めるという「興亡」の変遷が見て取れる。

民主党のリンドン・ジョンソン大統領は、南部白人層を支持基盤としたが、ベトナム戦争による国内での混乱から、南部白人層はリベラルな民主党がしだいに支持を失っている現状から、この南部白人層に対して共和党への支持を増やすことをニクソンは目指した。ニクソンと1972年選挙を闘ったジョージ・マクガヴァンが民主党大統領候補に指名されると、南部の保守的な白人の民主党員はこれに反発して共和党支持へ回る傾向が増していった。ニクソンは南部諸州での票を取り込むために精力的に運動を展開し、選挙で圧勝、共和党の南部進出を強固なものとした。これが後に1981年のレーガン共和党政権の誕生とともに南部での強固な共和党支持基盤となり、民主党員でありながらロナルド・レーガン大統領を支持するレーガン・デモクラットと呼ばれる共和党支持層を形成することとなった[6)]。

ニクソンは、レーガンやジョージ・W・ブッシュ、そしてトランプのように福音派の「カリスマ牧師」を政権アドバイザーとして側近にすることはなかった。しかしトランプ選挙で活躍したフランクリン・グレアムの父、カリスマ中のカリスマ、ビリー・グレアムを大統領就任式に呼んだ最初の大統領である。政権期もグレアムをメンターとしていたことは知られており、こうした共和党大統領が福音派牧師を政権アドバイザーに採用する潮流を、最初につくったとも言える[7)]。

1980年のレーガン選挙における福音派やカトリック保守票の動員は、トランプ選挙でのレーガン選挙の「模倣」が行われ、これについては他の箇所で数回発表していることから、ここでは詳細言及を避けるが、多くの点でトランプ選挙に引き継がれた。

「福音派」がその政治的影響力を最大限に発揮したのは、ジョージ・W・ブッシュ政権で、大統領自らも「ボーンアゲイン」を自称、そして9・11テロ以降の「十字軍」発言による対アフガニスタンと対イラク戦争で、福音派から支持を得ていたことはよく知られる。

しかしその後のオバマ政権誕生とその一期目では、すっかり息を潜めていたことで、ウィカーらの研究で「福音派の衰退と危機」という言説が出てきた[8)]。しかしオバマ政権の2期目の途中から、オバマケアなどへの反発が強まる中で台頭したティーパーティ運動の中に「福音派」が69%含まれており、福音派は徐々に休眠状態から再覚醒していった[9)]。こうしたオバマ期に福音派の政治力は衰退したという主張に対し、2016年トランプ選挙では福音派の宗教票が重要な役割を果たし、2020年選挙では敗北したもののその政権下で行った福音派が求めていた一連の政策を実現して、トランプ熱が加速化、敗北も僅差であり、福音派の宗教票数がかつてない程にトランプに投じられた。

そのため選挙後、その結果に不満を持ったトランプ支持者が議事堂乱入事件を起こし、この中にも熱狂的なキリスト教福音派が含まれていたことが分かっている[10)]。こうした「トランプ熱」において重要な役割を果たした福音派について改めて考察することは重要である。

2. 2016年トランプ選挙の背景

オバマケアや政権下で合憲化された同性婚などに激怒した福音派は、選挙戦では打倒民主党政権をかかげ、マルコ・ルビオ、テッド・クルーズ、そしてトランプという政治リーダーを見いだした。ルビオはキューバ系のヒスパニック、そしてカトリックである。共産主義国キューバからの亡命者のファミリーというバック・グラウンドから、中国など共産国に対して他のアメリカ人以上に厳しい態度であり、またカトリック保守の立場から中絶や同性婚に反対する。もう一人の共和党候補であったクルーズも、キューバ系ヒスパニックのバック・グラウンドであり、彼の父親は福音派の牧師であったことから、本人も強硬な福音派である。さらにハイエクなどに精通しリバタリアン的思想からティーパーティ運動に関与していた。そうした経緯から2012年、ティーパーティ運動の支持を受け、共和党候補としてテキサス州から連邦上院議員選挙に出馬、初当選を果たす。オバマケアに強硬に反対する立場から、その予算成立を阻むための長時間演説でも知られる[11)]。2015年3月に2016年大統領選挙への出馬を表明したが、トランプに敗れた。

ティーパーティが掲げ福音派とその宗教的価値観で共通する政策として、死刑制度存続、進化論の否定、人工妊娠中絶反対、国民皆保険反対、米国愛国者法の再法制化、不法移民合法化反対、同性愛・性的少数派の権利確立への反対、イスラエルと関係強化（福音派のキリスト教シオニズム）などがあり、多くがトランプに引き継がれた。

結果トランプは、このクルーズとルビオから選挙公約的にも多くを引き継ぎ、宗教票的にもこの二人の支持層である強硬な福音派とカトリック保守を取り込むことに成功したのである。

トランプ政権がジョージ・W・ブッシュ政権期から引き継いだものとして、一部ネオコン人材も存在するものの[12)]、基本的にティーパーティなどのリバタリアンが中心となった。クリントン民主党政権期の1994年の中間選挙で共和党が大勝、議会の上院と下院で共和党を少数派から多数派に転換されることに成功したギングリッチ革命の担い手だったニュート・ギングリッチはその一人である。彼はブッシュ・ジュニア政権期には、国防総省・国防政策委員としてイラク戦争を推進し、2016年11月、トランプ政権移行チーム副委員長に指名された。2020年12月にトランプ政権での国防総省の諮問委員会の人事でクリストファー・C・ミラー国防長官代行によってマイケル・ピルズベリーを新たな委員長とする国防政策委員会のメンバーに選ばれた。彼は不倫関係にあったカトリックのカリシタとの再婚で、カトリックに改宗、またカリシタ・ギングリッチは女性初のバチカン大使となった。リベラルな立場のフランシスコ教皇とトランプはしばしば対立したことから、米・バチカン関係がどの程度進展したかは疑問だが、少なくともトランプの「宗教の自由」法令では、価値観を共有していた[13)]。

また後々袂を分かったものの、ジョン・ボルトンなど一部のネオコン人材を引き継いだ。

3. トランプの反エリート主義とブルー・カラーの白人福音派

トランプを支持した層を理解する上でもう一つ重要なのは反エリート主義である。グローバルで取り残されたラスト・ベルトの白人のブルー・カラーや、南部バイブル・ベルトの白人の農民や商工業者など、主に沿岸都市部で影響力の大きいエリート層に反旗を翻した人たちである。彼らはキリスト教に基づく伝統的な家族観や価値観を重視し、教会に熱心に通う福音派が多数いる。民主党は労働者の政党から、エリート党に転換し、マイノリティに優しい政党でジェンダーやLGBT問題でポリティカル・コレクトネスに固執し環境問題で声を上げ、宗教的には政教分離主義で無神論者すら存在する。CO2を出す鉄鋼業や石油産業に従事する労働者階級が、こうした民主党のエリート主義を毛嫌いし環境問題より雇用問題を重視したトランプ支持にまわったことは容易に想像がつく。また彼らは移民に仕事を奪われたという思いが強いことから、トランプの移民規制、メキシコとの国境の間の「壁政策」にも賛同した。

アメリカではこのまま中南米系などの非白人の移民が流入し続けると、近い将来に、白人が着実に少数派になるデータがある。2016年の選挙戦略担当でその後暫くトランプの側近だったスティーブ・バノン、彼を担ぎ出したオルトラ・ライトなど右派系団体も関わり、白人がマイノリティに転落する脅威に訴えるのに成功したと言えそうだ[14)]。

2016年の選挙結果は、白人の福音派の81％がトランプに投票したと11月9日ウォール・ストリート・ジャーナル紙は報じ、カトリックの52%がトランプを支持、その支持率を押し上げた[15)]。スティーブ・バノンもアイルランド系アメリカ人であり、労働者階級の保守的なカトリックである。著者自身2017年末のバノンの来日講演に参加、質疑応答で、彼が反グローバル主義で、反中国、多国間より二国間外交、自らの出自ブルー・カラーを誇りとしていることを確認した。彼の反グローバル主義からの移民排斥、ナショナリズム的な「アメリカ・ファースト」はトランプ政策に反映された[16)]。

2020年選挙ではこうしたラスト・ベルトの白人労働者や中流の下層票の奪い合いが起きた。選挙の争点はトランプに忠誠心がある福音派より、白人の中流の下層のカトリック票が争点となった。カトリック票は選挙のたびに、民主党と共和党支持に真っ二つに割れる最大のスイング票だからである。

バイデンは、選挙戦でペンシルベニアのアイルランド系カトリックの労働者階級の出自であるレトリックを使った（実際は中流以上である）。アイルランドのノーベル文学賞受賞作家トーマス・ヒーニーの有名な詩を引用し、アイリッシュ・カトリックのアイデンティティに訴えた。このバイデンの選挙戦略は、2016年選挙でヒラリー・クリントンが「エリート女性」として完全に軽視した民主党支持の労働組合との旧来の関係修復に不可欠だった。そしてそれが功を奏したのか、ラスト・ベルトでの郵便投票による逆転劇に繋がった。

話を戻すが、バノンはその後更迭、逮捕された。その後トランプ政権の宗教政策を支えたのが、福音派のマイク・ペンス副大統領、カトリック保守のサム・ブランバック宗教大使、福音派のマイク・ポンペオ国務長官、そしてユダヤ保守票を纏(まと)めた娘婿のジャレッド・クシュナーなどがあげられる。後ろ３名は主に外交政策で活躍、そして内政ではペンス副大統領が動く分業体制が確立した。

白人の福音派には、2012年にコーランを焼いて話題をさらったテリー・ジョーンズ牧師に象徴されるように、イスラム教徒の移民に対し敵対心を抱いている者も少なくない。9・11テロ以来のキリスト教十字軍VSイスラム教の対立構図からである。トランプは白人福音派に対して、自らに勝利を齎した「お礼」なのか、「イスラム移民の入国禁止大統領令」を2017年２月に発令、IS（イスラム国）がまだ猛威だったイラクやシリア、イスラム同胞団下のエジプト、そして原理主義的なイスラム神学校が多いパキスタン国籍などが対象であった。サウジアラビアなどのアメリカと比較的関係の良好な国は除外されていた。

しかしこの大統領令は思わぬところに支障をきたした。イスラム教徒の南アジア人、パキスタン国籍の出入国が困難になり、アメリカのIT産業に支障をきたす事態となり、シリコンバレーのGAFAからの苦情と訴訟に発展した。GAFAは概ね民主党支持であることからも、トランプはその苦情を一喝したが、宗教の自由を規定する憲法違反という訴訟で裁判所は、同大統領令は国内の治安維持という大統領の使命ゆえであり違憲でないとの判決を下した[17]。

人種差別もそうだが、宗教差別も米国社会・経済にダメージをもたらすことが分かる。この大統領令は期限付き時限立法で、幸い数カ月で効力を失った。そしてIS（イスラム国）リーダー、アブー・バクル・アル＝バグダーディーが2019年10月26日に米軍に殺害されると、スンナ派のイスラム過激派の脅威は去ったと見なされたのか、これ以降トランプ政権では、シーア派のイランに対して以外は、イスラム教徒への敵対的な政策は影を潜めた。それどころか、対中国強硬外交が強化される中、イスラム教徒のウイグル人への宗教の自由弾圧を行う共産党政権を糾弾、アメリカはむしろイスラム教徒の味方となったのである。

4. 合衆国最高裁判事人事と中絶及びLGBT問題

トランプ政権下ではバイブル・ベルトで中絶を非合法化する州が増加、プロ・ライフ（中絶反対）でもプロ・チョイス（中絶賛成）にしても極端な事例が散見された。全米プロ・ライフ宗教協議会の会長であるカトリック神父はプロ・チョイスの運動家から脅迫され、一方プロ・ライフの過激主義者による中絶を行う産婦人科医師の殺害事件も数件発生している。

すでに言及した中絶権を認めた「ロー対ウエイド判決」(1973年）など、連邦最高裁判事の役割は大きく、アメリカの社会・政治政策の方向性を左右する。最高裁判事は長官を含めて9人で終身制であり、1度就任すると30年以上勤める場合が多く、社会問題の司法による解決が、判事の構成次第で大きく変化する可能性がある。トランプ大統領は2017年大統領就任以来、ニール・ゴーサッチ判事、2018年にはブレット・カバノー判事、2020年にはエイミー・コーニー・バレット判事と、いずれも保守派の判事を多くの批判と非難を受けながらも次々と任命した。その結果、現在は、保守派6人、リベラル派3人という構成で、保守派が最高裁の主導権を握ることになり、中絶の非合法化や、他の案件でも保守的な判決が下る可能性が増大したとされる。

トランプ在任中、2018年からは、ジョージア、アイオワ、ケンタッキー、ノースダコタ、ミシシッピ、オハイオ各州の知事が、胎児の心拍が検知できるようになった時点で人工中絶を禁止するという、「ハート・ビート法」州法を成立させた。これは妊娠から約6週間足らずであることから、かなり初期の段階での中絶を禁止することを意味した。

2019年5月にはルイジアナとミズーリの州議会は同様の州法を可決した。ほかにも9州の州議会が同様の法案を検討したが、そのうちペンシルベニア州では委員会で否決した。またアラバマ州では、母体保護の目的以外では中絶は認めず、しかもそれはレイプや近親相姦による中絶も禁止するという州法が州議会の下院と上院で圧倒的多数で可決された[18)]。アラバマ州は最も宗教性が高い州として知られるが、この州法では中絶に関与した医者は10年から最高

99 年の禁固刑に問われる可能性があるとし、まだレディ・ガガなど女性セレブ等が女性の権利を著しく損なうとし反対の声を上げるなど話題となった[19)]。

このようにトランプ政権下では、特にバイブル・ベルトだけでなく中西部の一部でも中絶を非合法化しようとする州が続出、福音派の中絶反対という主張は、ここまで政治を動かしていることを見せつけた。

中絶の実施と中絶権を合憲とする判決に平和的に抗議する「命のためのデモ行進」という毎年恒例の集会がある。ロー対ウエイド判決の記念日で、「公共の場にて、プロ・ライフの人々を結集、啓蒙、動員し、中絶を終わらせる」を目指し、ロー対ウエイド判決を覆すことを提唱、「命のためのデモ行進」教育擁護基金が組織運営している。例年議員や牧師、有名スポーツ選手などが数多く参加、2017 年にはペンス副大統領、2020 年にはトランプも参加、副大統領、大統領というポジションで同デモに参加した政治家として史上初だと、これを率いていたフランクリン・グレアム牧師は声高らかに述べた[20)]。

2020 年 6 月に人工妊娠中絶を規制する南部ルイジアナ州法を違憲とする連邦最高裁判決も出された。保守派のバレット判事が任命される前で、判決は賛成 5、反対 4 で、保守穏健派のジョン・ロバーツ合衆国最高裁長官が 4 人のリベラル派判事を支持した[21)]。2016 年に同趣旨のテキサス州法を違憲とした判例を踏襲した判決であった。トランプ大統領在任中に最高裁が中絶問題に関する主要な判決を下した初めてのケースで、福音派を失望させた。

トランプはその後、保守派のバレット判事を指名、民主党からの批判をよそに最短期間で正式に最高裁判事に任命した。ただこれで中絶裁判でより厳しい最高裁の判決が下ることを意味するものではない。最高裁は政治的中立によって権威が維持されるためだが、バレット判事の就任は福音派の間で中絶禁止政策への期待を高め、トランプへの支持をより強固にした。それを証拠に、2020 年選挙でバイブル・ベルトのほとんどの州ではトランプが勝利した。

キリスト教では生命の誕生が重視され、それは自然科学的に男女の交わりによってのみ可能であり（体外受精等医療行為で可能だとしても）、結婚は男女のみに限定するべきであるという教えがある。そのため福音派を含む保守層にとって、同性婚など LGBT の権利を認めることは、キリスト教の伝統的な性の道徳観に基づく信仰の自由を妨げると主張してきた。

しかし2020年6月、合衆国最高裁でLGBTの雇用差別禁止を支持する判決が出た。2015年に同性婚を合法とする判決に続き、性的少数者にとって歴史的勝利となった。その後トランプが新たに保守派の最高裁判事2人を指名したことから、権利活動家たちは権利向上が妨げられるのではと懸念した。しかし、この裁判では、リベラル派の判事4人にゴーサッチ判事とロバーツ最高裁長官が加わるという展開での判決となった[22)]。この判決は、雇用主側を擁護する立場を取ったトランプ政権にとって、打撃となり、ペンス副大統領も、インディアナ州知事時代に類似した問題が発生した際、LGBTとのビジネスを「宗教の自由」を理由に拒否した者を擁護した経緯があった。

ペンスは否定したが、福音派の中でも過激な根本主義者等が支持する「性転換精神療法」を行う活動に寄付していたという噂もあった。本療法はLGBTを「病気」とし、同性愛者を異性愛者に「治療」できると考えられているが、医学的な根拠は疑わしく、むしろこうした「治療」は同性愛者等を精神的に追い詰め自殺に追い込む確率が高いとし、危険視された。1950年代までアメリカとイギリスでは同性愛者をソドム法で犯罪者とし、上記の精神療法だけでなく強制的ホルモン注射で、肉体的にも精神的にダメージを受けて早死するケースが存在する。イギリスでは第二次世界大戦中にナチス・ドイツの暗号を解読し、勝利に導いた国民的英雄の天才的数学者アラン・チューリングがその一人であったことは、衝撃的な事実である。

2015年成立の「宗教の自由法」の州法をめぐっては論争が絶えない。オバマ政権下で合法化された同性婚に対抗しインディアナ家族協会（the Indiana Family Institute）などがインディアナ州法を後押しした。同州で起きた同性婚の結婚式に使うブーケを依頼された花屋や、ケータリングのピサ屋、ケーキ屋や結婚会場などが、同性婚に賛同できないことを理由に辞退した場合、同性愛者に対する差別ではなく、キリスト教徒としての宗教の自由権を行使したという主張が裁判で争われ、インディアナ州では差別にあたらないとの判決となった。LGBT側は「宗教の自由法」は彼らへの差別を正当化する危険性があるとし、撤廃を求めている。インディアナ州だけでなく、バイブル・ベルトや、テキサスやフロリダを含む南部の一部のサン・ベルトを含む多くの州に拡大し、論争を呼んでいる。ジェブ・ブッシュ、ルビオ、クルーズやベン・カーソン、リック・サントラムなどの共和党有力者たちは、この法に賛同し、これがLGBT差別に繋がることを否定している[23]。

5. 立法化しなかった「ジョンソン修正案廃止の大統領令」と「オバマケア廃止の大統領令」

こうした中絶やLGBTをめぐる問題以外に、福音派が切望、もしくはトランプにメリットがあることから大統領令に署名し、廃案に追い込もうとしたものの実際には実現しなかった政策もある。2017年1月に出した「オバマケア廃止の大統領令」と、同年5月の「ジョンソン修正案廃止の大統領令」である。

後者は憲法第一条の修正事項で定義されている政教分離を徹底するために、リンドン・ジョンソン大統領が上院議員の時に立法化した修正案であり、トランプはこれを廃案にすることで、教会など宗教団体がトランプの選挙などの政治活動に資金を提供することができるようにすることを目指していた。

背景には過去20年間に4倍に増加し全米に1,500程度存在するとされるメガチャーチ（2,000人以上を収容できる礼拝堂を有する）の存在がある。上位50位について言えば週1万人以上の信者が集まってくることから、多くの寄付が集まることでも知られている。全米最大規模のものがテキサス州のヒューストンにあるレイクウッド・メガチャーチで、ここのカリスマ牧師ジョエル・オースティンはトランプ支持を表明していた[24]。トランプとしてはこれら巨大な教会を票田とするだけでなく、選挙資金を集める手段とすることができれば好都合であった。

しかしこの法案は税制度との絡みもあり非常に複雑なプロセスと、また宗教団体の中にはNPOなりNGOとして政治的な中立性を維持したい団体も多数存在することから反対意見も多くあったことで、実現には至らなかった。

オバマケア廃止のための大統領令についても、このメガチャーチの存在が関係している。主要なメガチャーチでは、民間の医療保険への団体加入を斡旋し、またメンタルな病や麻薬・アルコール中毒などへのケアのための専門家を配備して対応している。そうしたことから、教会が医療保険や福祉の受け皿となり、国家がこれに介入する必要はないという発想である。アメリカではこうしたメガチャーチには、多くの寄付が集まることからこれらの資金源もある。富裕層は所属するメガチャーチや宗教団体に税優遇があることで積極的に寄付を行い、またこうしたチャリティやボランティアの精神とは、「徴税」という国家に強制される方法ではなく、自発的に行われるべきだとの考えがアメリカには強くあるからである[25)]。トランプはオバマケアの代替案なる法案を提示したが、結局議会での承認を得ることができず、最終的にオバマケアは残ることとなった。

6. 宗教の自由政策 ― 中東からアジア太平洋へ ―

宗教の自由に関わる政策は内政と外交では異なった様相を見せる。外交では、中国での宗教弾圧を踏まえ、トランプは2020年6月2日、国際的な信教の自由を促進する行政執行命令に署名、信教の自由を「道徳的かつ国家安全保障上の必須事項」と呼び、「アメリカの外交政策上の優先事項」と宣言した[26)]。

すでに述べた「イスラム教徒移民への入国制限」大統領令に見たように、中東やアフガニスタン等の中央アジア、また欧米で起きるイスラム教徒過激派によるテロが、国家安全保障の問題として捉えられ、イスラム教徒＝テロリスト的な言説が支配的であった。政権の中にはシリア内戦への効果的なミサイル介入やIS（イスラム国）のリーダー、バグダーディー容疑者の暗殺、イランとはガーセム・ソレイマニ司令官殺害によって開戦寸前での寸止めとなる危機にも直面した。このようにアメリカにとっての外交上の宗教問題と言えば、イスラム教を国教、もしくは多数派の国との対峙や、これら諸国で少数派のキリスト教徒弾圧への糾弾であった。しかし政権後期になると、ISの実質上の解体などイスラム教系テロの脅威が低下する中で、アメリカの掲げる「宗教の自由」理念の真の敵は、宗教を弾圧する無神論の共産主義政権の中国に転換していった。それはアメリカの外交の重点が、中東からアジア太平洋地域へ徐々にシフトしていくプロセスでもあった。

2019年9月23日午後、ブラウンバック宗教大使（宗教・信教の自由担当）は国連のあるニューヨークで記者会見し、同日午前、国連本部で開催された宗教・信教の自由擁護に関する国際会議にはトランプも出席。「アメリカは信教の自由を求める人々とともにある」と述べ、中国で起きている宗教迫害を世界に向けて批判し、「宗教の自由」を呼びかけた[27)]。

欧州諸国やメディアは、地球温暖化対策に関するパリ合意から離脱したにもかかわらず、「宗教の自由」で国際的なコンセンサスを得ようとするトランプ外交に戸惑った。

こうした「宗教の自由」の言説は、香港問題も手伝って、アメリカと中国の外交的な対峙を加速化させていく。香港で続いていた民主化運動家によるデモは、2019年「逃亡犯条例改正案」への反対が発端にあった。その参加人数は、香港市民の4人に1人以上が参加した。2020年4月15日までに8,001人が逮捕され、2020年8月10日、民主活動家の周庭（アグネス・チョウ）氏や、香港の民主派メディアグループ「壱伝媒（ネクスト・デジタル、Next Digital）」の創業者、黎智英（ジミー・ライ）氏など23歳から72歳までの男女10人が香港国家安全維持法に違反した疑いで逮捕された。これに対し、ポンペオ国務長官は「深い憂慮」とコメントし、EU報道官は「香港国家安全維持法が表現と報道の自由を抑えつけるために用いられている」と非難した。

実はこうした一連の香港での民主化運動家たちによる、「逃亡犯条例改正案」などに反対するデモには、多くのキリスト教徒が参加していた。そうしたことから香港のデモと、宗教の自由、つまり香港の民主化運動家が共産党政府に大量に逮捕されることは、当局によるキリスト教という宗教への弾圧と繋がるからである。それに加えてすでに知られている、ウイグル人のイスラム教徒、チベット人の仏教徒と、そしてあらゆる宗教が中国共産党政権に弾圧されている実態を訴えた。

国務省やその下部組織、米国国際開発庁（USAID）との契約関係にある宗教の自由のグローバルな推進を掲げるNGOが多数ある。その中の一つ、キリスト教系のグローバル・エンゲージメント研究所（IGE）の幹部の一人に、インタビューを行ったが、このNGOは主にベトナムや、中央アジアのカザフスタンなどの諸国で活動し、一定の成果を上げている。

アメリカは、ベトナム戦争への介入による泥沼化から撤退以降も、社会主義の北ベトナムが勝利し、建国したベトナムとの関係改善には多くの時間と努力を要したが、近年改善への兆しがある。両国の関係改善に25年間取り組んできたIGEの貢献は無視できない。また、中国がベトナムやカザフスタン等息のかかっていた諸国に対してここ5年ぐらい、軍事・経済的な侵略行為を重ね、その関係が悪化しているという背景もある。

だからこそ、IGEのようなNGOの活動が活発化し、またその活動資金の確保のために、国務省と財務省が協力することが重要なのである。また財務長官が国家安全保障問題担当の大統領補佐官と協議し、重大な人権侵害を行った国に対する制裁措置、特に経済的な制裁を講じることを検討するよう求める動きがある。これらを執行する命令は、トランプが9月の国連総会で世界の指導者に向けて演説した「宗教的迫害を終わらせる」という演説に基づき、アメリカが国務省を中心に「宗教の自由」外交を実際に機能させていることが分かる[28)]。

また筆者は2019年7月にアメリカ国務省内で行われた「国際的宗教の自由」大会に参加する機会に恵まれ、世界中の宗教弾圧を受けている人たちと出会った。アメリカ在住のウイグル人権団体の代表や、香港出身のプロテスタントの牧師、中国の法輪功の信者の団体の代表もいた。アメリカの宗教に対するこうした強い思いが、その政治や外交を動かしている[29)]。

このように中国問題ゆえに、中東からアジア太平洋地域への外交の重心がシフトしたとしても、トランプ政権のその前半期に実行されたエルサレムへのイスラエルの首都機能移転とこれに伴う米大使館の移転を忘れてはならない。これはトランプ政権に限らず、キリスト教福音派をはじめとする、米国キリスト教保守ロビー及びユダヤ・ロビーの長年の夢を実現したものである。米国のイスラエル擁護外交は、共和党だろうが民主党だろうが党派を問わない一貫性があり、APAC（アメリカ・イスラエル公共問題委員会）という巨大な親イスラエル・ロビーには、名だたる議員が政党を問わず参加することで知られる[30]。

福音派は特にキリスト教シオニズムという、終末論から派生したキリスト教救済論からの強い影響を受け、自らの死後の天国に行くという救済にも、エルサレムがユダヤ国家イスラエルの首都があることが絶対的な必要条件であるという教えを熱狂的に信じている。そのため親イスラエル政策は、共和党だけでなく民主党からも支持され、それを証拠にバイデン政権誕生後2021年5月に起きたイスラエルとパレスチナ紛争再燃でも、バイデンは決してイスラエルを非難することはなかった。

それではイスラエルを強く擁護する外交やその敵国でもある対イラン外交は、今後どうなるであろうかという疑問もあるだろう。中東を従来ほど重視しなくなったアメリカ外交でイスラエルの運命はいかに、決して同国を見捨てることがない宗教外交はどう継続するのかである。

トランプ政権の末期、2020年8月13日にイスラエルとアラブ首長国連邦等と次々と締結された「アブラハム合意」の重要性を強調しておこう。これにはトランプ政権下の、特にトランプの娘婿クシュナーとポンペオ国務長官の功績であった。トランプ政権下で、イスラエルと敵対していたアラブ諸国のうち、UEA（アラブ首長国連邦）やバーレンなどが、イスラエルと国交正常化に踏み切った。アメリカが仲介したことでも知られ、イラン包囲網とも考えられ、トランプはこの条約締結を自らが中東における平和の使者であるかごとく自慢げに語った。

パレスチナは過去の中東戦争で、同じ宗教で民族であるこれらアラブ諸国から支援を受けてきた経緯がある歴史と伝統を打ち破り、この条約でパレスチナは、孤立する危険性を孕む一方、イスラエルにとっては敵を減らすこととなった。イランがシーア派大国であり、中東におけるパワーバランスを、サウジアラビア及びアラブ諸国VSイランとすることで、イスラエルに協力的なアラブ諸国を増やし、イスラエルの安全保障上の孤立を回避するという政策である。アブラハムは、ユダヤ教とイスラム教、そしてキリスト教が等しく認めた預言者アブラハムの名前に因んで付けられ、中東におけるこれら宗教対立を緩和させることを目指した[31]。

こうして、アメリカの対中東外交はあまり手がかからなくなり、アブラハムの名の下にキリスト教とイスラム教との和解も実現したと見なした。そして、イスラム教徒のウイグル人の宗教の自由を守るためにアメリカが闘うべき真の敵は、宗教弾圧著しい中国共産党政権であるという流れになる。

そしてこの外支政策は、より世俗的な民主党政権になっても、「人権弾圧」や「人権問題」と表現を変えて継続されているのである。

おわりに

以上のようにトランプ政権は、キリスト教、特に彼を熱狂的に支持した福音派や、カトリック保守が望んでいたことを次々と政策化する、極めて宗教色の強い政権であった。このような宗教保守・右派ロビーが切望した政策をトランプが実現化したものの中で特筆すべきなのは、イスラム教徒への入国制限の大統領令と、宗教の自由外交政策の矛盾であろう。政権発足当初は、ブッシュ・ジュニア政権下の9・11テロ以来のキリスト文明が敵視するイスラム文明、つまり反イスラム教的な言説を引き継いでいた。しかし政権が後半部にさしかかると、これが「国際的な宗教の自由政策」へと切り替わる。それは対中国外交に反映され、中国で起きている宗教弾圧に関して以前は、香港の民主化運動に関わるキリスト教徒とチベットの仏教徒が強調されてきた。しかしこれに新疆ウイグル自治区のウイグル人のイスラム教徒への信仰弾圧も加わり、むしろこれが前面に出てきた点である。極論を言うなら「イスラム教徒はアメリカの敵」が「イスラム教徒の宗教の自由を守るアメリカ」に転換したのである。実際にワシントンの有力な福音派の政治・宗教ロビー団体の「家庭調査評議会」が、イスラム教徒のウイグル人を招聘し、セミナーなどで登壇させ「宗教の自由を弾圧する中国」を糾弾する内容の講演を行うようになった[32)]。こうした影響もあり、トランプ政権は対中国への外交姿勢を硬化させていったのである。

こうしたトランプ共和党政権に対してバイデン民主党政権は宗教色が薄く、同政権では宗教は前面に出てこない。しかし宗教の代わりに「人権」という表現を使っているだけで、また二国間に対して多国間協調外交という違いはあるものの、中東でのイスラエル支援外交や対中国強硬外交など、現政権に引き継がれている要因も少ないないことを強調して、本章を閉じることとする。

注

1）Christine Leigh Heyrman, *Southern Cross: The Beginning of the Bible Belt*（Chapel Hill, NC: University of North Carolina Press, 1998）.

2）Darren Dochu, *From Bible Belt to Sun Belt: Plain-Folk Religion, Grassroots Politics and the Rise of Evangelical* Conservatism（New York: W. W. Norton & Company, 2010）; Joseph L. Locke, *Making the Bible Belt: Texas Prohibitionists and the Politicization of Southern Religion*（New York: Oxford University Press, 2017）.

3）Mark Stephen Massa, *Anti-Catholicism in America: The Last Acceptable Prejudice,*（New York: Crossroad Pub., 2003）.

4）John C. Green, *The Faith Factor: How Religion Influences American Elections*（Westport, Conn.: Praeger Publisher, 2007）.

5）Edith L Blumhofer and Randall Balmer, *Modern Christian Revivals*（Urbana: University of Illinoi Press, 1993）.

6）Ferrel Guillory, "From Nixon to Trump, *Southern Cultures*, 2018," *Southern Culture*.

7）Randall Balmer, *Religion in Twentieth Century America*（New York: Oxford University Press, 2001）.

8）Christine Wicker, T*he Fall of the Evangelical Nation: The Surprising Crisis Inside the Church*（San Francisco, CA: HarperOne, 2009）.

9）Pew Research Center, "The Tea Party and Religion," February 23, 2011.

10）Emma Green, "A Christian Insurrection," *Atlantic*, January 8, 2020.

11）2014年1月にオバマケアの導入される前、クルーズは21時間に渡ってこれを阻止するスピーチと行った。Ted Cruz, "Healthcare." www.cruz.senate.gov october 6. 2021

12）宮田智之「2016年大統領選挙と保守系シンクタンク」日本国際問題研究所編『米国の対外政策に影響を与える国内的諸要因』2017年5月26日。

13）Catholic News Service, "Gingrich: 'Securing' Religious Liberty Top Priority for U.S., Vatican," *The Dialog*, July 16, 2018.

14）Benjamin R. Teitelbaum, *War for Eternity: Inside Bannon's Far-Right Circle of Global Power Brokers*（New York: Dey Street Books, 2020）.

15）Ian Lovett, "Evangelicals Back Donald Trump in Record Numbers, Despite Earlier

Doubts," *Wall Street Journal*, November 9, 2016.

16)　J-CPAC2017 主催 2017 年 12 月 16 日（土）、17 日（日）の 2 日間にわたり、東京都渋谷区ベルサール渋谷ファーストにてスティーブ・バノン氏の講演会が行われ、参加した。イベントの詳細は以下を参照。「スティーブ・バノン氏、登壇決定！「J-CPAC 2017」開催のお知らせ」@プレス。

17)　Ian Sherr, "Here's What Tech Has to Say about Trump's Immigration Ban," *CNET*, 2 February 2017.

18)　藤本龍児著「文化と宗教からみる『州と連邦』」久保文明、21 世紀政策研究所編著『50 州が動かすアメリカ政治』（勁草書、2021 年）131-2 頁。

19)　「妊娠中絶禁止法、アラバマ州で成立　禁錮最大 99 年」『日経新聞』2019 年 5 月 16 日。

20)　Billy Graham Evangelical Association, "Franklin Graham Joins Today's March for Life," January 22, 2020; "Franklin Graham, Cissie Graham Lynch March for Life in D.C," Samaritan's Purse International Relief, January 25, 2020；命のためのデモ行進については以下を参照。"National March for Life," March for Life.

21)　Nina Totenberg and Brian Naylor, "Supreme Court Hands Abortion-Rights Advocates, a Victory in Louisiana Case," *NPR*, June 29, 2020.

22)　United Nations, "US Supreme Court Ruling 'Extremely Positive' for LGBT Community, Says UN Rights Expert," *UN News*, June 17, 2020.

23)　Laycock, Douglas, "The Wedding-Vendor Cases", *Harvard Journal of Law & Public Policy* 49 (2018): pp.49-66.

24)　松本佐保『アメリカを動かす宗教ナショナリズム』（筑摩新書、2021 年）。

25)　Tami Luhby, "Why so Many People Hate Obamacare," *CNN*, January 6, 2017.

26)　米国務省の宗教の自由委員会（United States Commission on International Religious Freedom）についてはホームページ（https://www.uscirf.gov）を参照。トランプの国連での宗教の自由についてのスピーチは以下を参照。"Trump Announces Religious Freedom Initiatives during UN Speech," September 23, 2019.

27)　"US Ambassador for Religious Freedom: 'It's A Fundamental Right for Everybody'," *Deutsche Welle*, September 25, 2019.

28)　グローバル・エンゲージメント研究所理事のジェームズ・チンへのインタビュー、2020 年 3 月ワシントンにて。

29)　以下を参照。松本佐保『アメリカを動かす宗教ナショナリズム』（筑摩新書、2021 年）第 5 章。

30)　2019 年 3 月、アメリカ・イスラエル公共問題委員会の全米大会の初日のみに参加した。本団体についてはホームページ（https://www.aipac.org/）以下を参照。

31)　アブラハム合意の詳細は以下を参照。U.S. Department of State, "The Abraham

Accords," September 10, 2020.

32) 「家庭調査評議会」によるウイグル人権運動家の招聘講演については以下等を参照。"Religious Freedom in China: One Daughter's Testimony," Family Research Council, January 16, 2020.

第5章
いかにしてトランプ外交は生まれたか？
―歴史と国際関係から―

佐藤　雅哉

はじめに

2017年1月21日、就任演説でドナルド・トランプ大統領は次のように語った。「われわれは世界の国々と親善と友好を求めるでしょう。ただし、全ての国々には自らの利害を第一におく権利があるという理解のもとに、そうするのです。われわれは自分たちの生活様式を他の誰かに押し付けるのではなく、それを世界に輝く模範とするのです。われわれは世界の人々が後に続くように光り輝くのです」[1)]。

この演説の中に、孤立主義と例外主義という二つの異なる――けれども緊密に関連する――外交的信条を読みとることができる。「合衆国は自由・平等・民主主義といった普遍的な真理を探究する実験国家であり、世界の虐げられた人にとっての最善の希望であり、例外的な存在である」という例外主義的な信条が「世界に輝く模範」という言葉に透けてみえる。歴史的には、このような例外主義は孤立主義と表裏の関係にあった。なぜならば、合衆国の例外性を維持して神聖なる実験を遂行するには、世界の権力政治と覇権争いから自律的でなければならないからだ。そのような孤立主義的な信条は、「自分たちの生活様式を誰かに押し付けるのではなく」という表現に見て取れる。

建国から19世紀末頃までのアメリカ外交は孤立主義を基調としていた。だがその後、合衆国の享受する例外性、すなわち普遍的な真理と彼らが信じるものを、国内だけでなく世界にも拡張していくことこそが、合衆国の使命であるとする発想が生まれてくる。つまり、孤立ではなく、外の世界への積極的な介入と改良が必要だというわけだ。第二次世界大戦以降の合衆国は、国際秩序の作り手として世界を導くことが、自国の利害のみならず世界の人々の繁栄と安全を守ると考えてきた。そのため、少なからぬ人々が、孤立主義ともとれるトランプの発言に、これまでの潮流からの逸脱を感じ取ったのである。

では、実際に4年間を振り返ったときに、トランプ政権期の対外関係はどのように理解できるだろうか。この点を検討するために、本章はまず第1節で、アメリカ外交の系譜を時系列に沿って整理する。第2節では、すでに出版されている優れた研究群に依拠して、トランプ外交の4年間を経済と安全保障を中心に概観する[2)]。最後に第3節では、伝統的な外交史の対象からやや広げて、文化面、特に思想・規範・運動に関わる部分に注目する。具体的には、国際社会を舞台に展開したジェンダー・ポリティクスに焦点を当て、当該時期の世界の中のアメリカの様態を考察する。

1. アメリカ外交の系譜

合衆国の孤立主義の伝統は、初代大統領ジョージ・ワシントンが退任前に行った告別演説（1796年）にまで遡る。当時、ヨーロッパはナポレオン戦争の戦火に包まれており、ヨーロッパの特定の国と同盟を結ぶことは、この戦争をアメリカ大陸にまで飛び火させる可能性があった。そこでワシントンは、ヨーロッパのいずれの国とも恒久的な同盟関係を締結せずに、通商立国として独立を保つことが、まだ脆弱だったこの共和国の安全と繁栄を守る最良の手段だと語ったのだ。この発想はアメリカ外交に関する超党派的な合意となり、のちにモンロー・ドクトリンの基調となった。1823年に大統領ジェームズ・モンローが発したこの政策指針は、ヨーロッパが植民地主義と絶対王政をアメリカ大陸に持ち込むことに反対を表明すると同時に、合衆国もヨーロッパの事情には関与しないと明言するものだった[3)]。

このように19世紀の合衆国には、例外性を守るために孤立するという発想があった。しかし、世紀転換期には変化が生じる。むしろ、自由・平等・民主主義といった普遍的と信ずる価値を世界に広めるために積極的に行動することこそが、合衆国の使命と考えるようになった。この変化の背景には、米西戦争（1898年）を経て、斜陽の帝国スペインからプエルトリコ、グアム、フィリピンの領有権を獲得し、キューバを保護国化したことがあった。拡張的政策を支持する人々は、普遍主義的な言葉で植民地領有の大義を説明した。すなわち、暗愚で非近代的な人々に民主主義を教えることが植民地領有の目的であり、しかるべきときが来たら独立させるというわけだ。保護国化は、アメリカ大陸に、ひいてはアジアに、「自由の領域」を拡大するために必要な行為とみなされた[4)]。もちろん、この拡張主義の背景に、飽和した国内市場のための海外市場獲得という実利があったことはいうまでもない。

1917年4月、大統領ウッドロー・ウィルソンは、「民主主義にとって安全な世界を築く」という掛け声のもと、第一次世界大戦に参戦する。ヨーロッパとの非同盟の原則を放棄して200万からなる部隊を派遣し、協商国を勝利へと導いた。ウィルソンは、このような大戦の再発を防ぐためには、秘密外交を含む複雑な同盟関係の構築を通じた勢力均衡を排し、国際法と国際機関に依拠した秩序維持と紛争解決を可能とする国際関係を構築することが必要と考え、国際連盟の設立を牽引した[5)]。この新しい国際関係の担い手として、合衆国は世界をリードするかにみえた。しかし、大戦後、アメリカ世論は世界との関与の縮小を求め、合衆国の国際連盟加盟も上院の否決により実現しなかった。戦間期の合衆国は孤立主義に回帰したのである。

だが、世界恐慌と第二次世界大戦という苦難を経て、合衆国政府による積極的な関与と改革なくして自国の安全と発展は保障されないとする考えが再び成長していった。そのため、第二次世界大戦後、合衆国は西側世界の盟主として大西洋憲章で打ち出された諸原則（領土不拡大、体制選択の自由、貿易と資源への平等なアクセス、恒久的な集団安全保障など）を現実化するのに必要な諸制度の構築に努めることとなった[6)]。

合衆国は国際連盟に代わるより強力な国際機関としての国際連合の創設に尽力、議会も今度は加盟を圧倒的多数で承認した。また、1949年にはNATO

（North Atlantic Treaty Organization）創設を主導している。NATOは、世界各地に展開された米軍基地と並んで、合衆国主導の安全保障体制の中核となった[7)]。通商面で戦後世界秩序を支える制度基盤となったのが、国際通貨基金（IMF）と関税および貿易に関する一般協定（GATT）である。保護主義で分担されてきた世界恐慌以降の国際貿易を自由で多角的な通商システムへと改組することを目指した合衆国は、IMFを通じて為替の安定化を図ると同時に、GATTを通じて貿易自由化を進めた。貿易依存度が相対的に低かった当時の合衆国は、自国市場の開放と対外援助を通じて、欧州や日本の復興と西側（資本主義）経済への組み込みを試みたのである[8)]。

なお、GATTは1995年にWTO（World Trade Organization）として発展的に組織化され、知的財産権やサービス部門を強化するとともに、旧共産圏の国々も取り込んで、世界規模の財・金融・サービスの自由化をいっそう推進することになる。また、1965年の移民法改正で、1924年以降行われてきた移民制限が大幅に緩和され、人の移動の面でも自由化が進められた。

こうして合衆国は、第二次世界大戦後には西側世界の盟主として、冷戦終結後には唯一の超大国として、世界を牽引する存在となった。その任務のイデオロギー的支柱は、自由・平等といったアメリカが普遍的と信じる価値の世界規模での拡張である。冷戦期、その障害となるのは共産主義だと考えられてきた。共産主義体制の独裁主義的・管理的な政体は、自由主義社会とは相いれないというわけだ。冷戦終結後には、イスラム原理主義やテロリズムが滅ぼすべき敵となり、テロとの戦争に埋没していった。

2. トランプ政権期の対外政策

大統領としてのトランプの特殊性は、合衆国の使命（普遍的価値の世界的普及）に関する超党派的な合意と、その任務を遂行するために必要と考えられてきた諸制度を、軒並み否定した点にある。トランプにとって、NATOは旧時代の遺物であり、テロとの戦争は浪費にすぎず、「世界の警察官」の仕事は一方的な負担に他ならなかった。国連機関や国際協定は合衆国の行動を縛るだけの不毛な存在であり、自由貿易協定やWTOは自国の富を吸い出す装置だった。移民は経済的・文化的な活力ではなく犯罪と混沌のタネであった。こう考えるトランプは、合衆国は「自国民の利害」を最優先に対外政策を再構築すべき（「アメリカ・ファースト」）と繰り返し語ってきた。

では、選挙前も後も繰り返されたこのようなトランプの主張は、彼の4年間の対外政策にどこまで反映されたのだろうか。またその政策は、歴代大統領のそれとどこまで違いがあるのだろうか。以下では、国際政治（国連との関係や国際協定）、経済、安全保障の3分野を中心に整理する。

国際政治の分野では、トランプの反グローバリスト的信条が全面に表れた。トランプ政権は国連機関や国際協定を軽視し、次々と脱退していった。その始まりはパリ協定からの離脱宣言（2017年6月）である。温室効果ガスの削減目標を定めたこの協定を抜けることで、エネルギー産業、炭鉱業、製造業の復活と雇用回復を達成するとトランプはうたった。バラク・オバマ政権時に確立しつつあった気候変動問題に関する合衆国の国際協力の枠組みが、トランプ政権期に大きく動揺したのである[9)]。その後も、UNESCOや国連人権委員会からの脱退、パレスチナ難民機構やWHOに対する拠出停止、中距離核戦力全廃条約やオープンスカイ協定からの離脱と続いた。このように、軍縮・教育・難民支援・健康／衛生等の分野における関与を減退させたわけだが、拠出停止や脱退は必ずしも影響力の減退を意味しない。むしろそれをテコに、対象機関の改革を促すこともできるからだ（第3節参照）。

では、経済・通商政策はどのように把握できるだろうか。トランプは公約通り、大統領就任と同時に環太平洋パートナーシップ協定（TPP）から脱退した。オバマ政権が参加への道を開いたこの協定は、アメリカ大陸とアジア太平洋をつなぐ一大経済圏の形成を目指すものであった。だがトランプは、TPPは合衆国経済に不利益をもたらすと考えた。実際、トランプの経済政策の中心は製造業とその雇用の復活にあった。合衆国が今でも世界最大のGDPを誇る経済大国であることに変わりはない。だが、合衆国経済の強靭さはサービス・金融部門やハイテク産業に支えられており、20世紀初頭から1960年代頃まで合衆国の屋台骨を支えてきた製造業は没落の一途をたどっている。他国の商品の国際競争力の上昇や産業の国際移転が1970年代頃から本格化し、合衆国の製造業の中心地は衰退し始め、ラストベルトと呼ばれるようになった。グローバリゼーションと相互依存の深化は繁栄をもたらすものではなく、苦痛の源泉であるという危機意識が広まっていた[10)]。TPP参加は、ラストベルトの低迷を深め、貿易赤字を拡大するとトランプは判断したのである。

2018年3月に実施された鋼鉄とアルミに対する関税賦与（それぞれ25%と10%）も、この文脈で理解できる。この政策は、国内鉄鋼業の復活という目標に加えて、対外依存が国家安全保障上の脅威だとの理由で実施された。その背景に、鋼鉄輸入の中国依存が関係している。トランプ政権は大国化する中国を「脅威」とみなしており、その中国に鉄鋼をはじめとする重要資源を依存していることは安全保障上のリスクだというわけだ。また、合衆国は巨額の対中貿易赤字を計上しており、その是正を目指すトランプにとって対中関税賦与は一石二鳥である。この関税政策に対して中国政府は対抗関税政策を発動、トランプ政権もさらに別商品に関税を賦与する…という連鎖につながり、米中貿易戦争とも呼ばれる状況にいたった[11)]。

トランプ政権は、友交国との貿易にもメスを入れた。その一つが北米自由貿易協定（NAFTA）再交渉である。NAFTAは合衆国、カナダ、メキシコ三国間の地域的自由貿易協定である。1992年に締結されて以降、この三カ国間の貿易は急速に発展した。いまではカナダとメキシコは合衆国最大の貿易相手国であり、合衆国はここでも貿易赤字を計上している。そこでトランプ政権は、NAFTA脱退の可能性もちらつかせながら再交渉を行った。カナダとメキシコのいくたの妥協の後、新協定（United States-Mexico-Canada Trade Agreement: USMCA）は締結された。重要な変更点の一つは、域内付加価値率の大幅上昇である[12)]。この規定は、USMCA非参加国がこの三カ国でビジネスを行う際に、部品を現地調達するインセンティブとなることが期待される。

このように、トランプは貿易面での保護主義政策を断行していった。ただし、次の2点に注意が必要だ。第1に、金融面ではむしろ自由化を促進した。その姿勢は、ドッド＝フランク法の定めた金融規制の撤廃に端的に現れている。この法律は、リーマンショックに端を発する金融恐慌後に行われた金融制度改革の一環として、オバマ政権時に制定されたものである。巨大金融資本を制し、金融危機の再来を防ぐことを期待された同法であるが、金融業界の強力なロビー活動を受けて徐々に形骸化していった[13)]。トランプは、その既に弱り目の法に最後の打撃を与えたのだ。反ウォール・ストリートを掲げる大統領候補だったトランプの面影は急速に消え失せていった。

第2に、再交渉は行われども、NAFTAの枠組みは消滅しなかった。トランプは、自由貿易体制を支える三層（二国間貿易協定、NAFTAのような地域間協定、WTOのような世界規模の貿易機構）のすべてを非難しつつも、離脱するという決断はしなかった。とすれば、NAFTA再交渉や、その後に続く二国間自由貿易協定の再交渉過程における関税障壁の除去という作業は、1970年代から続く公正貿易（fair trade）路線の継続といえる。拡大する貿易赤字に対応するために登場した公正貿易という戦略は、不公平な貿易を行っていると合衆国大統領が判断した場合に、当該国に対して是正を迫るか制裁措置を行うものである。その権限を大統領に付与した通商法301条の導入（1974年）が、無制限の自由貿易から公正貿易への路線変更を画すこととなった[14)]。関税障壁やダンピングが不公正な慣行に該当し、実際、トランプ政権も対中関税賦与の法的根拠を通商法301条に求めている。ともあれ、TPPへの対応（脱退）と違って地域間協定や二国間協定に残留したことの意味は大きく、また、保護貿易政策の目玉だったはずの鉄鋼・アルミ関税政策においも賦与を免責された国は少なくなかった[15)]。安全保障との関連から、容易には関税賦課の決定ができなかったケースもある[16)]。通商面で反グローバリズムを掲げたトランプ政権ではあるが、財界の主流とも密接な関係を保っており、彼の反グローバリズムは対中国脅威論と反メキシコ移民と反イスラムなどに集中していた[17)]。

安全保障政策の面では、トランプ流の「アメリカ・ファースト」は、なりを潜めた。トランプ政権の前半期に、元軍人を中心とする安全保障の専門家が国務長官、国防長官、安全保障補佐官らの要職を占め、反グローバリストの影響を低下させたからだ[18)]。トランプ政権の外交指針となったのは、1980年代にレーガン政権が採用して以来の共和党タカ派の伝統である「力を通じた平和」である。ベトナム戦争の失敗を受けて合衆国の軍事的な威信が低下する中で、レーガン政権は軍拡を断行、ソ連を「悪の帝国」と名指しし、NATOや他の同盟国を動員して断固対決姿勢を示した。レーガン同様、トランプは「小さな政府」をうたいながらも軍拡路線を採った。トランプはまた、NATOを過去の遺物とする言動にも修正を加え、加盟国からの拠出増加を求めつつも、態度を軟化させている。さらに、トランプ政権は２度にわたるシリア爆撃も実行した。アサド政権が化学兵器を市民に対して使用したことに対する制裁行動であり、「世界の警察官」の役割の継承にみえる行動だった（が、のちに手を引いている）。

トランプ政権は非軍事面でも中東政治への介入を継続した。物議をかもしたのが、在イスラエル大使館のエルサレム移転の発表（2017年12月）である。国際社会が承認していないイスラエルの東エルサレム占領を実質的に是認するこの決断は、ホワイトハウスレベルでは異例の判断だった[19]。

また、2018年５月には、多国間合意だったイラン核合意から離脱した。この行動は孤立に向かうものではない。むしろ、合意を離脱することで経済制裁再開と核保有能力の完全削除を目指すこの動きは、対イラン政策の強化だった。オバマ政権期に合意に至ったイラン核合意をワシントンの安全保障専門家や共和党タカ派は不十分とみており、トランプの判断と相性がよかったといえる。対中東政策はさらに続き、2020年後半には、トランプ政権はUAEおよびバハレーンと、イスラエルとの国交正常化を仲介、湾岸諸国とイスラエルの結びつきを強化して対イラン包囲網を強化していった[20]。このように、トランプの対中東政策は、イスラエルとの関係をより強固にすると同時に、イランを域内の「脅威」と見定め、その包囲網の形成に勤しむものだった。

安全保障面で積極的な対外関与を試みる一方で、トランプ政権は対テロ戦争の縮小に励んだ。トランプ政権は2019年に「IS（イスラム国）」の指導者の一人だったアブー・バクル・アル＝バグダーディーを特殊部隊による秘密作戦で殺害しており、テロの掃討戦を放棄してはいない。だが一方で、2018年末にはアフガン撤退を計画し始め、2020年２月にはタリバンと和平協定を締結し、撤退への道筋を作り上げた。トランプ政権は、同年12月にはソマリアで対テロ作戦に従事していた米軍の撤退も命じている[21]。このように、対テロ戦争を大幅に縮小していった。

対テロ戦争からの撤退は、共和党の従来の外交路線からの逸脱である。むしろ、イラク撤退を進めたオバマ外交のそれに近い。金融恐慌に代表される新自由主義の破綻と中東介入の泥沼化という負の遺産を前任者（ジョージ・W・ブッシュ）から引き継いだオバマは、前者については成果が残せなかったものの、後者についてはイラク撤退を成し遂げた。残されたアフガンからの撤退への道筋をトランプが示し、バイデン民主党政権が2021年8月に激しい混乱とともに実現することとなった。ブッシュ政権時代に新保守主義勢力が打ち立てた中東の民主化・自由化という壮大な計画は、オバマ、トランプ、バイデンと、特徴を異にする大統領たちの手で終焉を迎えつつある。

対テロ戦争からの撤退は中東からの離脱を部分的には意味したが、ひるがえってアジア政策の強化につながった。トランプ政権のアジア政策は「自由で開かれたインド太平洋」（Free and Open Indo-Pacific）構想に特徴づけられる。この構想は、中国の「一帯一路」政策に対抗する広域秩序の創出を目指すもので、対象地域に自由主義的諸原則を適用することで安定と繁栄をもたらすと約する。その秩序は、航海・航空の自由の確保、国際法の浸透とそれに従った自由な交易、平和的紛争解決、人権尊重を含む公正な統治など自由主義的な価値規範を共有するものとされる。その規範は、抑圧的で権威主義的な中国のそれを対置される。この政策は成長を続けるアジア地域の重点化、中国を大国と位置づけ、応分の安全保障上の責任分担を求める点において、オバマ政権期の「リバランス」政策の流れを汲む。ただし、中国脅威論が全面に出ている点でトランプ政権の政策は特徴的である[22]。

「自由で開かれたインド太平洋」構想は、トランプが選挙前に強調していたような反グローバリズムとは相いれない。公式の見解では、この構想は当該地域における「公平で互恵的」（fair and reciprocal）[23] な交易がうたわれている。しかし、合衆国が大規模な経済圏に組み込まれることに違いはない。アジア重視を打ち出すならば、TPPにいつまでも背を向けられるわけでもないだろう。また、仮に当該地域の秩序を内外から乱す勢力が出現した場合、どれだけ加盟国に「応分の負担」を求めようとも、米軍の在外プレゼンスを容易には減退することはできないだろう。さらに、この構想の鍵の一つである当該地域の「よいガバナンス」を維持するためには、引き続き人的・資金的な資本投入と対外援助が必要となる。「自由で開かれたインド太平洋」構想がトランプ政権４年間の最終的な帰着点だとすれば、その対外政策は孤立的でも反グローバリズムでもなく、むしろ合衆国の対外的関与を不可欠とする方向へいっそう歩を進めるものだった。

以上、トランプ政権期の対外政策を経済と安全保障を中心に考察した。トランプは共和党大統領として、「力を通じた平和」や金融自由化、単独行動主義など、同党タカ派の伝統的なラインを継承した。その一方で、「世界の警察官」や「国家建設」の仕事からの離脱は、共和党タカ派の外交政策からは大きく外れるもので、むしろオバマのそれに近い。インド太平洋地域へのリバランス政策とならんで、オバマ政権から継承した部分である。保護貿易は組合の支持を受けた民主党（特にクリントン以前の民主党）に近く、「公正貿易」は比較的広範囲な層で受け継がれてきたものだった。その一方で、在イスラエル大使館のエルサレム移転やメキシコ国境との間の壁建設の試みなど、ホワイトハウスレベルでは前例のない仕事にも着手している。このように整理してみると、トランプの対外政策を「折衷的」と評するのは、なるほど的を射ている[24)]。

3. トランプ政権期の対外関係と国際ジェンダー規範

最後に、トランプ政権期の対外関係の文化面、特に思想や規範に属する領域を、ジェンダー規範をめぐるグローバルなポリティクスに着目して考察する。この作業によってトランプ時代の対外関係の特質がより鮮明になるはずだ。

既述の通り、トランプ政権は国際機関や国際ルールを軽んじた。だが、常にそうだったわけではない。反対に、その芳醇な資金力を生かしつつ、国際機関を通じて国際ジェンダー規範の塗り替えを試みた事例もある。その一つが、トランプ政権が再導入したメキシコ・シティ政策である。この政策は合衆国の提供する「国際健康保健援助」の受給対象から中絶を推進しうる活動を展開するNGOを除外することを定めている。なお、対象となるのは外国の（foreign）NGOのみである。適用は厳格かつ広範囲で、中絶の実施のみならず、家族計画の方法としての中絶に関する情報提供や中絶を禁ずる法の緩和ないし中絶の合法化に向けたアドボカシーやロビー活動も対象となる。また、合衆国の援助が当該活動のための資金に使われていなくても、受給資格を失う。このようにメキシコ・シティ政策は国際NGOの情報・言論活動も規制するものであることから、グローバル・ギャッグ・ルール（Global Gag Rule）とも呼ばれる[25)]。

このルールは1984年にレーガン政権が起草し、メキシコ・シティで開催された世界人口会議で公表された。その後、民主党政権下では撤回され、共和党政権下では再導入されるというパターンを繰り返している。その意味でトランプはこの伝統を継承したのだが、彼の政策は従来よりも対象になる範囲が広く、より影響の大きなものとなっている[26)]。

メキシコ・シティ政策に対する批判は国内外に存在する。まず、当該政策は、その目的に反して中絶の件数を増加させるとの批判がある。この方針の対象となる国際家族計画連盟のような団体は家族計画の普及に力を入れていることが多い。そのため、財源の喪失はそうした団体のサービスを低下させ、ひいては家族計画に関する情報の効果的な普及を難しくする。その結果、避妊普及率の低下につながり、望まぬ妊娠と中絶を増加させることになるという。

次に、母親の健康や子どもの健全な発育に悪影響を与えることが指摘されている。避妊普及率の低下は望まぬ妊娠だけでなく出生数そのものを増加させ、短い間隔での出産や多産という結果につながりやすい。この事態は、母体の栄養不足や再生産に関わる生体組織の回復不全の原因となるのみならず、一人当たりの子どもにかけられる時間的・経済的資源を減少させる。その結果、メキシコ・シティ政策の影響が強い地域や国では、子どもの健康状態を示す指標（年齢ごとの身長体重）に悪影響が出ているという。また、1990年代以降、性と生殖に関連する国際規範は各国政府がその市民に安全な中絶や避妊への適正なアクセスを可能とするよう求めてきたのであり、メキシコ・シティ政策はこの潮流に逆行するという批判もある[27]。

また、トランプ政権は、保守的なジェンダー政策を推進する場として国際機関を活用することもあった。国連経済社会理事会直下の女性の地位委員会（Commission on the Status of Women、以下CSW）は、その場の一つとなった。*Foreign Policy* 誌がCSW代表団の機密の交渉文書を入手・公表している[28]。その記事によれば、合衆国代表団は2019年のCSWの会合で採択された「最終文書」の文言に異議をとなえ、次の3つの提案をした。

第1の提案は、「北京宣言と行動計画」への言及を修正することである。「北京宣言と行動計画」とは、1995年に北京で開催された国連主催の国際女性会議にて採択された文書で、世界の女性の平等、開発への参加、女性や性的少数者のエンパワーメント等を包括的にうたうとともに、行動目標を定めている。合衆国を含む189の参加国によって全会一致で承認され、採択以来、国際ジェンダー規範の基礎となってきた。CSW最終文書では「北京宣言と行動計画」を「再確認する」（reaffirm）と記されるのだが、合衆国代表団はこの文言を「留意する」（take note of）に修正することを提案したのだ。外交的には、この変更は合衆国が「北京宣言と行動計画」に対する支持を弱めることを意味するという。

第2に、合衆国代表団は「性と生殖に関わる健康と権利」という文言を人権に関わるセクションから取り除くことを提案した。この文言の対象は広範囲にわたるものであるが、保守派はその文言を中絶と同義に捉えてきた。第3に、合衆国代表団は、CSW最終文書は「女性と少女」のみを対象とするものでLGBTを対象としないことを明瞭化しようとした。

メキシコ・シティ政策の導入の背景には、福音派プロテスタントをはじめとするキリスト教保守勢力の強い意向があった。トランプ政権期でもそれは同様で、CSW代表団にも福音派とつながりが強い人物が含まれている。その意味で、CSWでの合衆国代表団の動きは国内のトランプ支持層のジェンダー観を部分的には反映したものだった。

ここで興味深いのは、トランプ政権の攻勢は国際的な同調者を生んでいることだ。CSWの場で合衆国代表は、バハレーン、サウジアラビア、イラクらの湾岸諸国、マレーシア、いくつかのアフリカの国々、バチカン市国、ロシアといったアクターと共通の利害を見いだし、生殖権とLGBTに関わる項目に関する共同戦線を張ったのだ[29]。また、この攻勢にブラジルが2019年から加わっている。この年に政権の座についたブラジル大統領ジャイール・ボルソナーロは「南米のトランプ」と称される人物で、その政治スタイルはトランプと瓜二つだという[30]。トランプ政権期の合衆国は、従来であれば国連で共同歩調をとることが多かった西洋の民主主義諸国とは異なる勢力と手を組み、ジェンダー規範の国際合意の書き換えを試みたのである。

さらに、この動きはヨーロッパ諸国からも賛同を得るかもしれない。近年ヨーロッパを席巻するポピュリズムの動きが、反ジェンダー運動（anti-gender movement）と密接に結びついているからだ。反ジェンダー運動という言葉は主にヨーロッパで使われており、従来は伝統的家族観を擁護する保守派と相性がよい運動だった。だが近年では、女性の身体の自己決定やLGBT関連の争点を軸にポピュリズム運動とも近似性が目立つという[31]。

近年のポピュリズム研究は、トランプ現象を「ポピュリズムのグローバル化」の一環とみなす[32]。20世紀転換期に合衆国で誕生した農民運動と結びついて展開したポピュリズム運動が、海と時間を超えて世界に広まり、2000年代頃からヨーロッパでも活性化し、いままた合衆国や中南米に、さらにアジアにも到来しているという。実際、カリスマ的指導者の存在、反移民、反グローバリズム、エリート批判、没落する白人労働者階級からの支持といったポピュリズム運動に広くみられる特徴は、トランプ現象と共通する点が多い。ここで付言すべきは、国際ジェンダー規範への攻勢もまたポピュリズムの重要な共通点として指摘できることだ。そして、その視角からトランプ時代の4年間を振り返るならば、当該時期は、合衆国政府が国際舞台で既存のジェンダー規範を塗り替えようと試み、その試みに世界の同調者が呼応する時代だったといえる。

トランプ政権期とはトランピズム（Trumpism）あるいは「トランプ的なる

もの」が国際社会で拡散・共鳴した時代だった。たが同時に、当該時期は「反トランプ的なるもの」が国際展開する時代でもあった。#MeToo 運動はその代表例だ。この言葉はもともとタラナ・バークが性被害経験の共有や連帯の表明のために用いたもので、女優アリッサ・ミラノの Twitter 投稿（2017 年 11 月 16 日）を契機に #MeToo が急速に拡散し、沈黙してきた人々が自らの性被害を語る場を醸成していった。大物ハリウッド・プロデューサーのスキャンダルとハリウッド・セレブたちの性被害の告発と相まって、社会の様々な領域での性暴力被害の告発へと連鎖することとなった[33]。

#MeToo 運動の発展はトランプ政権の誕生と無関係ではない。トランプの女性に対する侮蔑的な態度や発言は選挙中からたびたび指摘されており、過去のテレビ番組での未公開発言が大問題となったし、十数名の女性がトランプからセクハラ被害を受けたことを告発している。また、トランプが最高裁判所判事に指名したブレット・カバノーの過去の性暴力に関する疑惑は、全米の注目を集めた。このようなトランプの言動や、女性への暴力自体を黙認しているようにみえるアメリカ社会全般に対する危機意識が、#MeToo 運動の根底に存在していた[34]。

そして、合衆国でスタートしたこの運動は国境を越えた。五大陸すべてで #MeToo が用いられ、当事者や支援者たちは企業や政府機関、および権力の座にある個人に対してアカウンタビリティを激しく迫ったのである[35]。インド、中国、日本、オーストラリア、ナイジェリア、フランス、メキシコ、中東などの国と地域で、新規の、またはスピンオフ的な # が多言語で生産された[36]。性暴力に対抗する運動はそれぞれの地域ですでに存在してきたものの、#MeToo 運動は新たな言葉や活力をもたらした。合衆国で隆盛した社会的公正を求める運動に刺激され、合衆国から遠く離れた地域の矛盾や抑圧体制の告発がなされるというパターンは、かつても存在した[37]。トランプ政権期の合衆国は再び、トランプの意図とは無関係に、社会的公正を求める運動の発信源として国際社会に強力な波及力を発揮したのである。

おわりに

トランプ外交は1970年代以降に出現した様々な外交的潮流の混交として把握できるものであり、とりわけ特異だったわけではない。だが、アメリカ外交に長く深く根をはってきた例外主義的使命（自由・平等・民主主義といった普遍的と信じる価値の世界的拡散）に背を向けた発言を繰り返したトランプは、やはり異例の存在だったといえる。しかし、トランプ政権の対外政策が最終的に帰着することになった「自由で開かれたインド太平洋」構想には、自由・民主主義を抑圧・権威主義と対置させ、前者の拡張を目指す姿勢がみられる。

だが一方で、トランプ政権が国際舞台で推進したジェンダー関連の政策は、やはり従来の意味での自由・平等といった価値から大きく隔たっている。「性と生殖に関する権利」に関してトランプ政権が抱く思想は、キリスト教保守派の信条を反映させたものであり、普遍性をそもそも想定し得ない。だが、CSWにおける攻勢は、ある意味でとてもローカルな基準をグローバルな基準にしようとする試みだったと捉えることもできる。

このようにトランプ政権期の対外政策は、その文化的な側面も含めて考察するならば、よりいっそう複雑な様相を呈する。だが一つ言えることは、ちまたで言われるほどには、あるいはトランプ自身が主張するほどには、トランプ政権期の対外政策は孤立的でも反グローバリズムでもなかった。少なくとも、孤立や反グローバルという表現はトランプ政権の一面を表しているにすぎない。また、トランプの4年間は「トランプ的なるもの」と「反トランプ的なるもの」が同時に世界に拡散・共鳴した時代だったとするならば、「アメリカ」の世界的な波及力は、どれだけ米軍が撤退しようが、関税をかけようが、移民を制限しようが、容易に失われはしないのである。

注

1）“Full Text: 2017 Donald Trump Inauguration Speech Transcript,” *Politico,* January 20, 2017.

2）主要な先行研究として、次のものがある。宮田智之「アメリカ外交の変容 ― 岐路に立つ超大国」長谷川雄一・金子芳樹編著『現代の国際政治［第四版］―― 変容するグローバル化と新たなパワーの台頭』（ミネルヴァ書房、2019年）、pp.51-70；倉科一希・宮田伊知郎「例外の国の例外？ ― ドナルド・J・トランプ」青野利彦・倉科一希・宮田伊知郎編著『現代アメリカ政治外交史 ―「アメリカの世紀」から「アメリカ第一主義」まで』（ミネルヴァ書房、2020年）、pp.325-348；古矢旬『グローバル時代のアメリカ ― 冷戦時代から21世紀』（岩波新書、2020年）、pp.234-315；久保文明編『トランプ政権の分析 ― 分極化と政策的収斂との間で』（日本評論社、2021年）；伊藤裕子「トランプ政権のアジア外交 ― 北朝鮮核問題、米中対立と「自由で開かれたインド太平洋」構想」『立教アメリカン・スタディーズ』第43号（2021年3月）、pp.75-96。

3）西崎文子『アメリカ外交とは何か ― 歴史の中の自画像』（岩波新書、2004年）、pp.23-36。ただし、19世紀を通じて人の流れは活発であり、多くの移民たちが訪れ、出身地との結びつきを保ちながらも北米大陸に根をおろすか、アメリカ大陸の経験を土産話に、あるいは交易品を手に帰国していった。ダナ・R・ガバッチア著（一政（野村）史織訳）『移民からみるアメリカ外交史』（白水社、2015年）、pp.31-75。

4）古矢旬『アメリカ ― 過去と現在の間』（岩波新書、2004年）、pp.57-62。

5）西崎『アメリカ外交とは何か』、pp.90-97。

6）佐々木卓也編著『ハンドブック アメリカ外交史 ― 建国から冷戦後まで』（ミネルヴァ書房、2011年）、pp.92-93。

7）同上、pp.118-119。

8）猪木武徳『戦後世界経済史 ― 自由と平等の視点から』（中公新書、2009年）、pp.71-75。

9）太田宏「気候変動問題とトランプ政権のアメリカ第一主義」『国際問題』第692号（2020年6月）、pp.5-17。

10）Niall Ferguson, Charles S. Maier, Erez Manela, and Daniel J. Sargent eds. *The Shock of the Global: The 1970s in Perspective*（Cambridge, MA: Belknap Press of Harvard University Press, 2010）.

11）伊藤「トランプ政権のアジア政策」、p.84。

12）内山直子「メキシコ自動車産業におけるNAFTA再交渉とその影響 ― 日系企業を中心に」『ラテンアメリカ・レポート』vol.35, no.2（2019）、pp.55-69.

13）樹本健「アメリカの負債問題から見る新自由主義の構造的矛盾と対抗運動」『近代世界システムと新自由主義グローバリズム ― 資本主義は持続可能か？』（作品社、2014年）、pp.90-111.

14)　中本悟「自由貿易体制」アメリカ学会編『アメリカ文化事典』(丸善出版、2018年)、p.97。

15)　田村考司「トランプ政権の通商政策に関する一考察」『桜美林エコノミックス』第10号(通算66号、2019年3月)、pp.41-57, 44。

16)　Ana Swanson, Maggie Haberman and Jim Tankersley, "Trump Administration Considered Tariffs on Australia," *New York Times*, June 2, 2019.

17)　古矢『グローバル時代のアメリカ』、p.304。

18)　倉科・宮田「例外の国の例外？」、pp.330-331。

19)　佐藤雅哉「歴史のなかのアメリカ大使館エルサレム移転問題―アメリカからの視座」『歴史学研究』第981号(2019年3月)、pp.37-45。

20)　10月にはテロ支援国家指定の解除を餌にスーダンを、12月には西サハラ領有権の承認をタネにモロッコを、国交正常化の流れに組み込んだ。

21)　Alex Horton, "Trump Orders Departure of Majority of 700 U.S. Troops in Somalia," *Washington Post*, December 5, 2020.

22)　伊藤「トランプ政権のアジア外交」。

23)　Department of State, *A Free and Open Indo-Pacific: Advancing a Shared Vision* (November 4, 2019).

24)　Joseph S. Nye, *Do Morals Matter?: Presidents and Foreign Policy from FDR to Trump* (New York, NY: Oxford University Press, 2020), p.170.

25)　Samantha Lalisan, "Policing the Wombs of the World's Women: The Mexico City Policy," *Indiana Law Journal* 95 (3) (2020) : 977-1003.

26)　Jeffrey Bart Bingenheimer and Patty Skuster, "The Foreseeable Harms of Trump's Global Gag Rule," *Studies in Family Planning* 48 (3) (September 2017) : 279-290.

27)　Ibid.

28)　Colum Lynch and Robbie Gramer, "At the U.N., America Turns Back the Clock on Women's Rights," *Foreign Policy*, March 14, 2019.

29)　Lynch and Gramer,"At the U.N., America Turns Back the Clock on Women's Rights"; Julian Borger and Liz Ford, "Revealed: The Fringe Rightwing Group Changing the UN Agenda on Abortion Rights," *The Guardian*, May 16, 2019.

30)　Renan Barbosa, "Brazil Inaugurates Policy against Abortion and Gender Ideology at the United Nations," *Gazeta do Povo*, March 28, 2019.

31)　Nur Sinem Kourou, "Right-Wing Populism and Anti-Gender Movements: The Same Coin with Different Faces," Global Political Trends Center (May 2020); Elena Zacharenko, "Anti-gender Mobilisations in Europe," The Greens/EFA in the European Parliament (December 2020).

32)　水島治郎『ポピュリズムとは何か ― 民主主義の敵か、改革の希望か』(中公新書、2016年)；中谷義和・川村仁子・高橋進・松下冽編『ポピュリズムのグローバル化を問う ― 揺らぐ民主主義のゆくえ』(法律文化社、2017年)。

33)　ジュディ・カンター、ミーガン・トゥーイー著（古屋美登里訳）『その名を暴け ― #MeTooに火をつけたジャーナリストたちの闘い』(新潮社、2020年)、pp.39-40, 44-53。

33)　箕輪理美「「性暴力」における人種とジェンダー：ブレット・カバノー最高裁判事任命をめぐって」『歴史学研究』第832号（2019年8月)、pp.38-45。

34)　Purna Sen, “#MeToo: Headlines from a Global Movement,” UN Women (August 2020).

35)　“#MeToo is at a Crossroads in America. Around the World, it's just Beginning,” *Washington Post*, May 8, 2020.

36)　ノルベルト・フライ著（下村由一訳）『1968年 ― 反乱のグローバリズム』(みすず書房、2012年)。

第6章
「アメリカの物語」はどこに向かっているのか？
― 大統領の語りの変化から ―

花木　亨

はじめに

本章では、アメリカ合衆国における政治的な語りの変化について確認する。特に、大統領の就任演説に注目する。大統領就任演説は、新大統領が自分の政治的立場を国内外に広く表明する最初の機会である。これはスピーチライターなどの助けを借りながら組織的に書かれる演説ではあるものの、そこには新大統領の信念や理想が反映されている。大統領が語る言葉は、アメリカにおける公的議論の方向性に影響を与える。その意味において、新大統領がその就任直後に、何について、どのように語ったのかを吟味することは、それぞれの政権期における政治的な言葉の使われ方を理解する上で重要である。本章では、バラク・オバマ、ドナルド・トランプ、ジョー・バイデンという3人の大統領たちの就任演説の特徴を確認することによって、過去12年ほどの間のアメリカにおける政治的な語りの変化の一端を捉えたい[1)]。

本章では、まず、オバマ、トランプ、バイデンの就任演説の特徴を個別に吟味する。その上で、3人の演説の相違点と共通点を確認する。オバマ、トランプ、バイデンは、それぞれに異なった政治的信念を持った政治家であり、それぞれが発する言葉も異なっている。その一方で、3人の就任演説には共通点も少なくない。アメリカは変化のときを迎えていると言われている。その理解は正しいだろう。その一方で、アメリカには昔から変わらない部分もある。本章では、オバマ、トランプ、バイデンの就任演説を手がかりとしながら、アメリカの政治的な語りにおいて、変わりつつあるものと変わらないものについて確認したい。

1. 大統領就任演説

アメリカ合衆国大統領は、長い時間をかけて選ばれる。まず、民主党と共和党がそれぞれの予備選挙をとおして候補者を選び、その後、民主党と共和党の候補者が本選挙で対決し、一般投票において新大統領が選出される[2)]。予備選挙が始まるのが選挙の年の1月または2月、本選挙の一般投票が行われるのが11月なので、これらの選挙だけでも9か月から10か月ほどの時間が必要となる。大統領を目指す人は予備選挙の1年以上前に立候補を表明することがあるため、この時期を含めると、アメリカ人たちは2年ほどの時間をかけて大統領を選んでいることになる。

長い選挙戦は、アメリカ人たちの間の考え方の違いを浮き彫りにする。それは民主党支持者と共和党支持者の間の違いにとどまらない。同じ党の候補者たちであっても、予備選挙の過程においては、互いの考え方の違いを強調し、自分の考えの優位性を主張する。その結果、民主党あるいは共和党の支持者たちの内部においても、ある種の分断が生じる。

各党内の分断を修復する機会が、夏の全国党大会である。予備選挙によって選ばれた両党の大統領候補者たちは、それぞれの全国党大会において、民主党的な価値観あるいは共和党的な価値観を強調し、党内の結束を呼びかける。これに対して、本選挙によって選ばれた新大統領が、アメリカ全体における分断を修復し、すべてのアメリカ人たちに結束を呼びかける機会が、大統領就任演説である。

大統領就任演説において、新大統領はアメリカ人たちに共通する物語を語る。この物語は、アメリカ的な価値観を体現すると同時に、自分たちが生きる現在を過去から未来へと続くアメリカ合衆国の歴史の中に位置づけようとする。その一方で、この物語には、新大統領独自の政治的信念や新政権が追求しようとする政策が反映されている。その意味において、それは新大統領が信じるアメリカの物語であり、また新大統領がアメリカ人たちに信じてほしいと願うアメリカの物語である[3)]。

この物語が十分な説得力を持つなら、聴衆は説得され、新しい大統領は信任され、アメリカ人たちは一つにまとまるだろう。その一方で、この物語が十分な説得力を持たないなら、聴衆は新大統領に対して不信感を抱き、アメリカ社会の一体感は失われるだろう。

オバマ、トランプ、バイデンは、それぞれの就任演説において、どのようなアメリカの物語を語ったのだろうか[4)]。

2. オ　バ　マ

オバマの大統領就任演説は、2009年1月20日に行われた。雄弁で知られるオバマは、民主党予備選挙から大統領選挙の本選挙に至るまで、その巧みな弁舌で一つに統合されたアメリカの希望を語った。自分たちは赤い州（red states：共和党支持者の多い州）と青い州（blue states：民主党支持者の多い州）の寄せ集めではなく、アメリカ合衆国（the United States of America）であるというオバマのメッセージは、多くの有権者たちを魅了した[5)]。大統領就任演説にも、これらの演説の特徴が反映されている。以下では、オバマの就任演説の主な特徴を確認していく。

シカゴ大学で憲法を教えたこともあるオバマは、アメリカ合衆国の建国理念とそれを具現化したアメリカ合衆国憲法に忠実である。オバマの就任演説には、その傾向が表れている。演説の最初の方で、オバマはすべての人たちは平等であり、自由であり、幸せを追求する権利を持っているとするアメリカ合衆国の建国理念を確認する。建国の理念と合衆国憲法は、すべてのアメリカ人たちにとっての拠り所である。これらの重要性を強調することで、オバマは党派などの違いを越えて、自分がすべてのアメリカ人たちにとっての大統領であること、また自分の政権がアメリカ合衆国の伝統に忠実であることを示そうとしている。

オバマは自分の大統領就任をアメリカ合衆国の歴史の一部として捉えようとする。オバマによれば、アメリカ合衆国はこれまでに生きたアメリカ人たちの絶え間ない努力の積み重ねによって、少しずつ理想へと近づいてきた。就任演説において、オバマは建国期から現在に至るまで、アメリカ人たちが数多くの課題に直面し、それらを克服してきた事実に言及する。そして、自分たちの世代にはその努力と挑戦を受け継ぐ責務があると述べる。こうしてオバマは、大統領としての自分自身と彼を選んだ同世代のアメリカ人たちの人生をアメリカ合衆国の進歩の歴史の中に位置づけようとする。

大統領就任演説には、政府と市場の役割についてのオバマの考え方が表れている。政府について、オバマは自分たちが問うべきは、政府が大きすぎるか小さすぎるかではなく、政府が機能するかどうかであると述べ、「大きな政府」を支持する民主党と「小さな政府」を支持する共和党という二項対立を退けようとする。そして、自分の政権が政府を適切に機能させると約束することで、政府に対するアメリカ人たちの信頼を取り戻そうとする。

また、市場についても、オバマは市場が善か悪かという粗削りな議論を退ける。オバマは富を生み出し、自由を促進することにおいて、市場が果たす役割の大きさを認める。その一方で、政府による適切な統制がなければ、市場は混乱や格差や危機を生み出すと述べる。そして、市場をうまく機能させることによって、働く意欲のあるすべてのアメリカ人たちが富と繁栄を共有できるような社会を実現しようと呼びかける。

このように、オバマは政府と市場の適切な緊張関係をとおして格差を解消していく方向性を打ち出しているが、その根拠としてオバマが「慈悲」(charity) ではなく、「共通善」(common good) を挙げていることに注目するべきだろう。弱者を救済するためではなく、自分たちが所属する共同体の価値を高めるために、機能する政府とその政府による市場の統制が必要だとオバマは言う。この主張は、政府を信頼する人たちと市場を信頼する人たちの間の価値観の違いをアメリカ合衆国への信頼という共通の土台に訴えることで乗り越えようとするものだと言えるだろう。

オバマはアメリカ合衆国の建国理念を堅持しつつ、諸外国との協調をとおして国際的な課題に立ち向かっていくと主張する。この主張には、多様性をアメリカ的な生き方の基礎と捉えるオバマの姿勢が反映されている。このオバマの姿勢は、以下の箇所によく表れている。

> 私たちが受け継いだ多様性という遺産が弱みではなく、強みだということを私たちは知っている。私たちは、キリスト教徒とイスラム教徒、ユダヤ教徒とヒンズー教徒、そして信仰を持たない人たちの国だ。世界中から集まってきたあらゆる言語と文化が私たちを形作っている。私たちは南北戦争と人種隔離という苦しみを経験した。そして、その暗い時代を乗り越え、より強くなり、より結束した。だから私たちは、古くからある憎しみがいつか消えると信じずにはいられない。民族を隔てる境界線がすぐになくなると信じずにはいられない。世界が小さくなるにつれて、私たちに共通の人間性が現れると信じずにはいられない。そして、新しい平和の時代を迎え入れる上で、アメリカが期待された役割を果たすと信じずにはいられない。

ここでオバマは、アメリカ合衆国が多様な人びとの集まりであること、そしてその多様性こそがアメリカ合衆国の強みであることを強調している。オバマによれば、アメリカ人たちは違いによって憎しみ合うのではなく、違いを乗り越えて結束する道を選んだ。そして、その正しさは歴史によって証明された。国内における分断と統合を経験してきたアメリカ合衆国だからこそ、世界の他の国々が分断を乗り越え、平和的に共存していく道を示すことができるとオバマが考えていることがうかがえる。

大統領選挙中の一連の演説と同様に、この就任演説を特徴づけるのは、普通のアメリカ人たちに対するオバマの信頼と期待である。それは以下のオバマの言葉に顕著に表れている。

> 政府にできること、政府が為すべきことは多いが、最終的にこの国を支えるのは、アメリカ人たちの信念と決意だ。私たちがもっとも苦しい局面を乗り切ることができるのは、堤防が決壊したときに見知らぬ人を迎え入れる優しさや、友人が職を失うのを見るぐらいなら自分の仕事を減らすことを選ぶ労働者の無私の思いやりがあるからだ。私たちの運命を最終的に決めるのは、煙に満ちた階段を駆け上がる消防士の勇気や、子どもを育てようとする親の意欲だ。

ジョン・F・ケネディにとってそうであったように、オバマにとっても新しい時代を切り拓くのはアメリカの人びとであった[6)]。この事実をオバマは「新しい責任の時代」（a new era of responsibility）という言葉で表現する。オバマによれば、すべてのアメリカ人たちには責任がある。それは、自分たち、自分たちの国、そして自分たちを取り巻く世界に対する責任である。この「責任」（responsibility）という言葉からは、自分たちの世代に与えられた歴史的使命に応える（respond）ことによって、自分たちの世代の責任を果たすことをオバマがアメリカ人たちに期待していることが伝わってくる。

3. トランプ

トランプの大統領就任演説は、オバマの就任演説から8年後の2017年1月20日に行われた。政治経験を持たなかったニューヨーク出身の実業家トランプは、その歯に衣着せぬ奔放な発言でメディアの注目を集め、幅広い層からの強力な批判にさらされながらも、ヒラリー・クリントンとの間の大統領選挙に勝利した。多くの主流メディアがクリントンへの支持を表明し、クリントンの勝利を予測する中でのトランプの勝利だった。この出来事は、アメリカ人たちの間にトランプ的な政治家を求める気持ちが高まっていたこと、そしてその動向を主流メディアが正確に把握できていなかったことを明らかにした。トランプは自分を批判する主流メディア、職業政治家、知識人などを敵とみなし、それらの「既得権益層」（establishment）が蔑ろにしてきたとされる人たちのもとへ政治を返すと主張した。そのメッセージは、オバマ政権の8年間に不満を抱いていたアメリカ人たちの耳に力強く響いた[7)]。大統領就任演説において、トランプは何を語っただろうか。以下では、その主な特徴を確認していく。

トランプの就任演説の主要なメッセージの一つは、政治を人びとのもとへ返すということである。これについて、トランプは政権移行における前任者オバマの協力に謝意を示した上で、以下のように述べている。

> けれども、今日の式典にはとても特別な意味がある。今日、私たちは一つの政権からもう一つの政権に、あるいは一つの政党からもう一つの政党に、権力を移しているのではない。私たちはワシントンDCからあなたたちのもとへ、人びとのもとへ、権力を返しているのだ。

ワシントンDCの政治家たちは普通のアメリカ人たちの犠牲の上に繁栄を築いてきたとトランプは言う。既得権益層は自分たちを守ったが、普通のアメリカ人たちを守らなかった。政治家たちは自分たちの勝利を祝ったが、アメリカの各地で苦しむ人たちには祝うべきことはなかった。このように述べた上で、トランプは以下のように続ける。

> それはすべて、ここで、今、変わる。なぜなら、この瞬間はあなたたちの瞬間だからだ。この瞬間はあなたたちのものだ。今日、ここに集まったすべての人たち、アメリカの各地でこの式典を観ているすべての人たちのものだ。これはあなたたちの日だ。これはあなたたちのためのお祝いだ。そして、この国、アメリカ合衆国は、あなたたちの国だ。

ここでトランプが繰り返す「あなたたち」に誰が含まれているかについては、注意が必要だろう。ただ、この発言を素直に聞けば、トランプはアメリカ的な民主主義の基本を述べているに過ぎないと捉えることもできそうである。たとえば、これがトランプの発言ではなく、オバマ、ケネディ、あるいはエイブラハム・リンカーンの発言だと伝えられたとしたら、それを違和感なく受け止める人たちは多いのではないだろうか。さらにトランプは続ける。

> 本当に重要なのは、どの政党が政府を支配しているかではない。政府が人びとによって支配されているかどうかだ。2017年1月20日は、人びとが再びこの国の統治者になった日として記憶されるだろう。私たちの国の忘れられた男たちと女たちは、もうこれ以上、忘れられることはない。

ここでトランプは対象をかなり意識的に絞り込み、「忘れられた人たち」に対して語りかけている。多様性を尊重し、違いを越えて一つにまとまったアメリカ合衆国を目指したオバマは、それまで十分な注目を集めてこなかったマイノリティーに属する人たちの生活と地位の向上に努めたと言えるだろう。その一方で、マジョリティーに属する人たちの中には、マイノリティーが配慮されていくにつれて、相対的に自分たちが見放されていくように感じた人たちがいた。ラストベルトに住む白人労働者たちは、その代表例だろう。彼らは自分たちが努力しているのにもかかわらず、苦しい生活を強いられていると感じていた。そして、オバマがマイノリティーの苦境に共感を示す一方で、自分たちの苦境には十分な共感を示さないと感じていた[8)]。すべてのアメリカ人たちにとっての大統領を目指すと述べたオバマの言葉は、これらの人たちの耳にはうまく届かなかったようだ。オバマが自分たちに向けて語っていないと感じたこれらの人たちにとって、先のトランプの発言がどれほど力強く感じられたかを想像することは、それほど難しくないだろう。

トランプの大統領就任演説の中で注目を集めた言葉の一つに「アメリカの殺戮」（American carnage）がある。トランプは就任演説において、都市中心部における貧困、工場の閉鎖、学校の機能不全、犯罪、薬物依存など、当時のアメリカが直面していた課題を列挙した上で、これらの問題が多くのアメリカ人たちの命を奪い、アメリカ合衆国の潜在力を奪っていると述べている。そして、「このアメリカの殺戮は、ここで、今、終わる」と宣言している。新大統領が就任演説において、当時のアメリカが抱えている問題に言及することは一般的である。その一方で、これを「アメリカの殺戮」というような強い言葉で表現することは珍しい。この刺激的で挑発的な言葉の選び方にトランプらしさが表れていると言えるだろう。

グローバリゼーションに反対し、アメリカの国益を第一に考えることは、トランプの基本的な政治姿勢だった。その姿勢は、大統領就任演説にも反映されている。トランプによれば、アメリカ人たちは外国の産業を潤し、軍隊を支援し、国境を守り、社会基盤を整える一方で、自国の産業、軍隊、国防、社会基盤整備はおろそかにされてきた。それはアメリカの中間層から富を奪い取り、世界中に分配することを意味していたとトランプは言う。そして、次のように続ける。

> しかし、それは過去の話で、私たちは今、未来だけを見ている。今日、ここに集まった私たちは、すべての都市、すべての外国の首都、すべての権力の館に聞こえるように、新しい布告を発する。今日からは、新しい未来像が私たちの国を束ねるだろう。今日からは、ただひたすら、「アメリカ・ファースト」、「アメリカ・ファースト」だ。

トランプは、貿易、課税、移民、外交などに関する政策決定において、アメリカ人たちの利益を最優先に考えることで、彼らの仕事や富や夢を取り戻すと述べている。ここで示唆されているのは、アメリカ人たちには仕事や富や夢があったということ、そして、それが外部の人たちによって奪われたという現状認識である。トランプは「私たちの製品を作り、私たちの会社を盗み、私たちの仕事を奪う外国の破壊行為から、私たちの国境を守らなくてはならない」と述べる。国の最高政治指導者が自国の利益を最優先に考えることは、ある意味において当然だと言える。しかし、トランプの場合には、自国の問題の原因を他国に求め、他国を排除することで自国の繁栄を取り戻すと主張しており、そこにトランプ的な語りの特徴があるだろう。

トランプの政治姿勢については白人至上主義との親和性が指摘されるが、少なくとも大統領就任演説においては、多様性に配慮し、人びとの結束を促すような発言も見られるということを確認しておいたほうがいいかもしれない。例えば、トランプはアメリカ合衆国への忠誠と同時に、アメリカ人たちの互いに対する忠誠の重要性を訴えつつ、「心を愛国心へと開けば、偏見の入り込む余地はない」と述べている。そして、聖書を引用しながら、アメリカ人たちが神のもとに一つになって生きることを促している。また、別の箇所では以下のように述べている。

> 新しい国民としての誇りが私たちの魂を刺激し、私たちの目標を高め、私たちの分断を癒すだろう。今こそ、私たちの兵士たちが決して忘れない古い格言を思い出すときだ。私たちの肌の色が黒でも茶色でも白でも、私たちは同じ愛国者の赤い血を流す。私たちは同じ輝かしい自由を享受する。私たちは同じ偉大なアメリカの国旗に敬礼する。そして、膨張するデトロイトの都市部で生まれようと、風が吹きつけるネブラスカの平原で生まれようと、子どもたちは同じ夜の空を見

上げ、同じ夢を胸に抱き、同じ全能の創造主によって命を吹き込まれる。

このように、大統領就任演説におけるトランプの発言の中には、多様性を認めつつ、人びとの結束を促すようなものも含まれている。その一方で、これらの発言における多様性と結束が、アメリカ合衆国を愛し、キリスト教を信じるアメリカ人たちにとっての多様性と結束を意味していることは明らかだろう。愛国心、キリスト教信仰、アメリカ人としてのアイデンティティーを大切にする発言は他の大統領たちの演説にも見られるが、それが排他的な響きを伴うところにトランプの演説の特徴があると言える。

アメリカ合衆国の建国理念と憲法を尊重しつつも世界に開かれたアメリカの未来像を語ったオバマに対して、トランプはオバマ的な世界観によって失われた本来のアメリカの姿を取り戻そうと訴えた。オバマがうまく語りかけることができなかったアメリカ人たちに向けて、トランプは力強く語りかけた。演説の最後の部分には、このトランプの姿勢が集約されている。

> すべてのアメリカの人たちよ、あなたの住む町が近くても遠くても、小さくても大きくても、山から山へ、海から海へ、私が言うことを聞いてほしい。あなたたちは二度と無視されることはない。あなたたちの声、あなたたちの希望、あなたたちの夢が、アメリカの運命を決める。そして、あなたたちの勇気、あなたたちの善良さ、あなたたちの愛が、永遠に私たちを導く。一緒に、私たちはアメリカを再び強くする。私たちはアメリカを再び豊かにする。私たちはアメリカを再び誇らしくする。私たちはアメリカを再び安全にする。そして、そう、一緒に、私たちはアメリカを再び偉大にする（we will make America great again）。

ここでトランプが「無視されてきた」と言っているアメリカ人たちは、誰によって無視されてきたのだろうか。それは前任者オバマとその仲間たち、ワシントンDCの職業政治家たち、主流メディア、知的エリートたち、すなわち「既得権益層」（establishment）によってだろう。これらの人たちから政治を取り戻し、「アメリカを再び偉大にする」（make America great again）というトランプの言葉は、自分たちが現体制から恩恵を受けていないと感じていたアメリカ人たちを強く勇気づけたと推測される。

4. バイデン

バイデンの大統領就任演説は、トランプの就任演説から4年後の2021年1月20日に行われた。バイデンが大統領に選出された2020年の大統領選挙中には、アメリカ社会を揺るがすような出来事が多く発生した。新型コロナウイルス感染症の拡大、ジョージ・フロイド事件に象徴される警察による黒人たちへの暴力、それに対する抗議運動、そしてその抗議運動に対する抗議運動は、その代表例である。11月3日の大統領選挙ではバイデンが大統領に選出されたが、トランプはそれを認めず、選挙の不正を訴えた。そして、2021年1月6日、大統領就任式の2週間前には、大統領選挙結果の確定作業を進めていたアメリカ合衆国議会議事堂をトランプ支持者たちが襲撃するという異例の事件が起こった。このような混沌とした社会状況の中、大統領に就任したバイデンには、病と混乱と分断に疲れたアメリカ人たちを癒し、彼らの結束を促すことが期待された。大統領就任演説において、バイデンはこの期待にどのように応えようとしただろうか。

バイデンの就任演説の特徴として、まず、政権移行における前任者の協力に対する感謝の言葉が述べられていないことが挙げられる。大統領就任式には前任者が出席し、就任演説では新大統領が政権移行における前任者の協力に対して謝意を述べることが慣例となっている[9)]。オバマとトランプの就任演説においても、この慣例は守られていた。しかし、大統領選挙の結果に異議を唱えていたトランプは、バイデンの大統領就任式に出席しておらず、政権移行においても十分に協力的ではなかった。そのため、バイデンは就任演説において、この前任者への感謝を述べるという慣例に従うことができなかった。この事実は、アメリカ社会の分断を修復することを目指すバイデンの前途に不安を感じさせる。

その一方で、大統領就任式の直前に、その会場であるアメリカ合衆国議会議事堂がトランプ支持者たちによって襲撃されたという事実を踏まえるならば、厳戒態勢の中とは言え、バイデンの演説が予定どおりに行われたということ自体が祝福されるべきかもしれない。このことをバイデンは以下のように表現する。

> 今日、私たちは一人の候補者の勝利を祝っているのではない。私たちは大義の勝利を、民主主義の大義の勝利を祝っている。人びとの意志は聞かれ、人びとの意志は受け入れられた。私たちは再び、民主主義が貴重だと学んだ。民主主義は壊れやすい。そして、この瞬間、私の友人たちよ、民主主義は勝利した。だから今、ほんの少し前に暴力が議事堂の基礎を揺るがそうとしたこの神聖な場所に私たちは集まった。神のもとに、分けることができない一つの国民として。過去2世紀以上にわたってそうしてきたように、権力を平和的に移行するために。休むことを知らず、大胆で、楽観的な、私たちに特有のアメリカ的な仕方で、私たちは前を向き、自分たちがそうなれるとわかっている国、そうならなくてはならない国の姿を見つめている。

大統領選挙は、アメリカ人たちが自分たちの国の最高政治指導者を民主的に選出するための仕組みである。大統領就任式は、そのことを確認し、前政権から新政権へと権力を平和的に移行するための儀式である。それはアメリカ人たちにとってあたりまえのことであるべきだし、過去の大統領たちの就任式においてもあたりまえのこととされてきた。アメリカ合衆国議会議事堂への襲撃は、そのあたりまえを暴力によって破壊しようとする試みだったと言える。アメリカ社会の分断は、最高立法機関の暴力による破壊を引き起こすほどまでに進んでいた。この事実が、上のバイデンの言葉に重みを与えている。

アメリカ社会の混乱と分断を踏まえるならば、バイデンが就任演説において、「結束」(unity) という言葉を多用していることに不思議はないだろう。たとえば、以下の箇所において、バイデンは国民統合の象徴であるリンカーンの言葉を引用しながら、アメリカ人たちに結束を呼びかけている。

> これらの困難を乗り越えるためには、アメリカの魂を回復させ、未来を確実にするためには、言葉以上のものが必要だ。民主主義において、一番とらえどころのないものが必要だ。それは、結束 (unity) だ。結束 (unity) だ。かつて別の1月、1863年の元日に、エイブラハム・リンカーンは奴隷解放宣言に署名した。紙にペンを走らせながら、大統領はこう言った。――「もし私の名前が歴史に

> 残るなら、それはこの行為によってだろう。私の魂のすべてがここに詰まっている」――私の魂のすべてがここに詰まっている。今日、この1月の日に、私の魂のすべてをここに注ぎ込もう。アメリカを一つにし、人びとを束ね、国を束ねよう。すべてのアメリカ人たちは、私に加わってほしい。一つになって、私たちが直面する敵と戦ってほしい。怒り、憤り、憎しみ、過激主義、無法状態、暴力、病気、失業、絶望――これらの敵と戦ってほしい。

オバマもその演説においてたびたび言及したリンカーンは、南北戦争という国家分裂の危機からアメリカ合衆国を救った英雄として多くのアメリカ人たちに記憶されている。また、かなり時代をさかのぼるとは言え、リンカーンは共和党の大統領である。したがって、民主党の大統領であるバイデンが、現在における社会的分断を乗り越え、アメリカ人たちに結束を呼びかける上で、リンカーンの言葉を引用することには意味があると言える。また、リンカーンを引用することで、目の前の社会的分断をより長いアメリカ合衆国の歴史の流れの中で捉えなおすことを聴衆に促す効果も期待できるかもしれない。

バイデンの就任演説においては、アメリカ人たちの善意や良心に訴えかけるような発言が多くみられる。たとえば、先ほどの引用箇所の中で、バイデンは「アメリカの魂」(soul) を取り戻すことを聴衆に呼びかけている[10]。また、別の箇所では、南北戦争、大恐慌、世界大戦、同時多発テロなどの国家的危機を列挙した上で、アメリカ人たちの「よい部分 (better angels) が常に勝利してきた」と述べている[11]。このようにバイデンは、互いの悪い部分を罵り合うのではなく、よい部分を認め合うことをアメリカ人たちに促している。政治的な語りにおいて、物質的な問題だけでなく、美徳や品格や倫理性などの内面的な問題を重視する傾向は、オバマを含む民主党の政治家たちに共有されている[12]。バイデンの就任演説にも、この傾向が表れていると言えるだろう。

バイデンは、アメリカ人たちが心を開き、互いの声に耳を傾ければ、アメリカの民主主義は本来の姿を取り戻すことができると考えている。このことは、就任演説における以下の発言によく表れている。

> 私たちの選挙運動を支持してくれた人たち、あなたたちが寄せてくれた信頼に私は恐縮している。私たちを支持しなかった人たち、これから先、私が言うことをよく聞いてほしい。私と私の心を見定めてほしい。もし、それでもあなたが私に同意しないなら、それで構わない。それが民主主義だ。それがアメリカだ。共和制の枠組みの中で平和的に異議を唱える権利は、ひょっとしたらこの国の最大の強みかもしれない。ただ、このことを忘れないでほしい。意見の違いが分裂を生み出すことがあってはいけない。私はあなたたちに誓う。私はすべてのアメリカ人たちにとっての大統領になるだろう。私はあなたたちに約束する。私は私を支持した人たちのために戦うのと同じぐらい一生懸命に、私を支持しなかった人たちのために戦うだろう。

ここでバイデンは、大統領選挙で自分を支持しなかったアメリカ人たちに対して直接的に語りかけている。そして、自分が彼らを含むすべてのアメリカ人たちにとっての大統領になることを約束している[13)]。この就任演説が、大統領選挙の結果を受け入れようとしないアメリカ人たちが一定数存在する中で行われたという事実を踏まえると、バイデンが上の発言に込めた思いは大きかったと推測される。

以上、バイデンの大統領就任演説の特徴を確認してきたが、この演説の最大の特徴は、その特徴の薄さにあると言えるかもしれない。この就任演説において、バイデンは新大統領に期待されることをただ普通に述べているだけであるという解釈には、一定の説得力がある。この演説は、機会、自由、尊厳、敬意、名誉、真実、寛容、謙虚など、アメリカ的な価値を体現するとされる言葉をひととおり含んでいる一方で、全体としてやや散漫な印象を与える。また、傾向は異なるとは言え、ともに演説を強みとするオバマとトランプの就任演説と比べると、バイデンの就任演説はやや政治的な熱に乏しいようにも感じられる。

しかし、この事実は、バイデンの大統領就任演説が魅力に欠けるということを必ずしも意味しない。新型コロナウイルス感染症の拡大とアメリカ合衆国議会議事堂への襲撃に象徴されるように、アメリカ人たちは異常な時間を過ごしてきた。彼らの中には、2017年のトランプ大統領の誕生が異常な出来事であったと感じていた人たちもいただろう。そのようなアメリカ人たちに対して、新大統領としてあたりまえのことをあたりまえのように語るバイデンの姿は、ある種の安心感と希望を与えたと推測される。その意味において、バイデンの大統領就任演説はその時と場所が求める期待にうまく応えていると考えることもできるだろう。

5. 相違点と共通点

以上の節では、オバマ、トランプ、バイデンの大統領就任演説の特徴を個別に吟味した。この節では、3人の就任演説の相違点と共通点を総合的に確認する。

全体的な印象として、オバマとバイデンの就任演説が伝えるメッセージはかなり似通っている。例えば、多様性をアメリカ合衆国の強みと捉えていること、社会的に弱い立場に置かれている人たちに対して共感的であること、アメリカ人たちの善意や良心に訴えるような発言をしていること、そしてアメリカ合衆国の歴史を進歩の歴史として捉えていることなどが、二人の演説の共通点として挙げられる。アメリカ人たちは、絶え間ない努力と挑戦と変革によって、より自由で、より平等で、「より完璧な国」(a more perfect union) を作ろうとしてきた[14)]。自分たちの世代には、この歩みを受け継ぎ、アメリカ合衆国をさらに進化させ、次の世代へ引き継ぐ責任がある。オバマとバイデンの就任演説からは、このようなメッセージが伝わってくる。オバマとバイデンがともに民主党の大統領であり、バイデンがオバマ政権の副大統領だったことを踏まえれば、二人の就任演説の内容が似ていることに不思議はないかもしれない。

その一方で、大統領就任演説におけるオバマとバイデンのメッセージには違いもある。それはバイデンの就任演説が「もとに戻ること」を強調していることである。上で述べたとおり、バイデンが大統領に就任するまでのアメリカはかなり異常な状態にあった。感染症の拡大と政治的な動乱に疲れたアメリカ人たちの多くは、平常を取り戻すことを求めていた。それに応えるかのように、バイデンは就任演説において、「修理する」（repair）、「修復する」（restore）、「癒す」（heal）など、物事をもとの状態に戻すことを意味する言葉を多く使っている。これらの言葉は、新型コロナウイルスによって失われた日常生活を取り戻すこと、アメリカ合衆国議会議事堂への襲撃によって脅かされた民主主義の土台を築き直すこと、そしてトランプ政権によって混迷した政治をオバマ政権の路線へと回帰させることなどを暗示していると考えられる。

大統領就任演説において、アメリカ人たちに進歩の歴史の担い手となることを呼びかけたオバマとバイデンに対して、トランプは「古き良きアメリカ」を取り戻そうと訴えた。トランプの語りは、それまでの政治を丸ごと葬り去ろうとしている点において革新的である一方で、それまでの政治によって失われたとされるアメリカの栄光を取り戻そうとしている点において回帰的である。トランプは就任演説において、アメリカ合衆国の歴史を進歩の歴史として描いていない。その代わりにトランプが提示するのは、強く、豊かで、誇らしく、安全だったアメリカ合衆国が、他国からの干渉と既得権益層が支配する政治によって失われたという歴史認識である。この事実を踏まえれば、トランプがアメリカの進歩を先に進めることではなく、「アメリカを再び偉大にする」ことをアメリカ人たちに呼びかけたことは当然だと言える。

オバマ、トランプ、バイデンの3人ともが、大統領就任演説において、アメリカ合衆国の政治の主体は普通のアメリカ人たちであるという趣旨の発言をしている。これは、アメリカ合衆国が民主主義を基本とする国であることを示している。その一方で、彼らが「アメリカ人」と言うとき、そこに誰が含まれるのかということについては、ニュアンスの違いが見られる。オバマにとっての「アメリカ人」とは、自由や平等などのアメリカ的な理念に価値を置き、自分をアメリカ合衆国という共同体の一員と考えるすべての人たちを指している。そこでは、人種、民族、宗教、出生地などの違いは問題とされておらず、むしろそれらの違いがもたらす多様性がアメリカ合衆国の強みとされている。トランプは、主流メディア、職業政治家、知識人など、彼が既得権益層と呼ぶ人たちを敵視し、政治を人びとのもとへ返すと主張した。また、アメリカ人たちの暮らしを外国の脅威から守るとも主張した。したがって、トランプにとっての「アメリカ人」には、既得権益層に属するとされる人たちや外国からアメリカ合衆国に入ってくる人たちが含まれていないかもしれない。バイデンは、アメリカ合衆国における黒人や女性の地位向上の歴史に触れながら、さらなる平等の実現を呼びかけた。また、赤い州と青い州、地方と都市、保守とリベラルといった対立軸をめぐる争いをやめ、互いの境遇を理解しあうことをアメリカ人たちに促した[15)]。このことから、バイデンはオバマと同様に、「アメリカ人」を多様な集団と捉えていると考えられる。

オバマ、トランプ、バイデンの大統領就任演説には、上で述べたような違いを越えて、アメリカ合衆国大統領の就任演説として共通する部分もある。たとえば、就任時にアメリカが直面していた課題を列挙すること、前政権がそれらの課題にうまく対応することができなかったと述べること、自分の政権にはそれらの課題を解決することができると主張すること、アメリカ人たちに結束を呼びかけること、自分の大統領就任をアメリカ合衆国の歴史の中に位置づけること、神の存在に言及すること、そして自由や平等といったアメリカ的価値観を確認することなどが、その例である。その意味において、オバマ、トランプ、バイデンは、それぞれに異なる語り方ではあるものの、アメリカ合衆国の大統領として、「アメリカの物語」を語っていると言えるだろう。

おわりに

本章では、オバマ、トランプ、バイデンの大統領就任演説を手がかりとしながら、アメリカ合衆国における政治的な語りの変化を確認することを試みた。大統領就任演説は、アメリカにおける政治的な語りのすべてではないし、それぞれの大統領の語りのすべてでもない。新聞、テレビ、ラジオ、ソーシャルメディアなどのメディアにおいては、毎日、数えきれないほどの人たちが政治について語り続けている。トランプのツイッター上での発言に象徴されるように、大統領がこれらのメディアにおいて自分の意見を発信することも多い。これらの情報が積み重なって、アメリカにおける政治的な語りの総体が形成されている。大統領の就任演説は、その一部でしかない。しかし、それは重要な一部である。

大統領就任演説には、新しい大統領がアメリカ合衆国の過去と現在をどのように捉え、それをどのような未来につないでいこうとしているのかが示されている。そこには、それぞれの大統領が理想とするアメリカの姿が描かれている。聴衆は大統領たちが提示するアメリカの物語に共感したり、反発したりしながら、自分たちが信じるアメリカの物語を作り出していく。したがって、大統領たちの就任演説を丁寧に吟味していけば、それぞれの時代のアメリカ人たちが自分たちの国について何を考え、何を語っているのかを理解するきっかけを得ることができるだろう。

アメリカ合衆国における政治的な語りがどのように変化しつつあるのか、「アメリカの物語」がどこに向かっているのかを理解する上で、本章が一つの助けとなることを願っている。

注

1) オバマは大統領就任演説を2回行っているが、本章では1回目の演説を取り上げる。

2) 民主党あるいは共和党に所属しない人が大統領候補者になることもある。しかし、1852年の大統領選挙以降、実際に大統領に選出されてきたのは、これらの党のいずれかに所属する人たちであった。各政党が大統領候補者を選出する手続きには、予備選挙（primary）と党員集会（caucus）があるが、本章ではこれらをあわせて予備選挙と呼ぶ。

3) 花木亨『大統領の演説と現代アメリカ社会』（大学教育出版、2015年）; Karlyn Kohrs Campbell & Kathleen Hall Jamieson, *Presidents Creating the Presidency: Deeds Done in Words*（Chicago, IL: University of Chicago Press, 2008);Jeffrey K. Tulis, *The Rhetorical Presidency*（Princeton, NJ: Princeton University Press, 1987）.

4) 以下、オバマ、トランプ、バイデンの大統領就任演説からの引用箇所は、筆者が日本語に訳した。Barack Obama, *First Presidential Inaugural Address*（Washington, DC, 2009, January 20); Donald J. Trump, *Presidential Inaugural Address*（Washington, DC, 2017, January 20); Joseph R. Biden, Jr., *Presidential Inaugural Address*（Washington, DC, 2021, January 20）.

5) 花木『大統領の演説と現代アメリカ社会』。

6) ケネディが大統領就任演説で以下のように述べたことは、広く知られている。「だから、私の仲間のアメリカ人たちよ、あなたの国があなたのために何をすることができるのかを問わないでほしい。あなたがあなたの国のために何をすることができるのかを問うてほしい。」

John F. Kennedy, *Presidential Inaugural Address* (Washington, DC, 1961, January 20).

7) 金成隆一『ルポ、トランプ王国 ― もう一つのアメリカを行く』(岩波新書、2017年)；金成隆一『記者、ラストベルトに住む ― トランプ王国、冷めぬ熱狂』(朝日新聞出版、2018年)；金成隆一『ルポ、トランプ王国2 ― ラストベルト再訪』(岩波新書、2019年)。

8) 同上。

9) NPR Staff, "'This is America's Day': Biden's Inaugural Address, Annotated," *NPR* (2021, January 20).

10) バイデンは自分たちの大統領選挙運動を"Battle for the soul of the nation"と呼んだ。

11) リンカーンも第一回大統領就任演説において、"better angels"という言葉を使っている。Abraham Lincoln, *First Presidential Inaugural Address* (Washington, DC, 1861, March 4).

12) Walter R. Fisher, "Reaffirmation and Subversion of the American Dream," *Quarterly Journal of Speech, 59* (1973), pp. 160-167; Robert C. Rowland & John M. Jones, "Recasting the American Dream and American Politics: Barack Obama's Keynote Address to the 2004 Democratic National Convention," *Quarterly Journal of Speech, 93* (2007), pp. 425-448.

13) 似たような表現は、オバマが2008年大統領選挙の一般投票日の夜にシカゴで行った勝利演説にも見られる。Barack Obama, *2008 Presidential Election Victory Speech* (Chicago, Illinois, 2008, November 4).

14) バイデンが大統領就任演説で述べた"a more perfect union"という言葉は、アメリカ合衆国憲法前文に記されている。*The Constitution of the United States of America* (1787). 2008年大統領選挙の民主党予備選挙の最中にオバマが行った人種についての演説においても、この言葉が象徴的に使われていた。Barack Obama, *A More Perfect Union* (Philadelphia, Pennsylvania, 2008, March 18). 英語の"union"という言葉には、「統合、結合、結束、団結、連合、同盟、連邦、統一国家としてのアメリカ合衆国」など、多様な意味がある。

15) バイデンは大統領就任演説において、アメリカにおける政治的分断を"uncivil war"という言葉で表現している。英語の"civil"には、「礼節のある、市民にふさわしい」という意味がある。したがって、"uncivil war"は、「礼節を欠いた、市民にふさわしくない争い」という意味になる。この言葉は"The Civil War"(南北戦争)を想起させる。

第 7 章
シアスター・ゲイツの前衛芸術はなぜ受け入れられたのか？
— 芸術と社会的文脈について —

長畑　明利

は じ め に

言語が真実を示すことへの信頼は、政治、経済、学術など様々な分野において、それらを滞りなく営むために必要な条件とみなされるだろう。しかし、昨今、その信頼が揺らぎつつあるように見える。とりわけ、2016 年の大統領選挙戦および 2017 年に始まったドナルド・トランプ政権の時代は、そうした揺らぎを顕在化させた時代として印象深い。政権やその支持者たちは、虚偽の報告や発表を行い、ときには「もう一つの事実」（alternative facts）などの用語によってそれを強弁し、また、政権を批判するメディア報道を「フェイクニュース」として攻撃した。

一方、学術分野における実験データの捏造、虚偽の発見報告、データの改ざんなど、真実を偽る行為そのものの例も、枚挙にいとまがない。文学においては、しばしば、存在しない原典を「発見」するということが行われてきた。「実際には存在しないものを存在していると伝える」捏造や虚偽報告は、インターネットやコンピューター技術の発達によって、以前よりも容易に実行可能となっているように思われる。

本章では、2007 年にシアスター・ゲイツというアフリカ系のアーティストがしかけた試みを、こうした文脈に置いて検討する。彼は自身が作った陶器の食器を、ジョージ・ヤマグチなる架空の日本人陶芸家が残したものとして提示し、また、その陶芸家の人生について虚構の物語を創作し、それを人々に信じさせたのである。

1. シアスター・ゲイツの「ジョージ・ヤマグチ・プロジェクト」

（1） 架空の日本人陶芸家

2007年にアフリカ系アメリカ人の陶芸家、シアスター・ゲイツは、彼が師と仰いだ日本出身の陶芸家ジョージ・ヤマグチ（ショウジ・ヤマグチ）に敬意を表するために、シカゴのサウスサイドで、ソウルフードのディナーを開催した。ヤマグチは第二次世界大戦後、広島を出て渡米し、ミシシッピ州に落ち着いた後、その地で公民権運動に積極的に関わっていた黒人女性メイと結婚。二人はアジアとアフリカ系アメリカという2つの文化を融合する新しい陶芸のスタイルを開発し、また、窯元に人々を招いて、人種平等について議論した。ヤマグチは、日本で陶芸を学んだ経験のあるゲイツに、「きわめて強い人種的・社会的緊張のある都市で、ディナーを催すことによって（中略）社会変容を育む」という使命を託したという[1)]。こうして実施されたディナーの会場では、壁に中国の明朝からアメリカの奴隷制に至る年表が掲示され、テーブルにはヤマグチの息子だという男性がいて、死んだ父の代理としてゲイツの努力を支援していた[2)]。

しかし、日本出身の陶芸家だというヤマグチは実在の人物ではなかった。ヤマグチの息子だという人物も実は雇われた俳優だった[3)]。ゲイツが日本で陶芸を学んだのは事実だが——彼は常滑（とこなめ）で修行したという——それ以外はすべて虚構だったのである[4)]。

ゲイツが架空の陶芸家を作りだしたのはなぜか。ゲイツ本人の説明は次のようなものである。彼は陶器を制作するが、数千ドルの制作費を費やして作った彼の作品は25ドルでしか売れない。その理由は彼が無名だからだ。彼の作品はその価値を増大させる魔法のような文脈（もしくは物語）を欠いている。もし彼が作った作品にそのような文脈（物語）が加わったとしたら、人々はそれにもっと高い価値を認めるだろうか。このように考えて、実験をしてみたのだ、と彼は説明する。

実験の結果は彼の予想通りであった。多くの人が資金を提供し、なかにはディナーに1万ドルを支払った人もいたという[5)]。そして彼の作品には後に高い価値がつき、彼は国際的に知られた芸術家となった。また、シカゴの貧困地区の経済活性化のために、何百万ドルもの資金を集めることができるようにもなった。ゲイツは無価値と思われるものに「物語」を加えることでその価値を高めるという実験に成功したが、それによって有名になり、事業にも成功したゲイツの経歴そのものが独自の物語になっている[6)]。

（2）陶工デイヴ

ゲイツはこの架空の陶芸家を讃えるディナーの試みの後、2010年に、ミルウォーキー美術館にて、19世紀の黒人奴隷デイヴ・ドレイクに光を当てる展覧会「黒く・ひそかに推測・投機する――デイヴ・ドレイクとシアスター・ゲイツ」（To Speculate Darkly: Dave Drake and Theaster Gates）を開催した。デイヴ・ドレイクは19世紀初めに生まれ、1870年頃に死亡した奴隷と考えられ、南北戦争までにおそらく4～5人の主人に所有された。彼は17歳頃にサウスカロライナ州の陶器製造施設で働き始めたと見られ、1840年から自身が作成した陶器に「デイヴ」という名前を刻み始めた。彼がどのようにして読み書きを覚えたかは不明だが、彼の陶器には短文や詩句が刻まれているものもあった[7)]。それはたとえば「この壺をビーフとポークで満たせば、スコットがひとかけら食べに来るだろう」というような素朴なものであった[8)]。1919年に、彼の名前の刻まれた壺がチャールストンの美術館に寄贈されたことをきっかけに、陶工の身元探しが始まり、彼の伝記の再構築が試みられたという[9)]。

ゲイツはこの陶工デイヴの作品に、自身が作り出した架空の陶芸家ヤマグチの物語を接続する展示を行った。ゲイツの物語では、ヤマグチは「特に黒人の人々の食べ物のための陶器を作ること」を専門としていたことになっていた[10)]。一方、陶工デイヴについては、上記のことがらに加え、1870年の国勢調査に名前があることなど、部分的な記録しか残っていない[11)]。しかし、展覧会で、ゲイツは、デイヴの陶器に、ヤマグチの作という設定と思われる、紙に墨で描いた絵を併置して、両者の連続性を表現した。会場にはさらに陶器のオブジェが置かれ、また、大きなスクリーンが設置され、そこにはゲイツが作曲した曲に合わせて、ゴスペル・シンガーたちがデイヴの残した詩句に節をつけて歌うビデオが映し出された[12)]。黒人のために尽くすことを語ったヤマグチの虚構の生を黒人奴隷の工芸労働者の生に接続することで、ゲイツは忘れ去られた黒人奴隷たちの生に敬意を表したのである。それは架空の人物の虚構の遺志を現実世界に採り入れる試みでもあった。

2. 文学ホークスとの比較

シアスター・ゲイツによる架空の日系人陶芸家ヤマグチの創出と、彼の物語を陶工デイヴの記録に接続する試みはどのような意味を持つだろうか。とりわけその試みが多くの人を惹きつけたことにはどのような意味があるだろうか。

架空の陶芸家をあたかも実在するかのように扱うことは、架空の人物（著者）や出来事（文書）を捏造する、しばしば「ホークス」(hoax）と呼ばれる行為を想起させる。ホークスは「悪ふざけ」とも訳されるが、ここでは文学における20世紀末の例をいくつか紹介しておこう。ひとつは1993年にオーストラリアで起きたヘレン・デミデンコ事件である。これは、ヘレン・デイルという名のアングロ・サクソンの女性が、ヘレン・デミデンコという筆名を用いて、ホロコーストの際にナチスに協力したウクライナ人の家族の物語『書類に署名した手』(*The Hand That Signed*）を出版し、翌年オーストラリアの文学賞を受賞したが、記載内容に疑義が出て——自身のウクライナ人の叔父たちの証言に基づいているとされていた——信憑性をめぐる議論が起こり、結局、デイルは同作品を小説としてあらたに出版することになったという事件である。

1994年には、ワンダ・クールマトリーというアボリジニの女性による自伝小説『私だけの時間』(*My Own Sweet Time*）が出版され、文学賞を受賞したが、実は作者はレオン・カーメンというシドニー在住の白人男性であることが判明した。

1995年前後には、広島で被爆したという日本人詩人アラキ・ヤスサダの遺稿とされるものが、アメリカの詩の雑誌に掲載された。ヤスサダは大学を中退して、郵便局に勤め、結婚し、3人の子ができたが、45年8月6日の原子爆弾によって、妻と2人の娘を失った。そのヤスサダが残した草稿が、彼の死後8年たった1980年に、彼の息子によって発見され、それが3人の翻訳者によって英語に訳されたとされた。しかし、日本語の草稿の現物は日本から送られる際に紛失したとされるなど疑わしい点があり、このアラキ・ヤスサダという詩人は実は存在せず、雑誌に草稿を持ち込んだケント・ジョンソンという人物の創作ではないかという疑いが強まった。結局、ジョンソンはインタビューで、アラキ・ヤスサダが架空の人物であることを認めたが、その原稿を書いたのは自分の友人で、その友人は1996年に死亡したと言い張った[13)]。

シアスター・ゲイツの日本人陶芸家ジョージ・ヤマグチの創出は、こうした文学ホークスの例を想起させるものではある。しかし彼は、結局ヤマグチが架空の人物であることを認め、また、架空の人物を作り上げた理由を説明した。その目的は、個人の利潤追求や名誉欲の満足ではなく、マルセル・デュシャンらの流れを汲む芸術的な問いに基づくものであり、また、その試みは、公民権運動や黒人の地位向上運動に敬意を表するものだった。さらに、その活動は後に、アフリカ系住民の多い貧困地区の再活性化にもつながった。それゆえ、架空の人物を作り上げたことは人を欺く行為であるにもかかわらず、その行為が周囲から強く糾弾されたようには見えない。

3. 黒人アイデンティティへの敬意

（1） 黒人に対する人種差別撤廃と地位向上への貢献

ゲイツのプロジェクトに関して注目すべき点は、そこで提示された文脈が公民権運動や黒人の地位向上運動と関わるものだったことである。先に述べたように、架空の陶芸家ヤマグチの創出の目的は、いかなる物語も持たぬ自身の陶芸作品に物語を付与することで、その価値が上がるかを見ることにあったが、その物語は日本の陶芸家という設定が表象する東アジアの陶芸の伝統に関わるだけではなかった。そこに公民権運動に熱心な黒人女性と結婚し、その活動に感銘を受けたヤマグチが「黒人の人々のための食器を作る」ことになったとする物語が加わり、ゲイツの陶器は黒人の人種差別撤廃と地位向上という文脈に連結されることになったのである。

ゲイツが黒人であり、彼の活動の場がアメリカであることからすれば、ヤマグチの物語が黒人差別撤廃と地位向上の文脈に接続されることによって、彼の陶器に加えられた物語はより広範な層にアピールするものになったに違いない。また、この人種に関わる文脈は、その後、陶工デイヴの作品と記録に接続されることになるが、それにより、架空の陶芸家ヤマグチの物語は、黒人奴隷に関する歴史的文脈につながるものとなった。ゲイツがシカゴのサウスサイドの経済活性化の事業を進める際には、これらの黒人差別撤廃・地位向上の文脈が資金獲得に貢献したと考えられる。ゲイツという無名の陶芸家が自身の作品に虚構の物語を付与して行ったプロジェクトは、こうして、アメリカ黒人の歴史に接続され、また、現実の黒人市民の生活に影響を及ぼすものに発展したのである。

（2）アイデンティティ政治

ゲイツが実践するアメリカの黒人の歴史と現実へのコミットメントを、1990年代以来顕著になった「アイデンティティ政治」と結びつけることもできる。アメリカでは、1990年代に、多文化主義の影響力が顕著となり、人種マイノリティ集団の出自とその文化が重視され、また、その出自をアイデンティティの基盤とする傾向が増した。

一方、多文化主義への反発も目に付くようになり、アファーマティブ・アクション（積極的差別是正措置）によって白人男性らが不利益を被っているとか、人種に基づく優遇策の恩恵を受けるのは人種マイノリティのなかでも経済的に恵まれた層だといった多文化主義に対する批判もあった。しかし、それにもかかわらず、人種アイデンティティ重視の傾向は衰えることがなく、そのことが人種マイノリティの支援という大義に多くの人が共感を寄せる要因となっていたことは想像にかたくない。その傾向は2000年代に入った後も継続したものと考えられる。ゲイツによるヤマグチの物語の創出と、陶工デイヴへの関連づけ、そして、シカゴの貧困地区の経済活性化の試みが成功したことは、黒人の歴史に対する敬意とその支援が受け入れられたことを示唆するが、その背景に1990年代以来のアイデンティティ政治の進展を見ることは誤りではないだろう。

（3） オバマ政権時代のゲイツ

ゲイツの活動が注目されるようになる時期は奇しくも2期にわたるオバマ政権の時代（2009年～17年）に重なる。単純化は避けねばならないが、黒人最初の大統領が生まれたこの時期は、アメリカの人種関係が新たな展開を見た時代と考えることができる。

この間、ゲイツは自身の芸術において黒人の歴史をモチーフとして用い、また、その実業活動においても黒人市民への貢献を続けた。この時期の彼の芸術には、顧みられることのなくなった黒人の文化施設や品々を回収し、それをアートとして再利用したり、回収された事物を利用して、黒人の歴史や生活の有様を喚起するものが目立つ。たとえば、ゲイツは2011年から、「シヴィル・タペストリー」（Civil Tapestries）シリーズというプロジェクトを手がけた。これはアメリカ各地の消防署から得た消防用ホースを用いたもので、そこに残された地名や年号が公民権運動その他の黒人差別撤廃運動の歴史を喚起するというものである[14)]。

2014年には、12歳の黒人少年タミア・ライスがクリーブランドのあずまや（ガゼボ）でフェイク銃を持っていて警察官に射殺される事件が起きた。この事件はブラック・ライブズ・マター運動が発展するきっかけとなるものだが、クリーブランド市はこのあずまやを撤去する方針であった。少年の母親の依頼を受けたゲイツは、あずまやを保管するために、これを購入した[15)]。

同じく2014年には、オバマ元大統領の側近でもあったシカゴ市長ラーム・エマニュエルと組んで、同市の貧困地区サウスサイドの経済活性化のプロジェクトを行った。広大な倉庫を彼のスタジオに変え、老朽化した市営住宅建築を住宅兼アートスペース（ドーチェスター・プロジェクト）にした。それにより、この地域一体が文化地区のようになったという[16]。

また彼は1920年代に建てられた銀行（ストーニー・アイランド銀行）の建物を買い取り、それをアートセンターとし、そこに入手した本やレコードを置いた。本は閉店していた本屋から、レコードも閉店していたレコード店から得ている。後述のジョンソン出版から入手した黒人向け雑誌のコレクションや、上述のクリーブランドのあずまやもここに置かれている[17]。一芸術家・ビジネスパーソンの活動を特定の時代背景と安易に結びつけることはできないが、シカゴを本拠地として、黒人市民に貢献する事業を展開したゲイツは、黒人大統領オバマがアメリカの政治の中心にいて、日々メディア報道の対象とされた時代と切り離せない芸術家であるように見える。

4.「ポスト真実」の言説とゲイツ

（1）**トランプ時代のゲイツの活動**―黒人コミュニティへの関与の継続―

もしゲイツがオバマ政権時代の申し子に見える芸術家であるとしたら、その後のトランプ政権の時代（2017年～21年）において、彼のそれまでの活動はどのような陰影を帯びることになっただろうか。

ゲイツの活動自体はオバマ時代から継続して、アフリカ系のアイデンティティに根ざしたものであり続けた。彼は2017年に、「プランテーション・ララバイ」（Plantation Lullabies）と名付けたパフォーマンスを行い、また同年、20世紀初頭の黒人指導者・作家W・E・B・デュボイスをモチーフにした作品の展覧会「けれど貧しい人種であることは」（But to Be a Poor Race）も開いている。これはデュボイスが残した黒人の社会的地位向上を示す種々のグラフをモチーフにしたものである[18]。また、2018年～19年には、「ブラック・イメージ・コーポレーション」（Black Image Corporation）という展覧会を開いている。これはシカゴを拠点とするジョンソン出版が所有していた写真アーカイヴを利用したもので、同社が出版した黒人向け雑誌に掲載された写真を用いた作品である[19]。さらに、2020年には、ニューヨークで「黒い船」（Black

Vessel）と題した個展も開いている[20]。

周知のように、時代状況はオバマ政権時代とは大きく変わった。2016年の大統領選を通じて、また、当選したトランプが大統領として執務を始めると、それまでは抑圧されていたかに思われた人種差別や白人至上主義の言説が復活した。それらの言説は、SNSや保守系メディアによって広く可視化されたが、大統領や政権与党の重鎮たちはそれを非難しなかった。一方で、こうしたヘイトや白人至上主義に対して、人種マイノリティ側も粘り強く抵抗した。白人警官による相次ぐ黒人射殺事件に抗議して、ブラック・ライブズ・マター運動が展開されたのは記憶に新しいところである。

予想される通り、ゲイツはトランプに批判的立場を取っていた。2017年に、シカゴの治安に関連して、トランプがツイッターで軍を投入するというメッセージを投稿したことについて、ゲイツは、あるインタビューで、トランプは状況を理解していないと述べている[21]。また、大統領選挙戦の終盤、2020年10月に行われたインタビューでは、彼はアメリカが2つに分裂してしまったこと、古い秩序を維持するために暴力が必要になっているとともに、指導者層を欠くがために、住民たちの心にたまった不満が暴力の形で現れてしまっていることを指摘している[22]。

このように、オバマ政権が終わっても、ゲイツはアフリカ系をモチーフとした芸術活動を続けた。彼は、復古的な白人至上主義や、人種民族マイノリティへの偏見やヘイトが容認されるなかで、アフリカ系へのコミットメントを維持しつつ、自身の芸術家としての活動を展開したのである。

（2）ゲイツの実験と「ポスト真実」の時代

トランプ時代のゲイツの活動についての評価は今後入念な検討がなされることだろうが、ゲイツの芸術において一貫して見られる人種意識の重視にもかかわらず、彼の芸術手法には、いささかの危うさがある。ゲイツは、ジョージ・ヤマグチ・プロジェクトにおいて、たとえ虚構であっても、感情や信念に訴えかける文脈・物語は価値を生むという考えを実践してみせた。実体を持たない架空の言説であっても、それが人の感情や信念に訴えかけるものであれば、多くの人々に共有され、やがてはそれが真実として受容されたり、大きな価値を持つようになるという、一種の神話作用とも呼べる姿勢である。その姿勢はゲイツのいくつかの概念芸術の試みに見出されるが、それはときに政治家の発言や報道においても見られる、事実や真理から離れた言説の歪曲の例と構造的類似を示していないだろうか。

言語が真実を示すことへの信頼、あるいは、真実の尊重そのものは、社会生活を滞りなく営むために必要な条件であろうが、インターネットの出現、そして、SNS の普及によって、その信頼・尊重は揺らいでいる。誰もが意見を表明することができ、不特定多数の人がそれを読むことのできる環境が発達したことにより、虚偽に基づく言語を真実として流通させることが容易になったからであろう。

トランプ政権の時代は、そうした状況をとりわけ顕在化させた時代であるように見える。政権やその支持者たちは、虚偽の報告や発表を行い、ときには「もう一つの事実」などの用語によってそれを強弁した。たとえば、2017年1月の大統領就任式の観衆の規模について、トランプはメディアがその規模を低く報道していると主張し、また、大統領報道官ショーン・スパイサーは、メディアが航空写真でその実際の規模を示していたにもかかわらず、記者会見で、就任式の観衆としては「過去最高」だったと述べた[23]。さらに、大統領特別顧問のケリーアン・コンウェイは、報道番組のインタビューで、スパイサーは「もう一つの事実」を述べたのだと言って、彼を擁護した[24]。

大統領はまた、自分に批判的なメディアについて、ツイートなどで、その報道が「フェイクニュース」であると繰り返し主張した。彼は、就任式を前にした2017年1月の会見で、CNN の記者に質問の機会を与えることを拒み、同社を「フェイクニュース」だと言って誹謗した。彼はその後もツイートや会見で、CNN が報道した自身に都合の悪いニュースを「フェイクニュース」として攻撃し続けた[25]。

こうした例は、まさに、公的な場において、言語が真実を伝えるものとして用いられる慣習もしくは制度を弱体化させ、人々の言語への信頼を低下させるものに思われた。政治家が政策を実現するために、自身やその政策に批判的な言論を押さえ込もうとすることは珍しいことではないが、トランプ政権に見られた事実の歪曲は際だったものに見えた。また、その歪曲を押し通すために、自身に批判的なメディアを抑圧しようとする露骨に高圧的な姿勢も近年例を見ないものに思われた。

事実を歪曲し、虚偽をあたかも事実であるかのように流布しようとするトランプ政権の姿勢は、すでに2016年の大統領選挙戦の最中に顕著であった。トランプ支持者向けの数々のニュースサイトができ、それらは民主党の大統領候補ヒラリー・クリントンに関する虚偽のニュースを流した[26]。また、そうした虚偽のニュースは、トランプの支持基盤の一つである右派によるプロパガンダ同様、SNSを利用して広められた。ケンブリッジ・アナリティカというロンドンに基盤を置く政治コンサルタント会社が、2016年の選挙戦の間に、5,000万人のフェイスブック利用者の個人情報を利用して、フェイクニュースを広めたとする報道もあった[27]。

こうした状況はしばしば「ポスト真実」（post-truth）という言葉で形容された。この言葉を「2016年の単語」（Word of the Year 2016）に選んだオックスフォード英語辞典は、それを「世論の形成において、客観的事実よりも情動と個人的信念への訴えかけの方が影響力を持つような状況に関する、あるいは、それを示す」形容詞として規定しているが[28]、この定義に示される「客観的事実」の軽視はまさにトランプ時代に露呈した言説の特徴と言えよう。

（3） ゲイツのバランス感覚

トランプの時代における「ポスト真実」状況と、虚構をもとに物語世界を繰り広げたゲイツの初期の芸術とが共鳴することは否定できまい。架空の陶芸家に付与された、黒人の歴史に接続する物語が提示されたとき、人はその物語を信じた。それは「客観的事実よりも情動と個人的信念への訴えかけの方が影響力を持つような状況」を寓意的に示すプロジェクトであったかに見える。

立場によっては、それをホークスの一例と見なす人もいるだろう。しかしそれは、実体に言葉や物語が付与されることによって価値が生じるとする、20世紀前半の前衛芸術が明るみに出した見方を踏襲するものでもあった。その考えは、便器にサインすることでそれが芸術品になることを示そうとしたマルセル・デュシャンの「泉」に端的に示されている。ゲイツはストーニー・アイランド銀行の建物をシカゴ市が取り壊すと聞いた時、改修に必要な予算を自分で獲得するという条件で、それを1ドルで売るよう交渉した。彼は銀行のトイレの仕切りに使われていた大理石を用いて100個の石版をつくり、そこに建物の図柄と自身のサイン、そして、「芸術を信ずる」（In Art We Trust）という言葉を刻み、「債権証明書」（bond certificate）と称して、ひとつ5千ドルで売り出した[29)]。投機的とも言えるこの事例もまた、1924年にデュシャンが考案した「モンテカルロ債」を踏まえるものである。

ゲイツの前衛芸術は、たしかに、見る者が自由に物語を作り上げることを許容する性格を持つものである。アフリカ系の歴史のなかに残された事物（消防ホース、アフリカ系読者を想定した雑誌など）もしくは事物の痕跡を用いた作品は、過去の何らかの現実とのつながりを示すそれらの事物を介して、作品を見る者が過去の現実を回想したり、それを疑似体験したり、それについて学んだりすることを可能にする。その際、鑑賞者は目の前の事物に独自の物語を付与することもできるかもしれない。実際、アフリカ系の歴史においては、過去の記録はしばしば失われている。客観的事実が見いだされない時、それについて明確な証拠や証言を示すことなく何らかの言説が紡がれることもありうるだろう。そして、この点に着目して、根拠なき言説流布の可能性をそこに見ることもできるかもしれない。

しかし、ゲイツの概念芸術作品は、アフリカ系の歴史への理解を迫る現実の事物を再利用するものである。それらの事物には明確に黒人の歴史への接近を促す力があり、作品に強い現実の感覚を与えている。ゲイツの前衛芸術における解釈の自由は、根拠を欠く物語を生む可能性を示唆するかもしれないが、作品に示される人種アイデンティティへの強固なコミットメントがその可能性を相殺しているように思われる。虚偽の情報が流布される「ポスト真実」の時代において、ゲイツの概念芸術の実験は危うさをはらむものにも見える。しかし、アメリカの黒人の歴史への関心の一貫性と、作品をそれにつなぐ事物の現実感が、その状況に対抗する役割を果たしているのではなかろうか。トランプ時代のゲイツの芸術活動は、概念芸術家としての立場を維持しつつ、人種アイデンティティへのコミットメントによって「ポスト真実」状況への抵抗をも示すという、彼のバランス感覚を示すものであると言えるだろう。

おわりに

2021年にバイデン政権が誕生したが、管見の限りでは、ゲイツの新政権についての発言は確認できない。オバマ時代の申し子ゲイツが、トランプ政権の時代を絶妙のバランス感覚で乗り切った後、新時代においてどのような変化を見せるのか、あるいは、見せないのか、予測は困難である。インターネットの活用が下火になることは考えにくく、また、アメリカ社会の分裂が解消される兆しも見えない。トランプ時代の「ポスト真実」状況への反省から、公的空間において、政治家やその支持者たちが、事実を無視して虚偽の主張を流布する傾向が抑制されることが期待されるが、自身の信じたい物語のみを受容し、信じようとする傾向が容易に収まることはないだろう。

そのような状況において、投機的性格を持つ概念芸術の実験を試みつつ、アフリカ系としてのアイデンティティへのコミットメントを示すゲイツの芸術活動はどのように展開していくのだろうか。コロナ禍や国際情勢の変化も無視できないなか、社会的言説のあり方に変化が生じるのか、また、そうした時代にゲイツがどのような活動を展開するのか、目が離せない。

注

1) Gary Younge, “Theaster Gates, the Artist Whose Latest Project Is Regenerating Chicago,” *The Guardian*, October 6, 2014.
2) Younge, “Theaster Gates.”
3) Ibid.
4) Ibid.
5) Ibid.
6) Ibid.
7) Naomi Blumberg, “Dave the Potter,” *Britannica*, https://www.britannica.com/biography/Dave-the-Potter, accessed on June 30, 2021.

8) Garth Clark, "Exhibition/Flashback 2010: Double Triumph for Theaster Gates in Milwaukee," *cfile*.
9) Blumberg, "Dave the Potter."
10) Clark, "Exhibition/Flashback 2010."
11) Blumberg, "Dave the Potter."
12) Clark, "Exhibition/Flashback 2010." 展示の構成品には「私の名は〈製品〉だ」(My Name Is Product) と書かれた黒い鉢、金色の壺などもある。
13) アラキ・ヤスサダ事件については、長畑明利「他者としての証言 ― アラキ・ヤスサダとポストモダン・ホークスの陥穽」モダニズム研究会編『モダニズムの越境3 ― 表象からの越境』(人文書院、2004年) 所収を参照のこと。
14) Huey Copeland, "Dark Mirrors: Theaster Gates and *Ebony*," *Artforum* (October 2013).
15) André Wheeler, "'My Duty as a Black Man': The Artist Preserving Gazebo Where Police Killed Tamir Rice," *The Guardian*, November 22, 2019.
16) "The Art of Change: Mayor Rahm Emanuel and Theaster Gates," *Splash*, January 17, 2014.
17) Adrian Anagnost, "Theaster Gates' Social Formations," Articles 24, Nonsite.org., July 11, 2018.
18) Anagnost, "Theaster Gates' Social Formations."
19) Louise Neri and Theaster Gates, "Theaster Gates: Black Image Corporation," *Gagosian Quarterly* (Fall 2020).
20) "Theaster Gates: Black Vessel," Gagosian, https://gagosian.com/exhibitions/2020/theaster-gates-black-vessel/, accessed on June 30, 2021.
21) Carolina A. Miranda, "Q&A: Artist Theaster Gates on W.E.B. DuBois and What Donald Trump Doesn't Get about Chicago," *Los Angeles Times*, January 27, 2017.
22) "The Big Interview: Theaster Gates," *Monocle*, October 30, 2020.
23) "Trump Claims Media 'Dishonest' over Crowd Photo," *BBC*, January 22, 2017.
24) Jill Abramson, "'Alternative Facts' Are Just Lies, Whatever Kellyanne Conway Claims," *The Guardian*, January 24, 2017.
25) Amber Jamieson, "'You Are Fake News': Trump Attacks CNN and BuzzFeed at Press Conference," *The Guardian*, January 11, 2017.
26) Heyley Miller, "Macedonian Teen Claims He Made $60,000 Producing Fake News Mostly Targeted to Trump Supporters," *HuffPost*, December 9, 2016.
27) "Cambridge Analytica Planted Fake News," *BBC*, March 20, 2018.
28) "Word of the Year 2016," *Oxford Languages*.
29) Younge, "Theaster Gates"; Anagnost, "Theaster Gates' Social Formations."

第2部

現場から

第8章

「永遠の奴隷」と「永遠の外国人」

―コロナ禍で露呈した根深い黒人差別とアジア系憎悪―

岩田　仲弘

はじめに

2020年5月25日、中西部ミネソタ州で黒人男性ジョージ・フロイドさんが白人警官に暴行され死亡した。「息ができない」。当時17歳の少女が現場で撮影した、警官から首を9分29秒間にわたり膝で押さえつけられ、苦しむフロイドさんの姿は、会員制交流サイト（SNS）でまたたく間に広がり、ブラック・ライブズ・マター運動（BLM運動）が全米でうねりを上げた。新型コロナウイルス感染症の拡大は、社会に深く根ざした制度的人種差別（systemic

写真1　フロイドさんが殺害された現場

racism）に苦しむ黒人社会の怒りを増幅。一方、当時のドナルド・トランプ大統領が新型コロナウイルスを「チャイナ・ウイルス」と呼んで中国側に責任を転嫁する中、アジア系に対する中傷や暴力も増加した。歴史的に「外国人扱い」を受け続けてきたアジア系が自らの苦難の歴史と重ね合わせて黒人社会に連帯を示す一方、黒人から被害を受ける事件も相次ぎ、アメリカ社会のマイノリティー（人種的少数派）に対する複雑な差別の実態を目の当たりにした。

1. 分断あおったトランプ大統領

BLM運動の波は首都ワシントンにも押し寄せた。最初に取材したのは、事件4日後の5月29日。「今こそ正義を！」「もう黙ってはいられない！」などと紙に書いた手製のプラカードを手にした若者らが続々とホワイトハウス近くに集まった。ある大学生の黒人女性は「この国では何世紀もの間、黒人の命は重要だ、と言いながら、いまだ見向きもされていない」と怒りをあらわにした。

怒りの伏線は十分すぎるほどあった。南部ジョージア州で同年2月、ジョギング中の黒人男性が撃たれて死亡する事件があり白人の父子が逮捕された。3月には南部ケンタッキー州で救急救命士の黒人女性が警察官に撃たれ死亡する事件が発生していた。

こうした事件に加え、新型コロナの拡大で露呈した人種間の経済格差が黒人社会の怒りを増幅させた。ブルッキングス研究所の調べでは、2016年の平均的な白人世帯の財産は17万1,000ドルだったのに対し、黒人世帯は1万7,150ドルとわずか10分の1[1)]。感染拡大がさらに追い打ちをかけ、労働統計局によれば、2020年5月の失業率は白人が全国平均（13.3%）を下回る12.4%と、前月よりも改善した一方、黒人は前月より悪化し、16.8%に上った[2)]。

制度的人種差別が貧困を招き、教育、就職の機会から遠ざけられた上、適切な医療も受けられない―。アメリカ疾病予防管理センター（CDC）によると、全人口の13%にすぎない黒人のコロナ感染による死亡率は白人の約2倍に上る[3)]。同年6月にワシントンで1万人以上が参加した抗議デモでは、「人

写真２　ワシントンでデモ行進する医学生ら

種差別こそパンデミック（世界的大流行）だ」といったプラカードも掲げられ、医学生や研修医らの白衣姿も目立ち、ジョージタウン大学医学部の白人女性教授は「国民一人一人が、人種や民族、性別の違いを超えて結束すべき時だ」と訴えた。

抗議運動が拡大する中、トランプ氏は国民に結束を呼び掛けるどころか「急進左派がデモを背後で操っている」などと決めつけた。一部のデモ参加者が夜に暴徒化し、ワシントン市内でも高級ブランド店のガラスが割られるなどの被害が相次いだのは事実だ。トランプ氏はこうした抗議運動の負の側面ばかりを強調し、敵意をむき出しに国民の対立をあおった。

「略奪が始まれば、発砲が始まる」―。5月29日、トランプ氏はデモ隊を「凶悪犯」と呼びつつ、ツイッターにこう書き込んだ。ツイッター社が「暴力を賛美している」と警告表示をつけたこの表現は、人種差別が激しかった1967年、南部フロリダ州マイアミの白人警察幹部が黒人社会を取り締まる際に使った言いまわしと同じだ。米メディアによると、白人警察幹部は当時、続けて「警察の残虐行為を非難されても構わない」と述べたとされる。

トランプ氏は6月1日、ツイッターの「予言」通り、ホワイトハウス周辺の抗議デモの強制排除に乗り出した。ホワイトハウス周辺を警備していた警官らが、デモ隊に目がけて催涙ガスやゴム弾を放ち、煙が湧き上がる中、警察の騎馬隊が抗議の声を上げていたデモ隊にじわじわと詰め寄る。突然の出来事にデモ参加者らは目を押さえて後ずさりし、付近は瞬く間に警官らに制圧された。

立ちはだかる警官を前に、デモ参加者たちはひざまずいて平和的なデモであることを示した。声を荒らげて訴えても、警官らは終始無言だった。中には黒人もいる。

「銃も持たない平和なデモなのに…。私たちはいまだに奴隷だ」。デモに参加したある黒人男性が吐き捨てるように言ったのが印象的だった。

トランプ氏が黒人社会の融和よりも白人擁護の姿勢をあからさまに優先したのはなぜか。それは、2016年大統領選で勝利の原動力となった白人労働者層や保守層の支持を固めることが、秋の大統領再選に不可欠と考えたからだ。トランプ氏は2017年8月、南部バージニア州シャーロッツビルで、南北戦争(1861～65年)当時に奴隷制を支持した南軍を率いたロバート・リー将軍の銅像撤去方針に白人至上主義者が反発し、反対派と衝突して女性が死亡する事件が発生した際にも「責任は双方にある」と白人至上主義者を擁護。その姿勢は一貫している。

国勢調査局の推計では、現在、全人口の約6割を占める白人の割合は、2060年には43%と過半数を割り込む[4]。トランプ氏は大統領選に向け「法と秩序」を掲げて、郊外に住む白人女性らを「サイレント・マジョリティー(声なき多数派)」と決めつけて治安の不安をあおった。大統領選はBLM運動を主導した黒人や若者の支持を得たジョー・バイデン大統領が総得票数で史上最多の約8,100万票を獲得して当選。トランプ氏のもくろみは失敗に終わった。とはいえ、歴代2番目で共和党候補としては最多の約7,400万票を獲得したことは、戦略に一定の効果があったことを示すとともに、人種による分断解消にはほど遠い実情を示した。

2. 加速化する歴史見直しの動き

人種差別に対する抗議運動とともに、奴隷制や差別にまつわる歴史の根本的な見直しを求める動きも急速に拡大した。反発するトランプ氏はこうした動きを「左翼の文化革命」などと非難し、逆に「文化戦争」の構図に持ち込むことで白人保守層の支持拡大を図った。

2020年6月13日、バージニア州の州都リッチモンドの中心部には数千人に上るデモ参加者が集まった。リッチモンドは、南北戦争で奴隷制を支持した南部連合の首都。「モニュメント（記念碑）大通り」と呼ばれる通りにそびえる巨大な南軍司令官リー将軍の銅像撤去を求めるためだ。

写真３　リー将軍の銅像撤去を求める人たち

「ドイツ人がベルリンの中心にヒトラーの銅像など建てないだろう。こうして美化しているから、私たちは抑圧され続けている」。黒人の投資家男性は、公共の場から像の撤去を求める理由をこう説明した。通りには計5体の像があったが、撤去の是非を裁判で争っているリー将軍の大きな像以外は、デモ隊に引き倒され、あるいは市が自ら撤去した（リー将軍の像も2021年9月に州が撤去）。

銅像以外にも、2020年6月以降、さまざまな分野で歴史見直しの動きが相次いだ。開幕戦「デイトナ500」など南部を中心に転戦するアメリカの人気自動車レースのNASCAR（ナスカー）は、南北戦争時代の「南軍旗」について、レース会場での使用を禁止すると発表した。南軍旗を巡っては、当時のマーク・エスパー国防長官も、米軍施設などでの使用を全面禁止すると表明。トランプ氏の不興を買い、秋に更迭される要因となった。

また、女性3人の人気カントリーバンド「ディクシー・チックス」は、「南部諸州」を意味する「ディクシー」をグループ名から外して「チックス」と改名。米動画配信サービス「HBO Max」は、奴隷制を美化しているとの見方があった1939年公開のアカデミー賞受賞作『風と共に去りぬ』の配信を「人種差別的描写は当時も今も不適切。説明や非難なく続けるのは無責任」と一時中断。その後、南北戦争当時の人種描写に関する背景説明を行う動画を添付した上で再開した。

黒人だけでなく、先住民に対する差別を見直す動きも広がった。米プロフットボールNFLのワシントン・レッドスキンズは、「赤い肌」を意味するチーム名と先住民のロゴを87年ぶりに変えることを決めた。チーム名は、先住民を侮辱するとして以前から批判され、バラク・オバマ元大統領も在任中に「私だったら変える」と批判していたことがある。オーナーのダン・スナイダー氏は「チーム名は絶対変えない」と明言していたが、米メディアによると、物流大手FedExが、変更しなければ本拠地スタジアムの命名権の残り4,500万ドルを支払わないと通知。スポーツ用品大手NIKEも社のサイトから公式グッズの掲載を取りやめるなど、主要スポンサーの圧力が強まり方針転換を迫られた。

政権の社会政策に距離を置く傾向にあった企業が、こうした「文化戦争」に積極的に介入するようになったのは、従業員や顧客の反発が強まり、収益に悪影響を及ぼすことを恐れているからだとみられる。

歴代大統領も容赦なく見直しの対象となった。アメリカ東部「アイビー・リーグ」の名門校プリンストン大学は6月、公共政策や国際関係専攻のための教育機関と学寮の名称から同大の学長を1902年から10年まで務め、その後第28代大統領に就任したウッドロー・ウィルソンの名前を外すと発表した。

ウィルソンは第一次大戦後に国際連盟設立を訴え、ノーベル平和賞も受賞した。一方、南部育ちで白人優越主義者でもあり、学長在任中は黒人の入学を認めなかった。クリストファー・アイスグルーバー学長は同大関係者にあてた公開書簡で「ウィルソンは、この国に今も害を与え続ける差別的慣行を認めただけではなく、自ら加担した」と批判。同大で博士号を取得したあるアジア系の男性大学教授は取材に「ウィルソンの人種差別については弁護の余地なく、名称外しの決定は当然の措置だ」と大学の姿勢を評価した。

トランプ氏はこうした動きを「歴史を一掃する運動だ」などと強く非難した。歴代大統領に対する批判の矛先が、奴隷所有を理由に、初代大統領ジョージ・ワシントンや第3代トマス・ジェファソンなどにも向けられたからだ。

確かに行き過ぎではないか、とみられる動きもあった。バイデン政権誕生直後の2021年1月、西部カリフォルニア州サンフランシスコ市の教育委員会が人種や民族差別、女性抑圧などに加担したと認めた歴史上の人物に由来する公立学校名を廃止することを決定。その際、名称廃止の対象にワシントンやジェファソンに加え、奴隷解放を推進し、国民に絶大な人気を誇る第16代エイブラハム・リンカーンも含まれたからだ。

サンフランシスコ市教委は、リンカーンが当時の先住民族に対する政府の政策を踏襲し、南北戦争さなかの1862年、先住民ダコタ族との戦いで、38人の一斉絞首刑を認めたことを問題視した。

市教委のガブリエル・ロペス委員長は声明で、「市教委は、シャーロッツビルの事件をきっかけに改名の検討を始め、人種差別の象徴と白人至上主義の文化を取り除く動きと足並みをそろえてきた」と強調。「今こそ生徒が学校の名の歴史を学び、新しい名を考える時だ」と訴えた。

カリフォルニア州はリベラル色が強いことで知られる。当時は、新型コロナの感染拡大により市内の公立学校は閉鎖中で、民主党のロンドン・ブリード市長でさえ声明で「改名の重要性は理解するが、生徒が学校に来ることができずに苦しんでいる時になぜ決めるのか」と市教委の対応を批判。地元紙サンフランシスコ・クロニクルは、改名方針を支持する住民の声とともに「決定に向けたプロセスがずさんで、専門的見地より感情に基づいている」といった声も伝えた。

市教委の決定は、それこそトランプ氏ら保守層が仕掛ける文化戦争の格好の攻撃対象となり、国民の融和を訴えるバイデン政権にとっても好ましくない。市長や保護者らの反発を受けた市教委は4月、改名方針の撤回に追い込まれた。

3.「中国ウイルス」で繰り返される「黄禍論」

新型コロナの感染拡大は、黒人社会の格差を拡大しただけでなく、トランプ氏が「中国ウイルス」などと呼んで、中国への敵対姿勢を強めることによって、アジア系に対する差別も招いた[5)]。

「助けて。周りは中国人だらけ」。アメリカで新型ウイルスの感染拡大が始まる直前の2020年2月、南部ジョージア州アトランタから西部ロサンゼルスに向かう機中。両親が台湾から移民した中国系で同州立大准教授のロザリンド・チョウさんは、前に座った白人女性が携帯電話を高くかざして、通路を隔てた隣のアジア系男性の顔をバックに自撮りしながら、こうメールを打つのを目の当たりにした。

チョウ准教授はがく然とした。「また歴史が繰り返されるのか」。19世紀後半の奴隷制廃止に伴い、中国系は黒人に代わる安い労働力として当初は歓迎されたものの、しだいに白人労働者の反発を招き、1882年、移民を禁止する中国人排斥法が制定された。1941年12月に日本がハワイの真珠湾を攻撃し、日米間で戦争が始まると、日系人は敵性外国人として強制収容所に送り込まれた。ヒステリーと恐怖の渦にのみ込まれた白人らがアジア系を抑圧する歴史がチョウ准教授の頭をよぎった。

憎悪の矛先は、危険を冒して感染防止と治療に取り組む医療従事者にも向けられた。2020年3月、ロサンゼルス市の病院に勤務するインドネシア出身の上級看護師ヘンキ・リムさんは、救急救命室でせき込む白人の中年男性にマスクをかけようとしたら「病気になったのはおまえらのせいだ」と拒まれた。

リムさんは中国系とみなされたのだ。4月には別の中年男性にエックス線検査を試みたら拒まれた。後に同僚から「中国人には診てもらいたくないと言っていた」と聞いたという。

西部ワシントン州の病院で麻酔科の研修医として働く中国系のエイミー・チャンさんは病院近くの路上で、白人男性から突然、「中国野郎、天然痘をまき散らしやがって」と罵声を浴びた。「その直後は怒りと恐怖で感情を取り乱し、仕事をしたくなかった。動揺して麻酔を失敗したらどうしようかと思って…」。チャンさんはこう振り返った。低所得で健康問題を抱える家族を助けたいとの思いから医者の道に入った。「私はアメリカ国民だし、ウイルスとは全く関係ない。（感染者と接して）危険も冒しているのになぜ…」とショックを隠しきれない様子で語った。

当時取材したアジア系の歴史に詳しいサンフランシスコ州立大のラッセル・ジャン教授は、人命を救い、尊敬されるべき医療従事者にまで中傷が広がっている実態について「（黄色人種が白人にとって経済的に脅威になるという）黄禍論の歴史が繰り返されている」と懸念した。

中国人排斥法成立の背景には「中国人はマラリアや天然痘、ハンセン病を持ち込む」という思い込みがあったとされる。20世紀初め、腺ペストが流行した時、保健当局はサンフランシスコの中華街を隔離し、ハワイ・ホノルルの中華街を焼き払った。ジャン教授は「公衆衛生政策は（歴史的に）アジア系を制御し、拘束、追放する手段として使われた」と指摘。また、チョウ准教授は「これまでの歴史と異なるのは、国の最高指導者（トランプ前大統領）が率先して新型ウイルスを中国ウイルスと呼び、差別を助長したことだ。道を歩きたくなくなるほどあからさまな脅威を感じるのは私自身、初めてだった」と訴えた。

差別の根底にあるのは、アジア系をいまだに「外国人」と決めつけ、遠ざけようとする空気だ。例えば、多くのアジア系は「どこの出身か」と聞かれることにへきえきするという。「ニューヨーク出身だ」などと答えると、相手が怪訝な顔をするからだ。

その後アジア系に対する差別や暴力は広がり続け、カリフォルニア州立大サンバーナディーノ校の「憎悪・過激主義研究センター」によると、主要16

都市で2020年に起きた憎悪犯罪は2019年の約2.5倍に増えた[6)]。

また、アジア系の差別に対する実態調査を行っている人権団体「ストップ・AAPI・ヘイト」によると、2020年3月19日から12月末までに報告されたアジア系への差別や憎悪犯罪は計4,193件。2021年は3月末の段階ですでに2,410件に上る[7)]。チョウ准教授は「アメリカでアジア系は（中国系や韓国系など）ひとくくりにされ、トランプ氏の暴力的な発言はアジア系全体に対する攻撃を招いた。トランプ氏にあおられた支持者が（2021年1月に）連邦議会の議事堂を襲ったのと同じだ」と指摘する。トランプ氏が残した爪痕はそれほど大きいのだ。

4.「模範神話」再び

白人社会はアジア系を「外国人扱い」する一方で、「勤勉で従順なマイノリティー（人種的少数派）の模範生」というステレオタイプの理想像を押しつけてきた。黒人らが差別撤廃で声を上げても「アジア系は文句も言わずに成功を収めている」などと、現状を正当化するために都合よく引き合いに出されることが多く、こうした「模範神話」は往々にして黒人ら他のマイノリティーとの間に確執を生んできた[8)]。

「新型コロナの感染拡大で、模範神話がまかり通り、アジア系の被害が見過ごされている」。1970年代に韓国から移住し、西部ロサンゼルスで韓国系の生活向上に取り組むNPO「FACE」会長のヘビン・イムさんは懸念を隠せなかった。

「例えばロサンゼルスで（感染が拡大し始めた）20年5月に死亡率が最も高かったのはアジア系だ。21年1月にはニューヨーク州でアジア系の失業増加率が最も高かったが、いずれも問題視されなかった」。2021年4月、ホワイトハウスのワクチン普及に関するオンラインイベントに地域指導者の一人として招かれたイムさんは、カマラ・ハリス副大統領に「アジア系がコロナ禍で不均衡な被害を受けている実態を見過ごさないでほしい」と要請した。ハリス氏は発言にうなずきながらメモを取っていた。

イムさんは、模範神話が白人の側に立って成功するアジア系というイメージを与え「黒人ら他のマイノリティーから恨み、ねたみを買っている」とも指摘する。

フロイドさん暴行死事件は、そうしたイメージをさらに増幅しかねないと、アジア系に衝撃が走った。白人警官の傍らで暴行を止めず、周辺ににらみを利かせていた警官がモン（東南アジア山岳少数民族）系だったからだ。のちに第2級殺人ほう助罪などで起訴されたトウ・タオ被告の姿は「白人社会で必死に生き残ろうとするアジア系」の印象を残した。

「私たちは落胆し、悲しみ、引き裂かれた」。事件が起きたミネソタ州でモン系の生活向上を図るNPO「HAP」の幹部マイ・モーアさんは、白人による抑圧行為に仲間が加担した事実に衝撃を受けた。

モン族はベトナム戦争でアメリカの反共破壊工作部隊として戦い、1975年のラオス陥落後、その多くがアメリカに渡った。同州ミネアポリス周辺の難民コミュニティーは世界最大規模だ。しかし、今なお住宅、雇用、教育、健康など生活格差に直面し、コロナ禍で生活はさらに悪化しているという。「支援が行き届いていない。アジア系には必要ないという模範神話が壁となっている」とモーアさんは主張する。

一方、「警官や地方議員など地域の指導者になることは、（モン系の）コミュニティーの発言力を高めることにつながり、尊敬される」とも明かした。マイノリティー間で支援のパイを分け合うことを余儀なくされる中、モン系警官の取った行動はコミュニティーの期待を裏切っただけでなく、人種間の確執をいっそう深めた。

また、「ストップ・AAPI・ヘイト」によると、アジア系に対する差別、暴力で、女性の被害は男性の約2倍に上る。中でも南部ジョージア州アトランタで2021年3月に起きた、複数のマッサージ店で白人の男が銃を乱射しアジア系女性6人が死亡した事件は、アジア系女性が「人種」と「性」という二重に増幅された差別に苦しむ実態を明らかにした。警察当局は、男が「性依存症」を抱え、誘惑を断ち切ろうと店を襲ったと説明。男がアジア系女性を性欲の対象とみなしていたからだ。

「チャイナ・ドール」や「芸者ガール」など、アジア系女性には歴史的に従順、幻想的でエキゾチックといったステレオタイプに基づくイメージが常につきまとってきた。チョウ准教授はこうした「西洋の植民地主義に基づく画一的な見方」が「太平洋戦争、朝鮮戦争、ベトナム戦争や、外国駐留米軍基地周辺の性産業を通じてますます膨らんだ」と分析する。

ハリウッド映画などの娯楽を通じてイメージはさらに拡散してきた。チョウ准教授は「例えば、ベトナム戦争を題材にした映画『フルメタル・ジャケット』の中で、現地の売春婦が『私はムラムラしているの』と米兵に言い寄る場面がある。こうした女性像が大衆文化の中で固定化している」と指摘する。

5. マイノリティー間の連帯が不可欠

アジア系に対する事件では、黒人ら差別を受ける側の少数派が加害者のケースも目立ち、根深い問題をさらに複雑にしている。

2021年2月25日夜、西部ワシントン州シアトルの中華街で、地元高校の日本語教師・那須紀子（のりこ）さんは、パートナーの白人男性と並んで歩いている時、背の高い黒人の男から突然、石を詰めた靴下で顔を殴られた。鼻3カ所とほお1カ所、歯2本を折る大けが。直後は「金銭目当てか、暴行目的か、なぜ襲われたのか、分からなかった」という。

直後に運ばれた病院の緊急救命室で、白人女性医師から「アジア系だから狙われたのでは」と指摘されて初めてヘイトクライム（憎悪犯罪）を意識した。医師は夫がアジア系で、やはり中傷被害を受けたことがあると説明。その1週間後、那須さんは防犯ビデオを見て憎悪犯罪と確信した。「男はパートナーの横からわざわざ身を乗り出して私を狙っていた」からだ。

「犯人は黒人だったんだね」。事件後に地元で開かれた抗議集会で那須さんに元郡議のラリー・ゴセットさんが語りかけた。1960年代に地元ワシントン大学で黒人学生運動を率い、急進的な黒人解放闘争を展開したブラックパンサー党のシアトル支部を立ち上げた市民活動家だ。

ゴセットさんは当時、黒人仲間から批判されながらも日系などアジア系と

写真４　シアトルの抗議集会で訴える那須さん（本人提供）

連帯して少数派学生の地位向上に努めた。第2次大戦時に日系人が人種差別で強制収容され、黒人らも「ジャップ」と侮蔑していた歴史を知っているからで「差別経験を共有する少数派同士の協力がなければ、真に民主的な社会の実現はあり得ない」と強調する。

ゴセットさんは集会で「どんな人種のグループにも良い人と悪い人がいる。黒人、アジア系、ヒスパニック系、先住民、あるいは白人も含めた良い人たちで差別に反対するうねりをつくっていこう」と訴え、喝采を浴びた。那須さんも思いは同じで「だれでも被害者にも加害者にもなり得る。人種に関係なく連帯することが大切だ」と強調する。

実際、2020年6月に首都ワシントンで行われたBLM運動の抗議デモでもアジア系が連帯を示す光景はあちこちでみられた。ある中国系の女性弁護士は「アジア系の生活が向上したのは、黒人社会による公民権運動に負うところが大きい。手を差し伸べ、連帯を示したい」と訴えた。日系人グループは、千羽鶴をホワイトハウス前のフェンスに掲げて連帯の意思を示した。人権団体「全米日系市民協会（JACL）」事務局長のデービッド・イノウエさんは「日系人も第2次大戦中、憲法や政府が守ってくれなかったため、人種差別を理由に約12万人が強制収容された歴史がある。私たちは共に傷を癒やし、希望をもたらすことができる」と呼び掛けた。

アジア系排斥の歴史が広く国民に知られていないことも、差別が繰り返されることにつながっているとみられる。JACL特別研究員でフィリピン系と中国系の血を引くシャイアン・チェンさんは、大学に入るまで日系人強制収容についてほとんど知らなかった。「フィリピン系にもアメリカに植民地化された歴史がある。市民が広くアメリカ史を学び、地域社会で共有していくことが重要だ」と訴える。

バイデン大統領はその点を強く意識しているとみられる。2021年2月、日系人強制収容につながったフランクリン・ローズヴェルト大統領による大統領令から79年を迎えた声明で、強制収容を「不道徳的で違憲」「根深い人種差別、外国人嫌い、移民排斥の帰結」と、強く非難した。アジア系への差別や暴力が多発している実態が念頭にあったのは明らかだ。

アトランタの事件直後、バイデン氏とともに現地を訪れたハリス副大統領も「あまりにも多くのアジア系市民が道を歩きながら、襲われるのでは、非難されるのでは、嫌がらせを受けるのではないかと心配している。沈黙は共犯であり、声をあげて行動しなければならない」と事件防止を訴えるとともに、日系人強制収容を「市民権、人権の明らかな侵害」とあらためて批判した。

おわりに

ハリス氏はまた、「人種差別、外国人嫌い、性差別は、今もアメリカに実在する」と認めた上で「私たちがそれぞれ国民として、いかに品格と敬意を持って人に接することができるかが問われている」とも強調した。こうしたトップダウンによる融和を呼びかけるメッセージは、トランプ政権ではあり得ず、多様性を掲げるバイデン政権の危機感が伝わる。

政権からの呼びかけにもかかわらず、アジア系に対する差別が激減する気配はみられない。だが、マイノリティー間で確執を深めれば、「だから有色人種はダメだ」などと白人至上主義者らの思うつぼとなり、人種の分断をいっそう深めることになる。一連の取材を通じ、同じアジア系として痛感した。

注

1）Kriston McIntosh et al., "Examining the Black-white Wealth Gap," The Brookings Institution, February 27, 2020.

2）U.S. Bureau of Labor Statistics, "Employment Situation News Release," June 5, 2020.

3）Centers for Disease Control and Prevention, "Risk for COVID-19 Infection, Hospitalization, and Death by Race/Ethnicity," June 17, 2021.

4）Sndra L. Colby and Jennifer M. Ortman, "Projections of the Size and Composition of the U.S. Population: 2014 to 2060," U.S. Census Bureau, March 2015.

5）アジア系移民の歴史は以下を参照。貴堂嘉之『移民国家アメリカの歴史』（岩波新書、2018年）。

6）Center for the Study of Hate & Extremism CSUSB, "Report to the Nation: Anti-Asian Prejudice & Hate Crime: New 2020-21 First Quarter Comparison Data," 2021.

7）Russell Jeung, Aggie J. Yellow Horse, and Charlene Cayanan, "Stop AAPI Hate National Report," Stop AAPI Hate, May 6, 2021.

8）詳しくは以下を参照。Rosalind S. Chou and Joe R. Feagin, *The Myth of the Model Minority: Asian Americans Facing Racism*（New York: Routledge, 2016).

第 9 章

「ガラスの天井」打破まであと一歩？

― 女性参政権 100 年の節目の大統領選と議会選 ―

岩田　仲弘

はじめに

2016 年の大統領選では、多くの人たちが直前まで、民主党のヒラリー・クリントン氏がドナルド・トランプ氏に勝利すると疑わなかった。クリントン氏は敗北宣言で「最も高く強固なガラスの天井を打ち砕くことはできなかったが、いつか誰かがやってくれるだろう」と望みを託した。女性参政権を認めた憲法修正 19 条が成立して 100 年の節目に行われた 2020 年大統領選には、民主党から 6 人の女性が予備選に立候補。期待されたものの、最後に残ったのはジョー・バイデン前副大統領とバーニー・サンダース上院議員という 70 代後半の白人男性だった。一方、バイデン氏を大統領に押し上げたのが、若い女性が中心の選挙対策チームで、バイデン氏がカマラ・ハリス氏を副大統領候補に指名したことは注目すべきだ。ハリス氏は史上初めて副大統領に就任し、女性の議員数は国政レベル、州レベルとも過去最高を記録。女性が最強のガラスを打ち破る土台は整いつつある。

1.「らしさ」の壁と「魔法の杖」

トランプ大統領の再選阻止を狙う民主党では大統領選から1年前の段階で17人の候補者が競い合い、うち6人を女性が占めた。エリザベス・ウォーレン、エイミー・クロブシャー、カマラ・ハリス、キアステン・ジリブランドら4人の上院議員と、トゥルシー・ギャバード下院議員、作家のマリアン・ウィリアムソンさん。大統領選でメディアはこぞって明日にでも投票が行われるかのような報道を重ねる。有権者やメディアの関心が「トランプ氏に勝てる候補は誰か」に向くのは当然だが、結論を急ぐあまり、候補者選びが政策や人物本位ではなく、先入観に基づいた人気投票に陥りやすい。この場合、女性候補は特に不利となる。

そのカギとなるのが、11月の本選挙で当選できる条件や資質を兼ね備えていることを意味する「エレクタビリティー」(Electability) という政治用語と、メディアでよく語られる「大統領らしい」(Presidential) という言葉だ。

無党派層が有権者の約4割を占めるといわれる中、候補者は幅広い支持を集めなければならない。エレクタビリティーがあるかないかは確かに重要だが、そこには「中西部で支持される白人の中高年男性」という先入観がつきまとう。白人は米人口の約6割を占め、中西部は人種の構成や産業の分布から「米国の縮図」といわれるからだ。歴代大統領が、オバマ氏を除けばみんな白人男性であることは「大統領らしさ」のイメージづくりを手伝っている。

このイメージにぴったり合うのが中道のバイデン氏で、2019年6月当時、全米平均の各種支持率でトップを維持していた。2位は女性で左派的な政策で知られるウォーレン氏。バイデン氏の高支持率には、オバマ政権の副大統領としての豊富な経験なども反映されているだろう。一方、ウォーレン氏の支持率には「大統領は白人男性」という先入観が影響している可能性があるのではと、感じずにはいられなかった。

なぜなら、米調査会社「アバランチ」が同年6月、民主党支持者に「もし今、候補者選びの予備選が行われたら、あなたは誰を支持するか」と質問したところ、トップのバイデン氏が2位のウォーレン氏を13ポイント上回った。それが「もし今（自由に大統領を選ぶことができる）『魔法のつえ』があったら、あなたは誰を大統領に選ぶか」と質問すると、ウォーレン氏が逆にバイデン氏を2ポイント上回りトップに躍り出た。この調査結果は「本当はウォーレン氏に投票したいが、多くの人たちが秋の共和党候補との戦いでバイデン氏に投票するだろうから、自分もバイデン氏を支持しておく」などとあきらめている人が多いことを示している[1)]。

さらに女性の権利向上団体「LEAN IN」が同年8月に行った世論調査で「あなたは女性の大統領（の誕生）にどの程度期待しているか」との問いに「大変期待している」と答えた有権者は53%だった。しかし、同じ人に「(あなた以外の）アメリカ国民はどの程度期待していると思うか」と聞いたところ「大変期待していると思う」と答えた人はわずか16%。「女性候補がトランプ大統領に勝つのは難しい」と答えた人は58%に上った[2)]。

そのウォーレン氏が「らしさ」の壁に突き当たったとみられる出来事が、2020年1月14日、CNNが主催した候補者テレビ討論会で起きた。CNNは13日、サンダース氏が2018年末にウォーレン氏との私的な会話で「女性は大統領選で勝てない」と発言したと報道。ウォーレン氏は事実関係を認めたが、サンダース氏は認めず、討論会でもあらためて否定してみせた。ウォーレン氏も「ここでけんかしようとは思わない」と反論しなかったが、討論会終了後、ウォーレン氏がサンダース氏に「あなたは全国中継で私をうそつき呼ばわりしたと思う」と詰め寄っていた様子をCNNが放映したのだ。

討論会後の18日、首都ワシントンで開かれたトランプ氏の女性蔑視的な振る舞いに抗議する「ウィメンズ・マーチ（女性大行進)」を取材。若い世代からは「選挙にジェンダーは関係ない」という声が多かったものの、ある会計士の女性は「私は保守的な中西部の出身だが、女性は大統領になるべきではないという人はまだ多い。私が生きている間に女性大統領が誕生するかどうか分からない」と打ち明けた。

女性にとってジェンダーが大統領選において「資産」ではなく「負債」だったことは紛れもない現実だ。女性大統領が過去に存在しないため、女性候補は

写真5　2020年3月、撤退を表明したエリザベス・ウォーレン上院議員

まず「なぜ女性に資格があるのか」から説明を求められる。男性より詳しい政策を要求され、説明できなければ批判される。ウォーレン氏が「私にはプランがある」と次々に政権公約を発表したのはそのためでもあろう。

そのウォーレン氏は3月5日、候補者選びから撤退を表明。記者会見で、選挙戦での性差別について「あったと言えば『泣き言ばかり』、なかったと言えば『どこの星に住んでいるのか』と言われる」と複雑な心境を吐露した。声を詰まらせながら「最もつらいのは、私と指切りしてくれた少女たちがさらに4年、待たなければならないことだ」とも語っている。

民主党の大統領候補指名を確実にしたバイデン氏がかなり早い時期から副大統領候補には「女性を起用する」と表明したのは、こうした先入観や偏見に対する危機感があったとみられる。ハリス氏は11月7日の大統領選勝利演説で、自らを副大統領候補に起用したバイデン氏の決断を「大胆だった」と述べた。ちょっと持ち上げすぎかなとも思ったが、それほどまだ社会に女性の指導者に対する抵抗が強いのか、とも感じた。

2.「女性の選挙参謀」は当たり前に

一方、就任時に78歳と史上最高齢となるバイデン氏を支え、大統領に押し上げたのは、女性の参謀を中心とするチームだった。「選挙対策本部」というと、日本では男性の老練な政治家らの集まりというイメージが強いが、アメリカでは変わりつつある。

バイデン氏陣営の選対本部長を務めたのはジェニファー・オマリーディロン氏。共和党では2016年、トランプ氏陣営でケリーアン・コンウェー元大統領顧問が選挙戦終盤、本部長を務めたが、民主党で女性に選対本部長を任せて大統領選を制したのは史上初めてだ。

オマリーディロン氏はオバマ前大統領の選対などを経て、今回の大統領選では当初、民主党で候補に一時名乗りを上げたベト・オルーク元下院議員の選対本部長を務めていた。オルーク氏が2019年11月に撤退後、バイデン氏が引き抜き、党指名を確実にした2020年春に本部長に抜てきした。

米メディアによると、オマリーディロン氏はその徹底したデータ分析に定評がある。勝機は、前回ヒラリー・クリントン氏が失った東部から中西部にかけたラストベルト（さびついた工業地帯）の3州、ペンシルベニア、ミシガン、ウィスコンシンの奪還にある―。この1点に絞り、情勢を分析した。

バイデン氏は、新型コロナウイルスの感染予防を最優先に掲げ、トランプ氏から「地下室にこもっている」と批判されても、自らの体調管理もあり、大規模な集会は最後まで控えた。これには民主党内からも批判が出たが、ニューヨーク・タイムズ紙によると、オマリーディロン氏は無視。本人もワシントン郊外の自宅で夫と3人の子どもと暮らしつつ選挙戦をテレワークで指揮し、深夜のウェブ会議に室内バイクをこぎながら参加したこともあったという。

票読みも冷徹で、最後まで接戦を予想していた。10月半ば、各種調査でバイデン氏が2桁以上先行していると報じられると、支持者向けのウェブ説明会で「信じないでほしい。全国調査は水増しされている」と強調した。

11月3日の投開票日以降は、選挙を不正と訴えるトランプ氏に対抗し「選挙を守る」と題したウェブ説明会を連日開催。グラフやデータを用いながら「バイデン氏はたとえ、この州を落としても、こちらの州を取れば勝てる」などと理路整然と説明。バイデン氏は政権発足後にオマリーディロン氏を大統領次席補佐官としてホワイトハウスに迎えた。

バイデン選対副本部長のケイト・ベディングフィールド、陣営顧問のアニタ・ダンとシモーン・サンダースの3人の女性は広報戦略でバイデン氏を支えた。ダン氏はオバマ政権でホワイトハウスの広報部長を、サンダース氏は前回選挙でバーニー・サンダース氏の報道官をそれぞれ務めた。ベディングフィールド、シモーン・サンダース両氏もホワイトハウス入りした。

民主党の大統領候補だったクロブシャー上院議員の陣営で、政務担当幹部として組合や人権団体などと折衝し、支持獲得に走ったルシンダ・ウェア氏は取材に対して、女性の選対幹部起用について「最近15年間で飛躍的に増え、女性が選択する専門職となっている。政治が大きく変わっているからだ」と指摘。「地方から国政に至るまで、選挙に立候補する女性が増えている。性と生殖に関する権利、賃金の平等、社会正義の課題などは、私たち女性が訴え続けてきたものだ。男性の候補者に代弁させるだけではなく、女性を押し上げたいという機運が高まっている」と話した。

ラトガース大学「アメリカ女性・政治センター（CAWP）」のケリー・ディトマー准教授も取材に対して「ジェンダーや人種面で候補者が多様化すると、選対幹部も白人男性のネットワークを超えて探すようになる。多様性のある候補者と選対幹部が地方選で成功し、さらに国政に挑むという進歩を感じる」と指摘する。

3.　史上最多の女性議員

大統領選とともに実施された連邦議会選では、女性の当選者が過去最高を記録。州議会選でも躍進し、最強の「ガラスの天井」打破に向けた素地がつくられつつある。CAWPの調査[3]によると、連邦議会の上下両院（定数・上院100、下院435）の女性議員数は、トランプ氏の女性蔑視的な言動に対する反発により躍進した2018年の中間選挙の時からさらに増え、143人（民主党105人、共和党38人）と過去最多を更新（21年2月時点）。全定数（535）に占める割合も18年改選前の20%から約27%に上昇した。

特に目立ったのが共和党の躍進だ。数では民主党に大きく及ばないもの、下院の場合、改選前の13人から倍増以上の30人まで増えた。

CAWPのディトマー准教授は、共和党の女性が議席を伸ばした理由として①2018年の中間選挙で党が連邦議会の下院選や州議会選で民主党に惨敗した後、積極的に候補者養成に取り組んだ、②2018年に当選した民主党の女性議員は「極端に進歩的だ」などと訴えたことが功を奏した―などを挙げる。

多くの女性候補が「トランプ主義」を信奉していたのも特徴的だ。「私も（トランプ氏と同様）アウトサイダーだ、民主党員は社会主義者だ、などと訴える女性が多かった。従来の穏健な党に戻そうという声はほとんど聞かれなかった」とディトマー氏は分析。その上で「ジェンダー平等を達成するには、民主党だけでは無理で、共和党も躍進しないといけない」と強調した。

州議会でも女性議員数は史上最多を記録した。民主党がやはり、共和党を圧倒しているものの、実は共和党もジワリと数を伸ばし、地力をつけつつある。CAWPの調べによると、全50州中44州で実施された上下両院選の結果、州議会の全議員7,383人のうち女性議員は2,288人に上り、全体に占める割合は31%と初めて3割を超えた[4)]。

1971年当時は、344人で女性の比率は4.5%。この50年間で7倍近く増えた。ちなみに日本の内閣府男女共同参画局の資料によると、都道府県議会の議員2,668人のうち、女性は303人で、比率は11.4%にとどまる[5)]。

特に目立つのが若手の台頭だ。合衆国憲法は選挙権年齢を18歳、連邦議会の被選挙権年齢を上院は30歳、下院は25歳と定める。一方、各州には独自の規定があり、東部バーモント、中西部のオハイオ、ノースダコタの3州は州議会議員の被選挙権の年齢制限を設けていない。被選挙権を18歳と規定している西部モンタナ州では20年の州議会下院選で共和党から高校を卒業したばかりのマレリー・ストロムズワルドさん（19）が当選。ストロムズワルドさんとのオンライン・インタビューでは、政治参加に対する若者の意識の高さを感

写真６　マレリー・ストロムズワルドさん（本人提供）

じた。

ストロムズワルドさんが立候補しようと思ったのは、高校生の 17 歳の時。州議会で 1 週間研修し、政治の生の動きにすっかり魅了された。もともと姉が州共和党で働いた経験があり、政治に強い関心があった父親の影響も受け、自ら「筋金入りの共和党員」と語った。

2019 年 8 月から選挙資金集めを始めた。高校最終学年の 2020 年 3 月にいよいよ選挙区で戸別訪問を始めようと思っていたところ、新型コロナウイルス感染症が拡大し始めたため、断念。「自宅で卒業に向けてオンライン授業と宿題をこなしながら、有権者に電話をかけ続けた」という。

夏にいよいよ戸別訪問を始めようとする時、陣営からは「とにかく共和党支持者の票を固めろ」とアドバイスされたが、「地方選で有権者は政党よりも政策で選ぶ」と主張。「選挙区には（党派を超えた）中道派も多い。ガチガチの民主党支援者は別として、それ以外は、1世帯当たりの訪問を3回は繰り返した」結果、民主党候補に競り勝った。

選挙がヤマ場に差しかかった9月には、ペンシルベニア州立大学の通信教育課程に入学。「もし落選したら大学で政治学を勉強するつもりだった」と明かした。選挙運動のかたわらオンラインで講義を受け、今も続けている。

ストロムズワルドさんは自らを「(個人の自由、経済的な自由の双方を重視する）リバタリアニズムに傾倒する保守主義者」と称する。この点、財政支出を拡大したトランプ政権は「民主党となんら変わらない」と手厳しい。

選挙運動では、減税など小さな政府の実現を訴えるとともに、マッサージ店を利用した不法な性的人身売買の取り締まり強化を訴えた。公約通り、マッサージ店の営業認可や違法取り締まりを厳格化する法案をさっそく提出。共和党多数の議会で可決させた。

一方、モンタナをはじめ共和党が主導する各州議会で相次ぐトランスジェンダーの高校、大学生によるスポーツ競技大会の参加を規制する法案には、「個人の自由」というリバタリアニズムの見地から「自分の生活が侵されない限り、他人が何をやっても構わない」と、共和党からただ1人反対票を投じた。

若者の政治参加を促すため、憲法修正により、連邦議会の被選挙権年齢を18歳に引き下げるべきだという議論は根強い。ポモナ大学のジョン・シーリー教授（政治学）は「アメリカは多くの民主主義発展国の動向から逸脱している。社会の高齢化が進むとともに連邦議会の平均年齢が上がり、議会が長老支配に陥りかねない」と懸念。「20歳前後の若者が世界を変える技術革新を進めて起業家として活躍する中、同世代の候補者を大量に養成しないと、政治が技術革新に対応できなくなる」と訴える。

また、全米州議会会議の調べによると、2021年1月に開会した連邦議会の議員のうち、州議会議員の経験者は男女合わせて上院（定数100）で45人、下院（定数435）で190人に上る[6)]。女性の政治参画をさらに促すには、州議会の女性議員の数を増やし、経験を積んだ議員の連邦議会への挑戦を促す、といった流れを加速させる必要がありそうだ。

4. パツィー・ミンクの功績

最後にアメリカ政治史上、女性の政治参加に大きな足跡を残した日系3世のパツィー・タケモト・ミンクについて紹介したい。カマラ・ハリス副大統領は女性として、または有色人種として初の副大統領になった。ミンクの親族ら関係者の取材を重ねると、同じく有色人種の女性として初めて連邦下院議員となったミンクの差別と偏見の戦いは、アメリカの進んでいるようで進んでいない女性の政治参画の歴史そのものだった。

1960年7月12日、西部ロサンゼルスで開かれていた民主党大会。最終日にケネディ、ジョンソンの正副大統領候補を選んだ党大会は、政策綱領を巡り紛糾していた。連邦議会図書館によると、黒人差別の根強い南部州の白人上院議員が、学校での人種隔離撤廃を始める目標時期など、原案に明記された公民権

写真7　パツィー・ミンク（グウェンドリン・ミンクさん提供）

の項目を削除し、骨抜きを図ったからだ。

小柄な女性の演説が流れを決めた。「私は見解の違いには寛容です。だが、それが民主主義の根本を打ち壊すような人種差別や偏見であった場合、自らの寛容さを全く失います」。

その前年に州に昇格したばかりのハワイから来た、まだ32歳と若い代議員のミンクが約1万人の各州代議員らに力強く訴えると、大歓声がわき起こり、綱領は原案通り可決した。

ミンクの娘・グウェンドリンさんは「第2次世界大戦中、日系人は『日本人が祖先』というだけで、政府からいとも簡単に市民の自由を奪われた。その経験と懸念がすべての政策の根底にあった」と振り返る。

カリフォルニア大学アーバイン校のジュディ・ウー教授は、ミンクが当時、党の進歩的な全国青年組織でネットワークを広げていたことに注目。「旧世代に挑戦する新たな州から来たアジア系の女性…。ミンクはこれまで党になかった強力なシンボルとなった」と語る。

だが、ミンクの進歩的な姿勢はハワイの民主党による年功序列の「ボス政治」とは相いれなかった。ハワイの民主党にとって、第2次世界大戦で勇名をはせた日系2世の退役軍人グループは民主党の勢力拡大に不可欠だった一方、ミンクに対しては「裏方での活動は重宝したものの、表舞台での活躍は求めなかった」からだ。

ミンクは1959年、州昇格後初の連邦議会選で民主党から下院議員を目指した。党の後ろ盾を期待したが、党幹部は当初上院選に出馬予定だった大戦の英雄、ダニエル・イノウエを国政に確実に送り出すため下院にくら替えさせた。ミンクは怒り、「自らの政治的権利を訴えて」（ウー教授）予備選に出馬しイノウエに惨敗した。

ハワイ大学のダン・ボイラン元教授は「根っからのリベラル、積極果敢に平等を訴える点で、ミンクは当時の日系女性の中でも型破りだった」と指摘。ハワイ州出身の日系でアマースト大学のフランクリン・オウドウ教授も「ミンクにとって自由と平等、正義は日系人社会のためといった政治的な動機に基づくというより信条そのものだった」と語る。

1964年、ミンクは再び下院選に挑戦。シカゴ大学法科大学院在籍中に知り合った夫のジョンを「選対本部長」に据え、グウェンドリンさんも手伝う草の根選挙を展開し、当選を果たした。

ミンクがこれほど苦労して政治に身を投じたのは、自らあからさまな差別を経験し、是正する必要に駆られていたからだ。4歳で医者を目指し、十数校の医学部を受験したものの、「女性だから」とすべて不合格となった。

進路を変え、中西部イリノイ州の名門、シカゴ大学法科大学院に進んだものの、そこでも男社会の壁にぶつかる。「私がそもそも入学できたのは、（入試担当の）誰かがハワイを外国と勘違いし、留学生枠をあてがったから」。ミンクは後年、アメリカ政府広報番組でこう振り返っている。グウェンドリンさんによると、法科大学院を修了しても「シカゴでは女性、日系という理由で、どの法律事務所も雇ってくれなかった。仕方なくハワイに戻ったが『子どもがもっと増えるでしょう』『夫を支えなさい』などと事情は変わらなかった」という。

ミンクの最大の功績の一つに、1972年に策定した教育機関に性差別を禁じる法律「タイトル・ナイン」が挙げられる。連邦教育改正法第9編の通称で「何人も、連邦政府から助成を受けている教育プログラムや活動で性別を理由に排除されたり、利益の享受を拒否されたり、差別を受けたりすることがあってはならない」と定める。タイトル・ナインはその後、時代とともに進化し、オバマ政権は「性差別にセクハラや性暴力を含み、差別を禁じる対象にはトランスジェンダーも含まれる」との見解を示した。

タイトル・ナインに対して当時、学校側、特に当時は男子リーグのみだった全米大学体育協会（NCAA）は慌てた。グウェンドリンさんによると、ある有名私大を卒業した知り合いの男性は当時、「もし女子選手を入学させたら、将来、現役学生を援助する資金集めができないじゃないか」と嘆いていたという。女子のスポーツ選手は就職できないことを前提にした発言で、グウェンドリンさんは「そうしたばかげた議論があちこちで交わされていた」と振り返る。

法律は成立後も連邦議会で猛烈な巻き返しに遭う。「対象から学生スポーツを外すよう求める修正条項が半年に一度のペースで提出されては否決する『もぐらたたきゲーム』が続いた」とグウェンドリンさんは述べる。

それを乗り越えた今、法律により学問分野の女性進出は飛躍的に向上した。教育省によると、1972年度に医学士号を取得した男性は9,388人で女性は919人と1割にすぎなかった。それが2015年度は男性9,852人で、女性は8,557人まで増えた。弁護士になるための法務博士号の女性取得者も同様に伸び、米メディアによると両分野の学生数は2016年度、女性が男性を上回った。スポーツ分野でも、1964年東京五輪のアメリカ代表選手は男性267人、女性79人だったが、2016年のリオ五輪では女性292人、男性262人と2012年のロンドン五輪に続き女性が男性を上回るほどになった[7)]。

タイトル・ナインは結果的に女性の政治参画も促したといえる。ミンクが初めて下院議員になった1965年、下院の女性議員はわずか11人。今は100人以上まで増えた。

写真８ アレクサンドリア・オカシオ＝コルテス下院議員

だが旧態依然とした女性蔑視の風潮はいまだに色濃く残る。

2018年の中間選挙で無名の新人ながら初当選し、史上最年少下院議員となったプエルトリコ系のアレクサンドリア・オカシオ＝コルテス下院議員は2020年7月、議会で共和党の男性議員から「むかつく」「頭がおかしい」などと侮辱された。「失礼だ」と反論したら、放送禁止用語を交えた罵声を受けた。

オカシオ＝コルテス氏が後日、本会議場で行った演説は称賛を浴びた。「議員の発言に私は傷つかない。ニューヨークの地下鉄でも浴びている。新しいことではない、それこそが問題なのだ」。

演説を聴いて、カリフォルニア大学サンタクルーズ校のダナ・フランク名誉教授は50年前のミンクを思い出したという。フランク氏によると1970年、民主党全国委員会の関連会合でミンクが「党は女性の権利を最優先に掲げるべきだ」と訴えると、党幹部と親しい委員の男性外科医が「更年期の大統領がキューバ危機に立ち向かえるか」と反論した。

激怒したミンクは党幹部に外科医の委員更迭を要求。男性幹部は逃げ腰で、外科医はさらに、ミンクの怒りは「ホルモンの不均衡が原因」と言い放ったという。

「当時はメディアも『とんでもない性差別を巡る小競り合い』と興味本位だった面がある。そんな中、氷山の一角にすぎない差別に正面から挑んだミンクの闘志は並大抵ではない」。フランク氏はオカシオ＝コルテス氏にミンクの姿を重ねてこう話した。

おわりに

人種差別に対する抗議のうねりは今、1960年代以来の規模で広がる。ミンクがブラック・ライブズ・マター運動を目にしたらどう感じるか。グウェンドリンさんは「人種差別への挑戦がいよいよ、国民意識の中心に位置付けられた、70～90年代に人々が耳を傾けなかったことを議論している、と感銘を受けるのではないか」と推し量る。一方で「このうねりを生かして次の段階に進まないといけない、と心配しているのではないか」とも感じるという。

2022年は、タイトル・ナインが制定されて50年の節目だ。同年に行われる中間選挙はその2年後の大統領選を占う。女性の社会参加、政治参加がさらに進んでアメリカの民主主義によりいっそう、多様性をもたらすことができるのか、注目される。

注

1) "Beliefs about Gender in America Drive Perceived Electability," Abalanche, https://www.avalancheinsights.com/beliefs-about-gender-in-america-drive-perceived-electability.
2) "How Outdated Notions about Gender and Leadership are Shaping the 2020 Presidential Race," LEAN IN.
3) "Elections Data and Analysis for Current and Past Races with Women Candidates, by Election Year," Center for American Women and Politics.
4) "Women in State Legislatures 2021," CAWP.
5) 内閣府男女共同参画局「女性の政治参画マップ2020」。
6) "Former State Legislators in Previous Congresses 117th Congress," National Conference of State Legislatures.
7) "Title IX 'tipping point' for explosion of U.S. females in Olympics," *Cronkite News Arizona PBS*, August 26, 2016.

第10章
広がる「ニュース砂漠」
―GAFA支配と地方紙の衰退―

白石　亘

はじめに

アメリカでは地方紙の廃刊が相次ぎ、住民が信頼できる情報を入手できない「ニュース砂漠」が拡大している[1)]。グーグルなど「GAFA」と呼ばれる巨大ＩＴ企業が広告収入を吸い上げ、報道機関は収益面で大きな打撃を受けた。さらに投資ファンドなど金融資本が経営難の地方紙を次々と買収。記者のリストラが加速する地方紙の現場で目の当たりにしたのは、ビジネスモデルの崩壊とも言える窮状の中で、苦闘する記者たちの姿だった。多様な報道が失われれば、民主主義の基盤が損なわれかねないとの危機感から、アメリカ連邦議会はハイテク企業の調査を開始。司法当局はネット広告市場を独占したとしてグーグルを提訴した。オーストラリアでは報道機関に対し、記事使用料の支払いを義務づける世界初の法案も可決された。プラットフォーマーがニュース流通に絶大な影響力を持ち、「公共財」とも言えるニュース制作が商業的に成り立たなくなる「市場の失敗」が顕在化したのを受け、政府が規制などで介入する流れが世界各国で強まっている。

1.「人口26万人に記者1人」政治的な分断の温床に

「昔は議会が開かれれば記者が来ていたし、地元紙にはうちの町のニュース欄もあった。でもどっちもなくなったよ」。東部ニュージャージー州南部にある人口6,000人のポールズボロ町のゲイリー・スティーブンソン町長は嘆いた。今では、同町を含む26町村の人口29万人の地域をカバーしている記者は、わずか一人しかいないという。

同州最大の地方紙スター・レジャーは2016年までの10年間で読者が65%減った。ニュース流通が紙からネットに移行し、広告収入もグーグルやフェイスブックに流れた。このため新聞業界はリストラが加速。ニュージャージー州では5年間で1,000人以上の記者が解雇されたという。スティーブンソン町長は空き家の取り壊しなど治安対策に力を入れるが、「大きな事件でもない限り記者は来てくれない」と語る。代わりにフェイスブックで政策などの情報発信を強化しているが、フェイスブックでは偽ニュースが拡散するほか、大量の個人データを流出させるなどの不祥事が相次ぐ。住民には「フェイスブックはう

写真9　ニュース砂漠について語るポールズボロ町のゲイリー・スティーブンソン町長（ニュージャージー州で）

わさも多く、投稿を信用できない」と懸念も多い。

ローカルニュースが衰退するにつれ、ケーブルテレビで全米のニュースを試聴する地元住民が増えたという。特に保守系のFOXニュースやリベラル系のCNNなどニュース専門チャンネルの存在感は大きく、町長は「トランプ大統領がくしゃみをしたといったたぐいの報道も多く、人々はスポーツ観戦のように共和党と民主党のどちらかを応援するようになった」とまくしたて、「嘆かわしいことだ」と吐き捨てるように言った。

アメリカでは地方紙や記者の数が減った地域ほど、政治の分断が進んだという研究結果が相次ぐ。

知事選や上院議員選など複数の選挙が同時に行われる中間選挙で、一人の有権者がもつ複数の投票権で異なる政党に投票する行動は「割れた投票（split-ticket voting）」と呼ばれるが、中間選挙で異なる政党に投票した有権者の割合は全米で1998年の27%から、2018年には10%に低下した[2)]。有権者が全国ニュースなどを頼りに政党名で投票する傾向が強まったためとみられ、有権者がより党派的になり、政治が二極化した実態を示している。

またAP通信によると、テキサスA&M大学などの研究者が、過去20年間で地方紙がなくなった66の地域と、地方紙が発行されている77の地域で有権者の投票行動を比べた結果、地方紙がなくなった地域では、大統領選と上院議員選で別々の政党の候補者に投票してバランスを取る有権者の割合が以前より大きく減り、両選挙で同じ政党を選ぶ人が増えるなど、投票行動が二極化したことが明らかになった。有権者は地元の政治家を知る機会が減ったことで、州や市の議会選挙でも、国政レベルのニュースを基に投票する傾向が強まった。このため地方紙の廃刊は地域の政治家の戦略にも影響を与えており、「政党の看板に頼らなければならなくなり、地元のためにベストを尽くす重要性が薄れた」と分析している[3)]。

一方、ニュース砂漠となった地域では、信頼できるニュースの「空白」を埋める形で、地元紙を装った党派的なニュースサイトが増殖する事態も進行している。

「今思うと、ニュースに見せ掛けた政治的なプロパガンダだった」。東部ニュージャージー州に住むフリー記者のアンジェラ・サントリエロさんはこう語り、苦い経験を振り返った。

2005年に同州の地方紙で記者として働き始め、ストリップクラブの進出を阻止するキャンペーン報道で、同州の記者協会から表彰を受けたこともある。だが、2008年のリーマン・ショック後の不景気で勤務先の新聞社が廃刊に。別の新聞に転職した後、経済的な理由からいったん記者を辞めたものの、2017年に念願だった報道の世界に戻った。全米50州で1,300のニュースサイトを運営する「メトリック・メディア」傘下のネットニュースで、400語の記事を書くたびに、40ドルの報酬が支払われる契約だった。当時住んでいた東部ニューヨーク州から、リモート取材で中西部イリノイ州議会を担当。議場をネットでチェックし、議員に電話取材した。

だが、すぐにおかしいと思い始めた。上司から議会取材では共和党の特定の議員に「たくさんしゃべらせろ」と指示された。記事が共和党寄りにならないように民主党議員の主張を盛り込んでバランスを取ろうとしても削除され、記事の構成は共和党議員のコメントで締めくくる形に修正された。最後に書いたのは、民主党の新人候補を批判する記事。上司から書き直しを命じられたが、その理由は、記事の依頼主からの「詳細を追加してほしい」との要求に応じるためだった。サントリエロさんは「もう無理」と退職した。

伝統的な報道機関は記事に対する支払いを受け付けてないが、ニューヨーク・タイムズ紙は、共和党系の団体や人物がメトリック・メディアに記事を発注し、取材費を払ったと報じた。今は大手IT企業系列の別のネットメディアで働くサントリエロさんは「もう誰かにインタビューするのは好きじゃない。自分の信じることだけを書きたい」といい、研究などですでに検証されたデータを使って記事を書いているという。

ニュース砂漠に詳しいノースカロライナ大学のペネロペ・アバナシー教授は「アメリカでは地方紙を中心に記者の数が過去10年で半減し、地方政治をカバーする記者がいなくなってしまった。かつては選挙になると、地元紙を頼りに候補者を下調べしてから投票に行ったが、今では誰が立候補しているかさえ分からない」と指摘。「ニュースの空白を埋める形で、伝統的な新聞を装った党派的なサイトが意図的な情報を流している。多くは透明性を欠き、資金源を開示してない。資金の出し手は、選挙で候補者の情報を探している人がネット検索で見つけやすい記事を書かせようとしており、検索結果の上位に来るよう最適化されている」と、2022年の中間選挙を前にその活動が勢いを増すことを懸念する。

2. 金融資本の支配が進む新聞業界

アメリカの新聞業界では、ヘッジファンドなど金融資本の支配が加速している。デジタル化で広告収入が落ち込み、「構造不況」にあえぐ経営難の地方紙を安く買いたたき、次々と傘下に収める構図だ。記者のリストラなど経費カットで短期的な利益を追い求めるファンドは、ローカルニュースの弱体化に追い打ちを掛けている。

アメリカの新聞社は、伝統的な紙媒体の時代には、広告収入が売上高の8割を占め、収益の柱だった。だが、ニュースの流通経路は紙からネットに移行。ネット広告の収益は、検索やSNSでネットの入り口となるグーグルやフェイスブックなどのプラットフォーマーに奪われ、新聞業界の広告収入はピークの3分の1の水準まで落ち込んだ。旧来型の広告主体のビジネスモデルから、電子版の購読料収入をベースとするサブスクリプションモデルへの転換に成功したのは、世界的なブランド力のあるニューヨーク・タイムズなど一握りの大手紙に限られる。このため地方紙は身売りが相次ぎ、ノースカロライナ大学の調査によると、過去15年で全米のほぼ半分の新聞のオーナーが入れ替わった。

その受け皿になったのが投資ファンドで、代表格が過酷なリストラで知られるニューヨークのヘッジファンド「アルデン・グローバル・キャピタル」だ。アルデンは傘下のメディア企業「MNGエンタープライゼズ」を通じて、200近い地方紙を保有する。経営難の新聞社を安く手に入れ、人員削減などで高いリターンを追求し、「新聞業界の壊し屋」とも呼ばれる。2010年に買収した西部コロラド州の地方紙デンバー・ポストでも大幅な人員削減を行った。

「ファンドにとって新聞社は理想的な経営難の会社だ」とデンバー・ポスト

関係者は取材に答えた。収益の明るい見通しが描きづらいため、比較的安く買収できるほか、リストラで支出を減らしたり、歴史のある新聞社が中心部に持つ不動産を売ったりすれば、相応の利益が出せる点もファンドには魅力だ。実際、アルデンの新聞事業の利益率は、新聞業界全体の平均のおよそ2倍に当たる16%に上る。

新聞アナリストのケン・ドクター氏は「高齢の読者は長年、紙の新聞を取り続けており、購読をやめるペースは急激に上がるわけではない。ファンドはここに目を付け、新聞が完全にダメになる前に利益を刈り取る冷酷な戦略だ」と指摘。ただ記者のリストラは程度の差こそあれ、苦境の新聞業界が長年頼ってきた手法で「過去20年で記者の数は6割減った。ニュースを提供する中核ビジネスが急速に弱くなっているのが基本的な問題だ」と語る。

アルデンは2019年11月、170年以上の歴史を持つ中西部の有力紙シカゴ・トリビューンの筆頭株主に躍り出た。同紙など10紙を傘下に持つ新聞大手トリビューン・パブリシングの株式の25%を1億2,000万ドル（約130億円）で取得。2021年5月には、トリビューン株主から同意を得て、アルデン傘下入りが決まった。

「新聞中毒」を自任し、大の新聞好きで知られる著名投資家のウォーレン・バフェット氏も新聞経営から手を引いた。投資会社「バークシャー・ハサウェイ」は2020年1月、傘下の31の地方紙を売却し、新聞事業から撤退。バフェット氏の地元であるネブラスカ州の日刊紙オマハ・ワールド・ヘラルドなどを、アメリカの新聞チェーン「リー・エンタープライゼズ」に1億4,000万ドル（約150億円）で譲渡した。バフェット氏は幼少期にワシントン・ポスト紙を配達するアルバイトをし、現在も5つの新聞を購読しているという。「地域に根差した地方紙はコミュニティーに欠かせない存在」として、1960年代から地方都市で高いシェアを持つ地方紙を買収してきた。

ただデジタル化で新聞経営が厳しくなり、バフェット氏はメディアに「多くの新聞は生き残れないだろう」と厳しい見通しを示していた。バフェット氏は「新聞を売却するつもりは全くなかったが、リー社なら業界が直面する課題を乗り越えられると考えた」とコメント。今回の売却劇について、CNBCは「新聞業界は最後の大物支援者を失った」と伝えた。

新聞業界の再編劇の主役もファンドなどの金融資本だ。2019年11月には、新聞事業を手掛ける投資ファンド「ニューメディア・インベストメント・グループ」と、全国紙「USA トゥデー」を発行する新聞大手ガネットの合併が完了した。全米で発行される6紙のうち1紙に相当する日刊紙を傘下に抱える最大の新聞チェーンが誕生したが、実態はニューメディア主導の買収で、間接部門の統合などコスト削減が最大の眼目だ。

2020年2月には、新聞大手マクラッチーが連邦破産法11条（日本の民事再生法に相当）の適用を申請し、経営破綻した。マクラッチーは1857年創業の名門で、マイアミ・ヘラルドなど傘下に30の地方紙を持つ。過去の大型買収で財務体質が悪化し、巨額の年金債務も負担だった。資金の出し手である米投資ファンド「チャタム・アセット・マネジメント」の下で再建を目指すものの、金融資本が全米の新聞の多数を支配することに対する懸念は強まるばかりだ。

3. 記者の反乱

西部コロラド州の地方紙デンバー・ポストは2018年、親会社のヘッジファンドを「ハゲタカ投資家」と痛烈に批判する異例の社説を掲載した。行き過ぎた記者のリストラなどで報道の質が低下。これに抗議する記者が職を賭けて反乱を起こし、ローカルジャーナリズムの危機に全米の注目が集まるきっかけになった。

「ニュースが大事だ」という見出しが躍るポスト紙の社説。添えられた写真は、優れた報道に贈られるピュリツァー賞を2013年に受賞した記者たちの記念撮影だ。それから5年間で、会社を去った記者を黒塗りにしており、今も残る記者は3分の1ほどにすぎない。1892年の創業で、130年近い歴史があり、ピュリツァー賞にも9回輝くなど、報道姿勢に対する評価は高い。

だが、経営難のため2010年にニューヨークのヘッジファンド「アルデン・グローバル・キャピタル」に買収され、過酷なリストラが始まった。経費削減

写真10　デンバー・ポスト紙で親会社のファンドを批判する異例の社説を書いたチャック・プランケット氏（コロラド州で）

のためデンバー中心部のビルに入っていた編集局は、郊外にある印刷工場に移転された。さらに人員カットも急ピッチで行われ、当時180人いた記者は100人まで減らされた。さらに30人の追加リストラが発表されたのを知り、社説の編集責任者を務めていたチャック・プランケット氏は「新聞を殺そうとしている。何かやらなければ」と感じたという。

すでにそれまでのリストラで、ポスト紙の取材力は低下していた。例えば、デンバーのある地域で多発した殺人事件。本来なら地元紙がしっかりと掘り下げるべき事件だが、プランケット氏は「記者が足りず、十分に取材できなかった。仮に取材したとしても、犯人の手がかりを得るには、現場周辺で粘り強い聞き込みが欠かせないが、地元紙として日々いい仕事ができていないのに、果たして取材相手が記者のことを信頼して、秘密を打ち明けてくれるだろうか」と語った。

自前の記事が減り、中身は通信社の記事を寄せ集めただけの「ゴースト新聞」とポスト紙をやゆする専門家もいた。そして考えた。「地域社会のためにならないことを批判するのは、社説が誇るべき伝統だ。たとえオーナーを批判したとしても、道徳的な責めを負うことはない」。それでも迷いが頭をかすめ、20年来の同僚に相談すると、「やるべきだ。クビになるときは一緒だ」と背中を押され、覚悟を決めた。

プランケット氏は社説で「『デジタル化で新聞社は生き残れない』というストーリーの陰に隠れて、新聞の質を低下させたにもかかわらず、読者に対して購読料の値上げを続けている」と指摘し、親会社を「ハゲタカ投資家」と痛烈に批判。その上で「良質なジャーナリズムを実践する気がないのなら、ポスト紙を売却すべきだ」と直言した。「記事が出たとき、みんな泣いて抱き合って喜んだ」とプランケット氏。前代未聞の社説は、直後からツイッターなどSNSで話題になり、メディアから取材が殺到。CNNなど主要メディアにも大きく取り上げられ、「勇気ある行動」「ローカルジャーナリズムの危機の典型」と評され、地方紙を取り巻く危機的な状況が広く知られるきっかけになった。

ポスト紙がファンドの傘下にあることさえ知られていなかった地元での反響も大きかった。地元紙の衰退は、報道を通じて、地域が抱える課題に焦点を当て、人々の知恵を集めて、問題の解決に導く力が弱まるという意味で、地域の損失と言える。このため地元紙の危機を救おうと、住民有志らの間でポスト紙をファンドから買い戻そうとする運動が起きたが、会社側は売却を拒否した。それでも住民から寄付金を募って、ポスト紙の元記者6人が2018年秋、ネットメディア「コロラド・サン」を立ち上げた。共同創業者のジョン・フランク記者は「われわれはあの社説のおかげで生まれたメディア。読者は質の高いメディアを望んでいる」と語り、調査報道に力を入れる。

一方、プランケット氏は社説を書いた後にポスト紙を追われ、現在は地元コロラド大学で教鞭を執り、学生たちにジャーナリズムを教えている。「なぜローカルニュースに注意を払うべきか、若い世代が理解していないのが心配だ」とローカルメディアの行く末を案じる。

4. 連邦議会動く、規制なき巨人「民主主義に影響」

連邦議会は2019年6月、グーグルやフェイスブックなど「GAFA」と呼ばれる巨大IT企業が公平な競争を妨げているとして、反トラスト法（独占禁止法）に関する調査に乗り出した。政府の規制を受けないハイテクの巨人を放置すれば、民主主義に悪影響を及ぼすとの懸念が強まったためで、公聴会は真っ先に地方紙の窮状などメディア業界を取り上げた。1年半に及ぶ調査の結果、ニュース業界に支配的な力を乱用しているとして、報道機関に対する救済策を提言した[4]。

下院の反トラスト小委員会が開いた公聴会には、メディアやIT業界の代表が出席した。冒頭でデビッド・シシリン小委員長は「これは議会が過去数十年で初めて行う独禁法に関する本格的な調査だ」と語り、デジタル化が急速に進む競争環境に現行の独禁法が適合しているか、精査する意向を示した。ハイテク業界への調査で最初にメディアを取り上げた理由として「報道機関はオンラインでニュースを伝達する手段の大部分をグーグルとフェイスブックに依存している」と指摘。その結果、この2社にネット広告の収入が集中し、「ローカルジャーナリズムは絶滅の危機にひんしている。自由で多様な報道がなければ、民主主義は成り立たない」と語った。

アメリカの新聞業界では過去15年で全体の2割に相当する1,800の新聞が廃刊になった。ニュース業界の広告収入が2006年の490億ドル（約5兆3,000億円）から、2017年に156億ドル（約1兆7,000億円）と3分の1の水準に落ち込んだためだ。現在、アメリカ人の93%はネット経由で少なくとも何らかのニュースを入手している。検索やSNSなどでネットの入り口になるグーグルとフェイスブックは、米ネット広告市場で5割超のシェアを握る「複占」状態にある。

議会下院が2020年10月にまとめた報告書では、メディア幹部の証言をもとにグーグルとフェイスブックがニュース業界を支配する構図を描き出した[5]。

「実質的に2つのプラットフォーマーがデジタルニュース業界の規制当局と

写真 11　公聴会で証言するニュース・メディア・アライアンスのデビッド・チャーバン CEO（連邦議会で）

して機能している」。北米で2,000の新聞社などが加盟する業界団体「ニュース・メディア・アライアンス」のデビッド・チャーバン最高経営責任者（CEO）は下院公聴会で、グーグルとフェイスブックの圧倒的な力をこう表現した。

多くのネット利用者にとって、グーグルとフェイスブックはニュースのまとめサイトやSNSなどを通じ、ニュースへの入り口となる。ニュースの主要な流通経路は紙媒体からネットに移行しており、今ではメディア側も自社サイトの訪問者数を増やすには、プラットフォーマーにニュースを提供する以外に選択肢がなくなりつつあるのが実態だ。

一方で、プラットフォーマーはニュースの「仲介役」にとどまらず、ネット上に人々の関心を引きつけ、広告で収益を稼ぐ巨大広告会社の顔を持つ。ウォール・ストリート・ジャーナルを傘下に持つニューズ・コープのデビッド・ピトフスキ法律顧問は「新聞業界にとって収入の柱だった広告は崩壊した」と明言。「プラットフォーマーはニュースの制作に投資せずに、広告収入の大半を吸い上げ、ニュースの品質に責任を持つことを拒否している」とプラットフォーマーがニュースにタダ乗りしているとの批判を展開。ニュースの制作者が、正当な対価を得ていないのは「市場の失敗」が原因として、政府による介入を求めた。

だが、ネット上でニュースの流通を支配するゲートキーパー（門番）として、プラットフォーマーの存在感は大きくなる一方だ。雑誌ワイアードの幹部は「巨大な農場で働かされる小作人のようだ」と立場の弱さを表現する。例えば、グーグルは2019年6月、検索結果に表示される順位などを決めるアルゴリズムを変更した。その結果、ある大手ニュースサイトはグーグル経由のサイトの訪問者数が実に半減したという。メディア経営にとっては大きな打撃で、プラットフォーマーは「だれが勝者になるかを選べる」（下院報告書）ほどの力を持つとされるゆえんだ。

チャーバン氏は「いかなる報道機関も単独でプラットフォーマーに太刀打ちできない。自社のニュースが降格させられたり、排除されたりするリスクが大きすぎるからだ」と訴える。これを受け、議会は同業者によるカルテルを禁じる独禁法の例外として、立場が弱い報道機関がまとまって、プラットフォーマーにニュース使用料などを集団で交渉できる救済策を勧告した。

だが、問題はメディア経営にとどまらない。下院の報告書は「信頼できるジャーナリズムが衰退すれば、民主主義と市民生活に深刻な影響を与える」と警鐘を鳴らす。巨大IT企業に独禁法の適用強化を訴える「アメリカ経済自由プロジェクト」の調査責任者を務めるマット・ストーラー氏は「ネット上では情報の流れがグーグルやフェイスブックに一極集中し、メディアの多様性も失われた結果、陰謀論や反社会的なコンテンツが広がりやすくなった」と指摘する。

ストーラー氏はその要因として、プラットフォーマーが広告の負の影響に対処できていないとの見方を示す。「広告は情報の流れを広告主に有利な形にゆがめる恐れがある。新聞などの伝統的なメディアは、広告と編集の部門を切り離すなど、文化的な障壁を設けてきたが、それが機能しなくなった」と語る。その結果、かつてジャーナリズムを支えた広告収入の一部が、誤情報を拡散させる結果になったという。

5. ネット広告独占で司法当局が提訴「グーグルは投手、打者、審判」

ネットの入り口となる検索エンジンで9割のシェアを持つグーグル。他にもGmailやグーグルマップなど10億人超のユーザーを抱える「デジタル帝国」に対し、司法当局が行動を起こした。テキサスなど10州の司法当局は2020年12月、グーグルがネット広告市場を不正に操作し、競争を妨げた独占禁止法（反トラスト法）違反の疑いでテキサス州の連邦地裁に提訴した[6)]。

テキサス州のパクストン司法長官は声明で「グーグルは独占的な力を使って価格をコントロールし、公正な取引を損なった」と指摘した。訴状によると、グーグルはウェブサイトに表示される広告の売買取引で、不当に競争を排除した。広告費から高い手数料を取り、企業や消費者に損害を与えたとして、公正な競争を回復させるよう求めた。

広告はグーグルの最大の収益源だ。2019年の広告収入は1,348億ドル（約14兆円）に上る。訴状は、ネット広告市場を野球に例えて「グーグルは投手であると同時に打者で、審判でもある」と描写し、ネット広告の売買仲介や取引所など市場全体を一社で支配する構図を問題視した。ネット広告市場は株の売買に似ており、広告枠は取引所のオークションで瞬時に売買され、グーグルは最大のネット広告の取引所も運営している。

一方、広告枠の売り手はニュースサイトを運営するメディアなどで、買い手は消費者に広告を出す企業などだが、グーグルは両者をつなぐネット広告の売買仲介業務への進出を強化。広告技術会社を買収し、今ではほぼすべての売り手と買い手が、グーグルが提供するツールを使わないとオークションに参加できなくなったという。

オバマ政権で司法省のチーフエコノミストを務めたエール大学のフィオナ・スコット・モートン教授は、グーグルによる市場支配を、株式の売買取引に例えて説明した。「もし、あなたが株を持っていて、私が『株を売るのを手伝います』と言ったとする。でも、私が株を買う側も手伝っていて、しかも取引所まで運営していれば、きっとあなたは『一番有利な価格で株を売りたいのに、本当にオープンで透明な取引ができるのか』と疑問に思うだろう」。

グーグルが広告マネーを吸い上げた結果、米新聞業界の広告収入は過去10年余りで3分の1に減り、地方紙の衰退が進む。前出の北米2,000の新聞社が加盟する業界団体ニュース・メディア・アライアンスのチャーバン氏は声明で「グーグルの反競争的な行動で、質の高いローカルジャーナリズムは直接打撃を受けている。司法当局の全面的な調査を期待する」と語った。

また司法省も2020年10月、反トラスト法違反でグーグルを提訴した[7)]。独禁法を巡る巨大ＩＴ企業の大型訴訟は1990年代末のマイクロソフト以来、約20年ぶりだ。グーグルはネット検索の独占的な地位を守るため、アップルに年1兆円を払う契約を締結。アップルのスマートフォンiPhoneのネット閲覧ソフト「サファリ」でグーグル検索をデフォルト（標準）に設定し、ライバルの検索エンジンを不当に締め出したとされる。

6. オーストラリア、世界初の記事使用料義務化

オーストラリア連邦議会は2021年2月、グーグルなどのプラットフォーマーに対し、ネット上に掲載するニュース記事の使用料支払いを世界で初めて義務付ける「ニュースメディア取引法（News Media Bargaining Code)」を可決した。コンテンツの仲介役として巨額の広告収入を稼ぐ巨大IT企業に公正な負担を求める。プラットフォーマー規制の世界的な先例として注目されており、各国に波及しそうだ。

オーストラリアのフライデンバーグ財務相は声明で「公益性の高いジャーナリズムを維持するのに役立つ。重要な経済改革で世界中が注視している」と意義を訴えた。今回の法律は、プラットフォーマーとメディアの交渉力の差を埋めるのが目的だ。まず両者にニュース使用料の交渉を求めた上で、当事者同士で合意できなければ、政府が指名する独立した仲裁者が法的な拘束力のある使用料を決める。プラットフォーマーが支払いを拒否すれば罰金を科す。

コンテンツに公正な支払いを行い、入手できるニュースを減らさないモデル

を追求するとして、オーストラリア政府が2020年8月、法制化の方針を発表すると、プラットフォーマーは強く反発した。グーグルは声明で「深く失望した。政府の高圧的な介入はデジタル経済を阻害する」と批判。「ニュースから得る経済的価値は小さい」として、オーストラリアでニュース関連の検索からクリックされた広告収入は19年に1,000万豪ドル（約7億円）に過ぎないと主張した。

フェイスブックもオーストラリアのニュースサイトに多くのユーザーを誘導しているとして、「われわれが報道機関にもたらす経済的な価値を無視している」と反発。法案審議が佳境を迎えた2021年2月には、「メディアは白紙の小切手を要求できる」（幹部）として、オーストラリアでニュース閲覧を禁じる強固措置に踏み切った。国内メディアはフェイスブックにニュースを投稿できず、訪問者が2割減ったニュースサイトもあった。

一方、グーグルは当初、オーストラリアからの検索サービスの撤退も辞さない構えを見せていたが、法案成立が避けられないとみるや、態度を軟化させた。オーストラリアメディアと個別に交渉を進め、新たなニュースサービス「ニュースショーケース」に記事を提供してもらう契約を相次いで締結。新聞王ルパート・マードック氏が率いる米メディア大手ニューズ・コーポレーションに対し、3年間で数千万ドル（数10億円）の記事使用料を支払う大型契約を発表した。オーストラリア政府もフェイスブックなどの懸念に配慮する形で、土壇場で法案の一部修正に応じた。プラットフォーマーがメディアと個別に記事使用料の支払い契約を結び、ニュース業界に「大きく貢献した」と判断すれば、法律の適用対象から除外する。

これに対し、リーハイ大学のジェレミー・リッター准教授は「中小メディアが政府に仲裁を求めても、フェイスブックが『ニュースに多額の投資をしている』と主張すれば、仲裁を強制されるのを回避できる」と抜け穴として悪用されないか懸念する。フェイスブックがニュース閲覧を禁じ、「核のボタン」（米メディア）にも例えられる実力行使に出たのは、今回のオーストラリアの法律が世界的な前例になるためだ。特に欧米ではコロナ禍で地方紙の経営難が深刻化しており、カナダやイギリス政府も同様のプラットフォーマー規制を検討している。フェイスブックは硬軟織り交ぜた世論対策に余念がなく、今後3年間で少なくとも10億ドル（約1,060億円）を記事使用料などで報道機関に払うと表明した。リッター准教授は「フェイスブックにとって最大の脅威は、国境を越えて規制が広がることだが、間違いなくそうなるだろう」と予測。「ボタンを押せば、ニュースを消せるほどの力を持つ彼らが再び抑圧的な戦術を採ることが懸念される」と語る[8)]。

おわりに

新聞業界の「構造不況」は日本も同じだ。全国紙の2020年度決算を見ると、朝日新聞や毎日新聞は売上高が前年比で2ケタ落ち込むなど、経営基盤の弱体化が進む。アメリカで目の当たりにしたディストピア的（暗黒郷）な光景は日本の近未来の姿のように思えてならない。

注

1）Penelope Muse Abernathy, "News Deserts and Ghost Newspapers: Will Local News Survive?" University of North Carolina.「ニュース砂漠」という概念はUniversity of North CarolinaのHussman School of Journalism and Mediaが命名した。

2）"Split-Ticket Voting Hit A New Low In 2018 Senate and Governor Races," FiveThirtyEight, November 19, 2018.

3）"Loss of newspapers contributes to political polarization," *AP*, January 31, 2019.

4）GAFAの影響力についての詳細は以下を参照。ラナ・フォルーハー『邪悪に堕ちたGAFA―ビッグテックは素晴らしい理念と私たちを裏切った』（長谷川圭訳）（日経BP、2020年）；ショシャナ・ズボフ『監視資本主義―人類の未来を賭けた闘い』（野中香方子訳）（東洋経済新報社、2021年）。

5）U.S. House of Representatives, "Investigation of Competitions in Digital Markets."

6）United States District Court Eastern District of Texas Sherman Division, https://www.texasattorneygeneral.gov/sites/default/files/images/admin/2020/Press/20201216% 20COMPLAINT_REDACTED.pdf.

7）U.S. Department of Justice, "Justice Department Sues Monopolist Google for Violating Antitrust Laws," October 20, 2020.

8）アメリカのメディアの実態についての詳細については以下を参照。Margaret Sullivan, Ghosting the News: Local Journalism and the Crisis of American Democracy（New York: Columbia Global Reports, 2020）.

第11章
グリーン・ニューディールと原発
―世界最大の原子力大国の実態―

赤川　肇

はじめに

温暖化対策への後ろ向きな姿勢を貫いた共和党のトランプ前政権から一転、民主党のバイデン新政権は、アメリカが直面する「4つの歴史的危機」のひとつに「気候変動」を挙げている。就任直後には公約通り、温暖化対策の国際枠組み「パリ協定」に正式復帰した。気候変動対策と格差解消の両立を目指す民主党急進左派勢力の政策「グリーン・ニューディール（Green New Deal）」も参考に、再生可能エネルギーを推進するなど環境政策に重きを置く姿勢を前面に押し出しているバイデン氏。

一方で、そのエネルギー分野でトランプ氏との違いが判然としないものもある。原子力発電への立ち位置だ。原子力関連の業界団体が「気候変動対策に原発は欠かせない」と主張する中、民主、共和両党とも、原発の存続に前向きという基本線では一致する。しかし、再エネの普及とともに優位性が消えつつある原発の経済性、そして安全性や核廃棄物の処分先といった積年の課題にどう折り合いを付けるのか、具体的な道筋は見えない。世界最大の原子力大国であるアメリカ。その現場を歩くと、核を巡る「差別の構図」も浮かんできた。それは決してアメリカ固有とは言えない問題だ。

1. グリーン・ニューディール ― その起源と発展 ―

「気候問題を解決する上で、素晴らしい枠組みだ」。バイデン氏が大統領選以来、こう賛意を示してきたのが、グリーン・ニューディールだ。

1930年代の大恐慌に挑んだフランクリン・ローズヴェルト大統領の「ニューディール政策」になぞらえたグリーン・ニューディールは、公共投資と環境対策を組み合わせて雇用の創出を目指す政策として、バラク・オバマ大統領が2008年にその名を掲げて打ち出していた。2019年に史上最年少の女性下院議員となり「民主党のホープ」との呼び声が高い急進左派アレクサンドリア・オカシオ＝コルテス氏らが連邦議会に提出した同名の決議案（上院で否決）では、世界の温室効果ガスの2割を排出し、高度な技術力を有するアメリカが「経済改革を通じた排出削減で主導的役割を果たすべきだ」と主張。さらに、気候変動や汚染、環境破壊が「人種的、地域的、社会的、環境的、経済的な体系的不公平（systemic injustices）を悪化させてきた」と指摘し、グリーン・ニューディールによって「第二次世界大戦やニューディール時代以降に経験してこなかった新しい国家的、社会的、産業的、経済的な移行」を目指すとした[1)]。

では、原子力発電の扱いはどうか。決議案では、今後10年間でアメリカの電力需要の100%を「クリーンで再生可能でゼロエミッションなエネルギー源でまかなう」と展望したが、原子力には直接言及していない。原発反対を主張する左派勢力の一部に配慮した結果とみられる。ただ、民主党は2020年8月の党大会で採択した党綱領で「発電部門の脱炭素化が急務」と位置づけ、既存の原発を含む「あらゆるゼロ炭素技術」に中立的な姿勢を打ち出し、原発の存続には肯定的な立場を明示する。バイデン氏自身も、大統領選を通して「あらゆる低炭素・無炭素技術に目を向けるべきだ[2)]」と原子力研究を支援する考えを示し、小型モジュール原子炉開発などに注力する意向を明らかにしていた。

核技術の活用も視野に推し進めるグリーン・ニューディールによって改善させるという「体系的不公平」。しかし、大国のそんな負の側面は、皮肉なことに、核技術そのものの歴史と密接な関わりがあるようだ。

2. 核の歴史と犠牲

「世界唯一の原爆被爆国」。そう聞いて思い浮かべるのは、日本のことだろう。実際、日本は「唯一の原爆被爆国」「唯一の戦争被爆国」と言われる。日本政府も「唯一の被爆国（the only country to have ever suffered atomic bombings)」という表現を使ってきた。言うまでもなく、1945年に広島、長崎に投下された原爆のことだ。

では、広島、長崎に原爆が落とされる1か月ほど前、世界で初めての原爆実験がアメリカ南西部ニューメキシコ州で行われたことは、どれほど知られているだろうか。「長崎型」と呼ばれるプルトニウム原爆を爆発させた人類初の核実験とされる「トリニティ実験」だ。トリニティという名前は、原爆開発を担った物理学者のロバート・オッペンハイマーが提案し、キリスト教の三位一体説に由来するとも伝えられている。ただ、その由来については諸説あるようだ。

その人類初の核実験を象徴する動画がユーチューブで視聴できる。アトミックヘリテージ財団という米NPOが制作したものだ[3)]。トリニティ実験に携わった物理学者エドウィン・マクミランの妻が、実験直前の夫の言葉を回想する。「We ourselves are not absolutely certain what will happen（どうなるのか、われわれ自身も確証を持てないのだ)」。マクミラン自身にとっても初めての核実験だったため、その成否が読めなかったわけだ。想定以上の爆発力によって人的被害が出る事態もあり得れば、完全な不発に終わる可能性もある。そして、もちろん計算通りに成功する期待も。これら「3つの可能性」をマクミランは語っていたという。トリニティ実験は人里離れた砂漠地帯で行われたが、その「間合い」が十分かどうか実は分からなかった。言い換えれば、いわば一か八かの勝負だった、とも言えるだろう。

2020年の夏、筆者は取材のため、このトリニティ実験が行われた跡地や周辺の地域を訪ねた。

見渡す限りの荒野が広がる。照り付ける太陽の下、虫の音だけが聞こえ

写真12　記念碑があるトリニティ実験跡地

る。1945年7月16日午前5時半（日本時間同日夕方）、広島、長崎への原爆投下に先立ち、連邦政府が世界初の核実験、トリニティ実験を秘密裏に実施したニューメキシコ州の跡地。当局によると、ここでは今なお自然界の最大10倍の放射線が検出されるという。東京都の3.7倍の面積を持つ陸軍のミサイル試験場の一角にある跡地は、春と秋の年2回、米軍が一般市民に公開し、実験について「迅速な終戦につながった」と解説する。しかし、そこで「負の面」に触れることはあまりないようだ。

すさまじい光と音を伴った実験。しかし、周辺住民らは「弾薬庫の爆発」と信じ込まされたまま、降り注ぐ死の灰にさらされ、危険は広範に及んでいた。実際、ここで核実験が行われることは、その後二度となかった。トリニティ実験が最初で最後だった。山を隔てた盆地では実験後、がんに苦しむ住民が相次ぎ、実験の影響を問う声が上がる。そして、そのような声は、今も上がり続けている。

実験場の東側に人口3,000人のトゥラロサという村がある。建設会社社長のティナ・コルドバさん（60）の家族は1950年代以降、曾祖父からコルドバさんご自身まで、実に4世代にわたり癌と闘ってきた。コルドバさんの父親は実験当時3歳だった。口腔癌や前立腺癌に侵され、化学療法の末、71歳で亡くなった。体重は30kgも減り、最期の8カ月は食事もできなかった。父親がやつれていく様子をコルドバさんは「あの怖さは筆舌に尽くしがたい」と振り返る。コルドバさん自身は38歳で甲状腺癌が見つかった。妹は皮膚癌の治療中という。コルドバさんは強調する。「この村で私の経験は特別ではない。がんは『もしか』ではなく『いつか』の問題だ」と。コルドバさんは2005年、他の住民とともに被害を訴える団体を発足させ、連邦政府に補償と謝罪を求め続けている。

広島、長崎の被爆者やその家族には、日米合同の研究機関「放射線影響研究所」(放影研）が遺伝的影響を含む健康調査を続けている。しかし一方の連邦政府は、トリニティ実験が「無人地帯」で行われたと主張し、周辺住民の健康被害を認めず、広島、長崎で行っているような調査も補償もしてこなかった。

しかし、アメリカ疾病予防管理センター（CDC）は実験から65年後の2010年、周辺地域の実験後の放射線レベルが許容基準の「1万倍」だったと発表する。実験当時、この地域では住民の多くが雨水を飲料水に使い、搾乳用の牛やヤギを飼う自給自足の生活をしていたことから、「内部被ばくで重大な健康被害を及ぼした可能性」があると指摘した。このほか2019年には、周辺地域で当時、乳児死亡率が上昇したのに当局が公表していなかった疑いも明るみに出た。

CDCの調査を担当した保健物理学者ジョセフ・ションカ博士（72）は「周辺住民らへの影響は指摘されながら、研究されなかった。事実をねじ曲げ、責任を回避しようとしたのではないか」と政府の対応を批判した。

ただ、実験当時の住民のほとんどはすでに亡くなっているとみられ、「被害の全容は、もう永久に分からない」とコルドバさん。実験は「核時代の幕開け」として歴史に刻まれているが、必ずしも過去の話ではない。コルドバさんは言う。「単なる成功物語ではなく、今も続いているアメリカ国民の死と破壊の物語なのです」。その被害は広島、長崎の陰に隠れた「忘れられた犠牲」とも呼ばれ、アメリカ国内でも実はほとんど知られていないと言っても過言ではない。

実験75周年を迎えた2020年7月、大統領だったトランプ氏は声明で、実験を「素晴らしい偉業」と絶賛した。「核兵器はアメリカの安全保障を担い続

写真13　ハーボーさんと自宅近くを通る貨物列車

ける国防の支えだ」と述べ、核兵器の近代化に注力する立場を強調した。新大統領のバイデン氏は、どんなメッセージを送るのか。

トリニティ実験の跡地に続き、筆者が足を運んだのは、同じニューメキシコ州内のカールズバッド。ピーカンナッツ農場や牧場が広がる農村地帯だ。ゆっくり走る貨物列車を裏庭の向こうに眺めながら、そこに住む元牧師のジーン・ハーボーさん（83）が語る。「この2年で2回、貨物列車の横転事故を見た。危険は現実的な問題なのです」。

ハーボーさんが心配するのは、放射能の強い「核のごみ」が、線路を通って運ばれてこようとしているからだ。自宅から東40km先の砂漠地帯に、各地の原子力発電所から出た使用済み核燃料や高レベル放射性廃棄物を集める「中間貯蔵施設」を造る計画がある。アメリカ原子力規制委員会（NRC）が審査中で、早ければ2023年にも稼働する。経済や雇用の効果に期待する地元自治体が計画を後押ししているが、ニューメキシコのミシェル・ルハングリシャム州知事（民主党）は、環境面や経済面も含めて「重大で許容できないリスクを州民に与える」と反対の立場だ。

アメリカでは、こうした危険度の高い核のごみの最終処分先が決まっていない。連邦政府にとって積年の課題だ。その意味では、日本と似た状況とも言える。ニューメキシコ州民には、施設がなし崩し的に最終処分先にされる不安がある上、州内に原発がないため「なぜ州外の核のゴミを受け入れなければならないのか」との不満もある。当然だろう。

不満や不安の矛先は、この計画だけではない。実際、75年前に世界初の核実験の舞台となった州内には、戦後も連邦政府の核関連事業が集積してきた。核兵器の施設は全米11カ所のうち3カ所がニューメキシコ州にあり、原爆開発の拠点になったロスアラモス国立研究所は年20億ドル（2,100億円）規模の核関連予算を担う。原発や核兵器の原料になるウラン採掘に伴う汚染も含め、放射性物質の事故や問題が繰り返されてきた。核との共存という意味で、トリニティ実験は、その序章の一部にすぎなかったわけだ。

なぜニューメキシコ州で最初の核実験が行われ、その後も核や原子力の関連施設が集積してきたのか。州政府で環境政策を担当していた元職員で現在は核軍縮問題に取り組んでいるグレッグ・メロさん（70）が解説する。「単に土地が余っていたからではない。従順な後発地域と見なされたからだ」。人種や経済的な背景がある。そんな見方だ。

州人口のうち中南米系の割合は48%と全米50州で最も高く、先住民族も多い。世帯収入の中央値は2番目に低く、裕福でもない。

国連人権理事会の特別報告者として有害物質・廃棄物の汚染問題を担当するバスクト・トゥンジャク弁護士（41）は、差別の構図があると明言する。いわく「特定地域が不釣り合いな核のリスクを背負うのは、地理的な理由だけではない」と。ただ、それはアメリカ固有の問題でもないらしい。「核施設を『わが家の裏にはごめん』と人種・民族的な少数派や低収入の地域に押しつけるのは、世界的なことだ」とトゥンジャク氏。一例に挙げたのが、日本の原発政策だった。

中間貯蔵施設に反対するハーボーさんに、賛成派の住民らはこう苦言を呈するらしい。施設の受け入れは「愛国者の義務だ」と。ハーボーさんは「そう言われると誰もが言い返しづらくなる」と苦笑いするが、いつもこう切り返すという。「少数派を利用するようなやり方は長続きしないし、この州は『義務』を果たしてきた。何も借りはないんだ」。もう十分、核技術の犠牲になってきた、と。

ここで、実際にマンハッタン計画で原爆開発に携わった科学者の話を紹介したい。75 年の歳月を経て、何を思うのか。

ディター・グルーエンさん（97）は 1944 年 9 月、大学を出てマンハッタン計画に参加するため、急ピッチで建設が進んでいた急ごしらえの秘密都市に赴いた。トリニティ実験が行われたニューメキシコ州から東に 2,200km にあるテネシー州のオークリッジ。グルーエンさんが着いたとき、一帯はまだ開発中で、道路も未舗装だったという。膝まで泥にまみれながら、たどり着いた記憶が残っている。

ドイツ出身のユダヤ人。ナチスの迫害から逃れるため、親戚が住むアメリカに 14 歳のときに渡ってきた。大学卒業時は第二次世界大戦の真っただ中。ケガをした兵士用の抗菌薬の研究を続けるつもりだったが、マンハッタン計画に関わっていた大学の担当教官から、マンハッタン計画の主要拠点の一つだったオークリッジを推薦される。担当したのは、原爆に必要な大規模なウラン濃縮の研究。「なぜそれが必要なのかは分かっていた」。

計画に携わる原動力は何だったのか。そう尋ねると、グルーエンさんの答えは「不安」だった。いわく「ヒトラーが核兵器を手にすれば、世界が苦しむ。だから、私たちの研究で戦争遂行に貢献したいと願っていた」。

赴任から 1 年足らずの 1945 年 8 月 6 日、広島にウラン型原爆が落とされる。「ぞっとする絶望的な気持ちだった」と当時の気持ちを教えてくれた。原爆投下が戦争を終わらせ、日米双方のさらなる犠牲を防いだと今も信じている。一方で「核兵器廃絶の方法を見つけなければ、全ての文明社会が破壊されるだろう」とも。それは、原爆投下直後からずっと持ち続けてきた危機意識だ。

グルーエンさんが博士号を取ったシカゴ大学の図書館に、1945 年 12 月付の赤茶けた書簡の写しが残る。そこには、こう書かれている。「次の戦争は現代文明の破壊を意味しうる」。原爆開発に関わった仲間との連名で、当時のハリー・トルーマン大統領などの政府要人や科学者、文化人など計 154 人に送ったものだ。グルーエンさんは手紙の中で、「世界政府」の樹立を提唱し、手をこまねいていれば「手遅れになる」と訴えた。

今、そんな理想から現実は、むしろ遠のきつつある。少なくともグルーエンさんの目にはそう映っている。オバマ元大統領は「核なき世界」を志向したことで知られるが、トランプ氏は大統領在任中、爆発を伴う核実験の再開を示唆した。核兵器関連を含む軍事費を増大させ、「特に中国、ロシアの行動を考えれば選択の余地はない」という考え方だ。

新型コロナウイルス感染症のワクチン開発もそうだ。トランプ氏は「マンハッタン計画以来の科学、産業、物流の壮大な試みだ」と語っていた。ワクチン開発を原爆開発になぞらえて、国力の結集を訴えたわけだ。そこに国際協力の視点は見えなかった。

グルーエンさんは取材の際、そんなトランプ氏の姿勢に異議を唱えていた。「いま必要なのは国際社会が結集、対話し、人類共通の脅威である新型コロナのパンデミック（世界的大流行）や気候変動、核廃絶に立ち向かうことだ。全力を傾ければ難題も解決できる。私にとってマンハッタン計画の教訓だ」と。ちなみに、グルーエンさんは取材の際、まだ現役の科学者として、太陽光発電の効率化に向けた研究を続けていると語っていた。

3. 議論なき原発存続の背景

前述した高レベル放射性廃棄物の中間貯蔵施設を例に挙げるまでもなく、原子力にまつわる不安の1つが、事故のリスクだろう。「メルトダウン」（炉心溶融）を伴う大事故に至った2011年の東京電力福島第一原発事故は記憶に新しいが、世界初のメルトダウン事故とされるのが、1979年に米東部ペンシルベニア州のスリーマイル島（TMI）で起きた原発事故だ。

連邦政府は「死傷者はゼロ」との立場だが、住民らは現在も健康被害を訴え、事故と健康被害の因果関係を示す研究結果も出ている。トリニティ実験と同じように、アメリカ史上最悪の原発事故は今も終わっていない。事故40年の節目に合わせた取材のため、2019年に何度か現地に通った。

母親、姪、同級生、そして自分－。TMIの南約10kmに住む当時高校生だったペギー・パーキンスさん（54）は、身近な人々が次々と脳腫瘍などのがんを患い、自身も31歳だった20数年前から皮膚がんや甲状腺異常症と闘ってきた。もともと家族や親戚にがん患者は「一人もいなかった」。長女（33）には背骨の先天異常や腎臓病がある。すべてが偶然とは思えないという。

心配するのは次世代のことだ。孫や、まだ見ぬひ孫に、放射線被ばくの影響が出るのではないか、と。「もっと早く放射能漏れを教えてくれていたら…」。

州都ハリスバーグ近郊のミドルタウンにあるTMIは、米東海岸で最も長いサスケハナ川の中州だ。川岸には住宅地が広がっている。

1979年3月28日午前4時。原子炉2基のうち、その3カ月前に営業運転が始まったばかりの2号機で設備の不備や誤操作が重なり、核燃料が溶け落ちる炉心溶融が発生し、放射能が外部に漏れ出した。当時の州知事が、妊婦と未就学児を対象に半径5km圏からの退避を勧告したのは2日後のこと。事故発生から56時間がたっていた。NRCや原子力の業界団体の見解では、「放射性物質の放出量は少なく、健康や環境への影響は無視できるほどだった」。癌患者や死亡率の増加を指摘した著名大学の研究ですら放射線被ばくとの関係を否定し、原因は「事故による精神的ストレス」と結論づけていた。

その一方、実際の被ばくレベルが政府の説明より相当高くなければ、癌患者の増加は「考えづらい」と疑問を投げかけた研究結果もある。最近では2017年、地元ペンシルベニア州立大学の研究チームが、甲状腺癌を患った周辺住民の検体を調べ、「事故と癌の相関性の可能性が示された」と発表した。癌の原因そのものが放射線かどうかは判断を避けながら、事故後の一定期間に発症した集団で、放射線被ばく特有の遺伝子変異が多かったというのだ。CDCの統計では、ペンシルベニア州は2014～2018年の甲状腺癌発症率が全米3位、癌全体では2位。それ以前も全米平均より高い状態が続いてきた[4)]。

メアリー・ステイモスさん（75）は事故以来、頭が2つある乳牛など動植物の奇形を1,000例以上集め、NRCに放射能の影響を訴え続けてきた。そんな数々の「証拠」資料をテーブルに広げ、「政府は『事故は終わった』と言うけれど、私たちはそれが真実ではないと学んできた」と訴えた。

事故当時ミドルタウン市長だったロバート・リードさん（86）も友人や近

写真14　住宅地の向こうで蒸気を上げるTMI原発（2019年撮影）

隣住民、きょうだいを癌で失った。リードさんは、それは事故の影響だと思っているが、「自分は専門家ではないから」と確証がない。40年の歳月を経て、もはや因果関係の解明そのものに悲観的だ。

事故の真相がはっきりしないまま、実は、TMI原発は2019年まで稼働していた。

TMI原発を運営していた米電力・ガス大手エクセロンは2019年、TMI原発の運転を全面停止し、廃炉作業に入った。当時の発表によると、作業完了は2078年の予定で、廃炉費用は総額12億ドル（1,300億円）程度。エクセロンがNRCに提出した廃炉計画では、使用済み核燃料を貯蔵プールで保管した後、2022年末までに乾式貯蔵施設に移す。2074年に冷却塔などの大型構造物の解体を始め、放射性廃棄物の撤去を終えるのは2078年という長期戦だ。

廃炉の理由は、採算割れだった。TMI原発は1974年に稼働し、全2基のうち2号機が1979年の事故で閉鎖された。残る1号機は1985年に再稼働したが、エクセロンによると7年前から赤字に陥っていた。州議会でTMIを含む州内すべての原発全9基を年5億ドル（550億円）かけて支援する事実上の延命策が検討されたが、再生可能エネルギーの普及を妨げるなどとして反対論が根強く、延命策は頓挫。エクセロンは本来2034年まで残っていた運転許可期限を待たずに廃炉にすることを最終的に決めた[5)]。

実は、アメリカでは、いわゆるシェールガス革命で天然ガスの産出量が急増し、それに伴う価格低下で火力発電が拡大。さらに、太陽光や風力といった再生可能エネルギーの割合も急増し、相対的に原子力の求心力が下がり続けている。しかし、原子力の業界団体が気候変動対策をよりどころに巻き返しを図る中、行き場のない「核のごみ」をどうするのかを含め、歴代政権の原子力政策は党派を問わず、迷走して見える。

大統領選が盛り上がりつつあった2020年2月、トランプ氏はツイッターに唐突に投稿した。「ユッカマウンテンに対する皆さんの声は分かる。私の政権は尊重する」。ユッカマウンテンとは、ラスベガスを擁する西部ネバダ州にある砂漠地帯だ。使用済み核燃料などの高レベル放射性廃棄物を、このユッカマウンテンに1万～100万年想定で埋設する長年の計画があるのだが、トランプ氏のつぶやきは、その計画の断念を打ち出すものだった。

前述したように、アメリカでは、高レベル放射性廃棄物の処分は連邦政府の責任。連邦議会は1987年、地元の反対を押し切る格好でユッカマウンテンを唯一の最終処分計画地に選んだ。しかし、まず計画を中止し、代替策を模索する方針を示していたのは、オバマ政権だった。その後、2017年に誕生したトランプ政権は計画再開のために予算要求を続けてきたが、再選を目指した大統領選を目前に控えて方針転換した。2016年大統領選で、トランプ氏が民主党のヒラリー・クリントン元国務長官に得票率2.4ポイント差で惜敗したのが、このネバダ州。方針転換は、ネバダ州の世論調査でユッカマウンテン計画への反対が58%と、賛成の33%を上回る中、再選のための露骨な選挙対策だったわけだ。

対するバイデン氏。トランプ氏の方針転換を受けて同じ日に発表した報道機関向けの声明で「ツイッターの空虚な約束」と疑問を投げかけ、「バイデン政権では絶対、核のゴミをネバダに捨てることはない」と断言した。

ただ、トランプ氏もバイデン氏も、最終処分先についてユッカマウンテンの代替策を示しているわけではない。最終処分場が決まらず、高レベル放射性廃棄物は増え続けている。エネルギー省によると、9万トン以上が原発敷地内など39州の計113カ所に点在している。使用済み核燃料だけで8万トンに上り、これはサッカー場の広さを深さ20メートルまで掘り下げた容量に当たるという。

低調な議論は、原発そのもののあり方も同じだ。2020年大統領選に向けた民主党の候補者選びでは、バイデン氏も含む主要候補者らは、共和党のトランプ氏が否定的だった気候変動への対策を異口同音に訴えていた。しかし、主要候補の中で「反原発」の旗幟を鮮明にしていたのは、全米の支持率で一時首位を走っていたバーニー・サンダース上院議員ただ1人。サンダース氏は「フクシマやチェルノブイリの教訓に照らせば、原発は割に合わない」と「段階的廃止」を公約に掲げていた。これに対しバイデン氏は気候変動対策のために「あらゆる低炭素・無炭素技術に目を向けるべきだ」と主張。サンダース氏を除く他の主要候補も軒並み曖昧な主張に終始し、議論は深まらなかった。

こうした背景として、与野党ともに原子力関連の業界団体から巨額の献金

写真15　原子力業界の実態を語るヤツコ氏

を受けているため、との指摘がある。事故のリスクや軍事転用の恐れから原発に反対してきた NPO「ビヨンド・ニュークリア」のポール・ガンター氏は、大統領選で原発論議が低調な背景について、与野党ともに原子力関連の業界団体から献金を受け、「気候変動対策に原発は欠かせない」という業界側の主張が浸透していると指摘。原発の経済性や安全性、核廃棄物の処分といった問題が見過ごされてしまう懸念を指摘している。

一方、業界側の圧力の強さを実感として証言してくれたのは、2011 年の東京電力福島第一原発事故当時にアメリカ原子力規制委員会（NRC）の委員長だったグレゴリー・ヤツコ氏だ。

ヤツコ氏は、経済性や安全性を理由に「原発に頼る限り事故は必ず起きる」と述べ、発電コストが下がり続けている再エネの開発に全力を注ぐべきだと主張している。福島の事故後、NRC として地震や火災、水害といった災害に対する原発の脆弱性をあらためて洗い出したが、原子力業界の妨害などで「わずかな改善」しか実現できなかったと回想。業界という「圧倒的存在」が規制当局や政官界にも幅を利かせる構図が安全対策を阻み、市場原理で立ちゆかなくなった原発を延命させる一因になっていると指摘し、原発事故について「次のリスクを認識、理解する必要がある。起きるかどうかではなく、いつ起きるかだ」と語った。

おわりに

核や原子力を巡る問題は、あらためて言うまでもなく、アメリカだけでなく世界が抱える問題であり、日米両国の間に横たわる課題でもある。「気候変動対策のため」と喧伝されるもっともらしい大義名分も、歴史の流れの中で忘れられてきた犠牲に目を向けることで、また違って見えるかもしれない。

注

1）“H.Res.109 — Recognizing the Duty of the Federal Government to Create a Green New Deal,” 116th Congress（2019-2020）.
2）Joe Biden and Kamala Harris, “The Biden Plan for a Clean Energy Revolution and Environmental Justice.”
3）“The Trinity Test—Elsie McMillan Remembers Asking Her Husband Edwin What Would Happen at the Trinity Test,” YouTube, March 28, 2017.
4）“Cancer Statistics at A Glance,” Centers for Disease Control and Prevention, https://gis.cdc.gov/Cancer/USCS/#/AtAGlance/.
5）TMI原発の詳細については以下を参照。J. Samuel Walker, *Three Mile Island: A Nuclear Crisis in Historical Perspective*（Berkeley: University of California Press, 2006）. 連邦政府の原発政策については以下を参照。Gregory B. Jaczko, *Confessions of a Rogue Nuclear Regulator*（New York: Simon & Schuster, 2019）.

第 12 章

ウイルスは銃規制も蝕（むしば）んだ

― 相次ぐ銃撃事件と新型コロナの影響 ―

赤川　肇・杉藤　貴浩

写真 16　2020 年 3 月、ニューヨーク郊外の銃器店に並ぶ人たち

はじめに

「散弾銃や弾は、ありません」。アメリカで新型コロナウイルス感染症が一気に広まっていた2020年3月。ニューヨーク郊外にある銃器店の前には、銃や銃弾を買い求める人の列ができていた。店の出入り口には、すでに品切れ状態になったことを伝える張り紙があった。感染拡大に歯止めがかからず経済の長期低迷も現実を帯びる中、治安悪化への不安を背景に銃器類の需要が急騰し、アメリカ連邦捜査局（FBI）が受け付けた銃購入希望者の身元照会は同月、過去最多を記録することになる。

この店の近くに住む中国系アメリカ人の男性会計士（40）はマスク姿で来店した。ライフル銃を買って帰ろうとする男性に記者が声を掛けた。「新型コロナのせいでアジア系がヘイトクライム（憎悪犯罪）の標的になる例もあったし、経済情勢が今後悪くなれば何が起きるか分からない。万一のためだ」と男性。その後1年以上に及ぶコロナ禍でアジア系へのヘイトクライムが社会問題化し、男性の懸念が杞憂でなかったことは証明されることになる。

ギャラップ社による2020年9～10月の世論調査では、銃規制について「現状より厳しい法規制」を求める人は57%と過半数を超えたが、トランプ政権下だった2018年3月の67%からは10ポイント低下[1)]。アメリカでは近年、多数の死者を出す銃乱射事件が相次ぎ、銃規制を求める声が高まっていたが、コロナ禍に伴う社会不安はその流れを押し戻す方向に働いた可能性がある。背景には、公称500万人の会員数や豊富な資金力を源泉に「今世紀最強の圧力団体」（ワシントン・ポスト紙）とされ、銃規制に一貫して反対してきた全米ライフル協会（NRA）の巻き返しもある。

「規律ある民兵は、自由な国家の安全にとって必要であるから、国民が武器を保有し携行する権利は、侵してはならない」。合衆国憲法修正第2条。銃規制を否定、牽制する根拠として引かれる定番だ。連邦政府による圧政への対抗手段として武器保有権を保障するための条文だったとされる。とはいえ、この条文が追加されたのは、憲法制定4年後の1791年。もう230年前、日本が寛政時代のことだ。

修正第2条を理由に銃規制に消極的な立場を貫いたドナルド・トランプ前大統領に対し、バイデン政権は銃規制を推し進める立場を鮮明にしている。銃規制というアメリカを長年にわたり二分してきた課題を巡り、コロナ禍は再び国民の分断をあおることにもなりかねない。

1. 繰り返される悲劇

アメリカ疾病予防管理センター（CDC）によると、アメリカの銃器による年間死者数は、トランプ氏が就任した2017年に39,773人に上り、統計が残る1979年以降最多を記録した。2018、19両年も39,700人台で推移し、高止まり

写真17　西部ネバダ州ラスベガスのホテル。発砲場所とされる32階の部屋は窓が割れていた

状態が続く[2)]。その数は、減少傾向にある自動車事故の年間死者数37,595人（2019年）を上回っている。人口10万人当たり12人が毎年、銃器が原因で命を落としていることになる。

アメリカ史上最悪の犠牲者を出した銃乱射事件が起きたのも2017年だった。

2017年10月1日午後10時（日本時間2日午後2時）ごろ、日本人観光客にも人気の西部ネバダ州ラスベガス。事件は、カジノや高級ホテルが建ち並ぶ「ラスベガス・ストリップ」と呼ばれる目抜き通りの野外コンサート会場で起きた。白人の男スティーブン・パドック容疑者が、通りを挟んだ高層ホテル32階の部屋から22,000人が詰めかけた会場に向け、10分前後にわたり「アサルトライフル」（突撃銃）と呼ばれる半自動小銃などを乱射。少なくとも58人が死亡し、500人以上が負傷した。警察官が約1時間後に部屋に突入した時点で容疑者は自殺していた。

「いったいどこから狙われているのか」。一夜明けた現地。会場に居合わせた人々が、銃撃犯の居場所がつかみにくい上方から銃撃を受け、あてもなく逃げ惑った当時の惨状を証言した。「どこに逃げれば、何をすればいいか分からない。それが恐ろしかった」。ホテルに近い会場の客席にいた地元の保健師アンソニーさんは、周りの人たちが次々と倒れ込む様子を見て、初めて銃撃に気づいた。目の前のフェンスを上って外に逃げようとする人の群れは、やがて人の上に折り重なるようにして逃げ惑う「無秩序」な群衆に変わったという。アンソニーさんは「逃げている間ずっと、後ろから撃たれる恐怖が消えなかった」と振り返る。

いったん止まったと思ったら、30秒ぐらい銃声が鳴り続く。「まるで終わりがないかのようだった」。乱射事件を目の当たりにした大学生ブランドン・グラヘダさんは、連射音の恐怖が消えない様子だった。

約3億丁の銃が出回っているとされるアメリカ。事件は、殺傷能力の高い突撃銃のような銃器も「野放し」となっているアメリカ社会の深刻な実態を浮き彫りにした。ネバダ州は、銃規制が最も弱い州の一つで、銃が容易に手に入る実態も犯行の背景に浮かんだ。さらに容疑者が使用した銃のうち一部には、

写真18　ラスベガス事件の翌日、現場近くの電柱には、銃規制を訴える手書きのビラが貼られていた

「バンプ・ストック」という簡単に連射できる装置が付いていた。

事件から2年後の2019年10月。発砲場所となったホテルの経営会社が合計で最大8億ドル（約850億円）を被害者側に支払う和解案が合意に達したと、被害者側の代理人弁護士らが発表した。遺族や負傷者ら計約4,400人がMGMリゾーツ・インターナショナルに損害賠償を求める訴えを各地で起こしていた。

一方、事件の動機は分からずじまいだ。ホテルや容疑者宅からはライフルなど計47丁や爆発物が見つかり、容疑者が人が集まるイベント会場などを物色していた痕跡も判明した。過激派組織IS（イスラム国）が犯行声明を出したが、捜査当局は容疑者との関係を否定した。

ラスベガス事件の翌日。追悼ムードに包まれた現場近くの電柱に、緑色で手書きしたビラが貼られていた。トランプ大統領に銃規制強化を訴える内容だった。「臆病者が無辜（むこ）の人々を理由もなく銃撃できる世界は悲しい。今こそ規制すべき時だ。さあ、トランプさん」。ラスベガス市役所で開かれた追悼集会では、地元選出議員が「こんな状況をもう放置できない」と銃規制の強化を訴えた。ただ、遠巻きに見ていた地元の清掃作業員ハサーン・ハミルトンさんは「トランプ政権はNRAと仲良し。人の命よりカネの方が影響力が強い。同じことの繰り返しだろう」と嘆いた。

実際、トランプ氏がビラに記されたような期待の声に応えてきたとは言いがたい。トランプ政権は2018年、バンプ・ストックの禁止には踏み切ったが、半自動小銃そのものは連邦レベルでは規制が見送られたままだ。

銃規制の気運が高まるたび、トランプ氏が繰り返し口にした言葉がある。「銃の問題ではなく、精神衛生の問題だ」「悪いのは人で、銃ではない」—。まるでNRAの主張をなぞるかのような言説だった。

2. アメリカ最大の圧力団体

合衆国憲法修正第2条を根拠に銃規制に反対するNRAは、銃犯罪が起きるたび「銃ではなく精神の病を減らすことが解決策だ」「銃を持った悪人を止めるには、銃を持った善人が必要だ」と矛先をかわしてきた。ラスベガス事件で使われた連射装置「バンプ・ストック」の規制にも前向きな姿勢を示したが、それは厳しい法規制を求める世論の高まりを抑えたい思惑があるとみられていた。銃規制を阻んできたロビー団体の影響力とは—。

「小さくとも注目に値する変化」(ニューヨーク・タイムズ紙)。NRAがラスベガスの事件を受け、バンプ・ストックを「追加規制の対象とすべきだ」と声明を出したことについて、米メディアは驚きを持って伝えた[3)]。

銃規制に詳しいニューヨーク州立大のロバート・スピッツァー教授（政治学）は取材に「事件で強まっている銃に批判的な世論をなだめるためだ。影響の少ないバンプ・ストックに対象を絞り、しかも限定的か弱い規制を目指すだろう」と指摘。NRAとの関係が深い共和党政権（当時）下では、さらなる銃規制は難しいとの見方を示した。

政治資金監視団体「センター・フォー・レスポンシブ・ポリティクス(CRP)」の調べでは、NRAを中心とする銃所持支持派による政治家や政党などへの資金提供は、その約9割を共和党関係が占める[4)]。2016年大統領選の候補者への寄付では、96万9,000ドル（約1億円）を受け取ったトランプ氏を筆頭に共和党候補が上位を独占した。

写真19　銃器がずらりと並ぶニューヨーク郊外のスポーツ用品店

CRPのサラ・ブライナー統括研究員によると、NRAは直接の資金提供だけでなく、規制派を攻撃するテレビCMなど落選運動を行う政治資金団体にも多額を投じている。前回大統領選があった2016年は約5,400万ドルに上ったという。

影響力はカネにとどまらない。スピッツァー氏は、全米で公称会員500万人を誇る動員力と、銃規制反対の一点のみでロビー活動を展開する強みを強調する。「政治家にとって、NRAの主張に反対し、もめ事に悩まされるより、うまく付き合う方が簡単だ」。

実際、トランプ氏は大統領就任前、銃規制に前向きな発言をしていたことがあるが、2016年の大統領選で豊富な資金力を持つNRAの支持を得るため、規制強化に反対する姿勢に転じた。ラスベガス事件後には「彼は病んでいて、頭のおかしい男だった」と容疑者個人の問題を繰り返し強調し、銃規制には慎重な発言に終始した。

そのNRAの影響力を支えるのは、国民の4割が自宅に銃を所有している銃社会の現実だ。ラスベガス事件から3カ月後の2018年1月、現場近くで全米最大規模とされる銃器見本市が開かれた。AP通信によると、日本を含む国内外の業者が募集枠を超えるほどの盛況。会場にはトランプ氏の長男ジュニア氏も訪れていた。

筆者が銃社会の現実を思い知らされた逸話がある。

ラスベガスの事件をきっかけに連邦レベルで禁止されることになったバンプ・ストック。引き金を引き続ける限り連射する全自動小銃の個人所有はすでに連邦法で規制されていたが、バンプ・ストックは「部品」として扱われ、事件当時は「合法」だった。

「客からの問い合わせは過去3年間で3件もなかったのに、事件後は3日間で20数件もあった」。事件数日後、現地近くの銃器店を訪れると、店員のアーサー・ネザルトンさんがこう教えてくれた。間もなく、民主党上院議員団がバンプ・ストックの製造・販売や所持などを禁止する法案を提出する。こうした規制の動きを見越して需要が高まり、銃器店では品薄状態に。ネザルトンさんが問屋に問い合わせると、こう言われたという。「1年分の在庫が一気にはけてしまった。2～3倍の値段でネットオークションに並ぶだろう」。

3. 酒＝NG、銃＝OK

2018年2月、今度は南部フロリダ州パークランドの高校で銃乱射事件が起きる。この高校の元生徒が半自動小銃を乱射し、生徒14人と教職員3人が死亡した。銃は18歳のときに合法的に入手したとされる。

事件翌日。真っ青な空へ17個の風船が舞い上がった。ヤシの並木道に面した教会の屋外広場。摂氏30度近い暑さの中、追悼集会が開かれ、数百人の生徒や地元住民らが互いに肩を寄せ合っていた。

男子生徒のルーク・オニールさんは、生徒らを守ろうとして犠牲になったとされるフットボールのコーチ、アーロン・フェイスさんや、地理担当の教師スコット・ベイゲルさんの教え子。「コーチは会えばいつも握手をしてくれる優しい人だった」。友人のアレックス・シャクターさんも失ったといい、うつむきながら言葉を絞り出した。

高校を囲む金網のフェンスには木製の十字架が17本、花束とともに手向けられていた。そこから数百メートル先にある校舎に捜査員らが出入りする。その様子を規制線から眺めていた3年生の女子生徒ティキマ・ホーガンさんは「酒も買えない19歳が銃を買えるなんて…。銃を規制するだけでも、学校はもっと安全になるはずなのに」と銃規制の強化を訴えた。矛先は当時のトランプ大統領へ。事件翌朝のツイートで、トランプ氏は「精神的な混乱を示す兆候が数多くあった。不規則なことをして学校を退学させられていた。近隣住民や同級生は、彼に大きな問題があると知っていた」と記した。事件の論点を、銃規制の是非から個人の資質にすり替えようとしているのは明白だった。

こうしたトランプ氏の姿勢に疑問を持つ在校生らが「二度と繰り返させない」と銃規制強化を求めて声を上げ始めた。

「大統領が祈ることしかできないなら、被害者が変わるときだ」。事件3日後の集会で、在校生のエマ・ゴンザレスさんが涙ながらに訴えた。銃規制に口をつぐんだまま「遺族に祈りをささげる」とツイッターに書いたトランプ氏を名指しし、NRAから献金を受ける政治家を「恥を知れ」と非難。俳優ジョー

写真20　パークランド事件の翌日、現場近くで開かれた追悼集会で悲しみを分かち合う高校生ら

ジ・クルーニーさん夫妻が寄付を申し出るなどして話題を呼び、「私たちの命のための行進」という世界的な運動に広がっていった。

4. 権利と規制の狭間で

銃規制強化を求める世論の高まりをよそに、トランプ氏が前のめりに推し進めた学校の銃犯罪対策がある。教職員に銃を持たせる武装化だ。銃規制にあらがうNRAの意をくんだ主張だが、「学校がよりいっそう危険になる」といった反対論は根強い。

トランプ政権がパークランドの事件を受けて公表した学校の安全対策は、教職員の武装化に必要な州政府支援を盛り込むなど「学校を強くすること」を第一に掲げた。一方、トランプ氏自身が一時意欲を示した銃購入年齢の引き上げを「研究課題」として見送るなど、新たな銃規制には踏み込まなかった。

「高度に訓練された教員が銃を隠し持てる。抑止力だ！」。トランプ氏はツイッターで武装化推進をこう自賛した上で、年齢制限を盛り込まなかった理由を「政治的支持が多くない（控えめに言って）」と議会に矛先を向けた。

そもそも教職員の武装化はNRAがかねて訴えてきたことだ。パークランドの事件後も、学校を強くすることが「最良の方策」と武装の必要性を繰り返してきた。

実は、南部や中西部の一部地域では、すでに実践例がある。

田園風景が広がる南部テキサス州カリスバーグ学区。東部コネティカット州の小学校で26人が犠牲となった2012年の銃乱射事件をきっかけに、志願した教職員に銃を持たせたり、生体認証式の金庫で保管させたりしている。名づけて「守護者計画」。スティーブ・クラグストン教育長は取材に「悲劇を最小化する方法を探した」と語った。

学校周辺には銃携行を周知する掲示板を立てて「乱射犯は簡単な標的を探そうとする。対象になるのはお断りだ」と抑止効果を強調。武装化は当時、州内6例目だったが、今では州全体の1割強の約170学区に広がったという。

しかし、州教員組合のクレイ・ロビソン広報担当は「校内の銃を増やすのは安全対策に逆行する」と問題視する。フロリダの事件では敷地内にいた武装警官が犯行を放置したとされる。「いくら教員が訓練を受けても、極限状態は想像できない。誤って子どもを傷つけてしまう恐れもある」と。

世論も懐疑的だ。全米の有権者を対象にしたキニピアック大学の2018年3月の世論調査では、学校への武装警官配置は賛成が82%と、反対の14%を圧倒。しかし教職員の武装化に関しては反対58%、賛成40%と逆転した[5)]。

それでも銃武装を促す背景に、カネと票を握るNRAへの配慮は否めない。

「教員の2割が銃を持っている学校に足を踏み入れようとはしない」とトランプ氏。ワシントン・ポスト紙の試算では「教員の2割」は陸海軍の現役隊員数に近い約71万人で、その銃武装には訓練費と拳銃購入費で総額2億5,000万～10億ドル（260億～1,060億円）が必要という。

武器を持つ権利と規制の狭間で、どう安全を確保するか、市民も揺れている。

どこでも誰もが凶弾の標的になり得る中、子どもらの自衛策として、防弾性能をうたうバックパック（リュックサック）の人気が高まった。ただ、効果などに懐疑的な見方もあり、保護者からは賛否両論が聞かれた。

「世界で最も実用的かつ強力、安全なバックパックです」。南部フロリダ州にある防犯用品会社ガード・ドッグ・セキュリティーのインターネット上の宣伝動画[6)]。実際に拳銃で撃ってみせる。パン、パン、パン。「貫通していませんね」

同社は大きさや色合いもさまざまな「防弾バックパック」を自社サイトや大手小売りチェーンを通じて販売。1個約120ドル（1万3,000円）からと安くはない。それでも、乱射事件後や新学期前に注文が増えるといい、同社のヤシル・シェイク代表は取材に「売り上げは年々伸びている」と需要の高まりを実感している。

パークランドの事件で亡くなったアリッサ・アルハデフさん（当時14）の母ロリさんも事件後、息子2人に買い与えた。「頭や体の大切な部分をバックパックでどう守るかを伝えたわ。そんな会話をしなければならないのはつらかったけれど、避難訓練では教えてくれないから」。

実は、ロリさんは事件後、地元郡の教育委員に初めて立候補し、当選した。事件翌日、テレビを通じてトランプ氏に「お願いだから行動を起こして！」と泣き叫ぶように訴えたが、「残念だけど、彼は何も応えてくれなかった」と振り返る。「安全最優先の学校教育に変えたい」。党派対立で遅々として進まない銃規制の現実を前に自ら立ち上がる決心をした。学校を狙った銃暴力が後を絶たない中、銃規制論議と切り離して学校当局が講じておくべき対策も少なくなかった。それがロリさんの見方だ。「賛否が割れる銃規制のための闘いは必要。でも私は誰もが賛成する学校の安全対策こそ進めたい」。胸元のペンダントには、笑顔のアリッサさんが描かれていた。

写真21　トランプ氏にテレビを通じて「お願いだから行動を起こして！」と訴えたロリ・アルハデフさん

5. 大統領が助長？

トランプ政権下で 10 人以上が死亡した銃乱射事件は、前述したラスベガスやパークランドを含めて 8 件起きた。中には、トランプ氏自身の言動との因果関係が指摘された事件もあった。

2019 年 8 月に南部テキサス州エルパソで 22 人が死亡した事件では、半自動小銃を乱射した白人の男がヒスパニック（中南米系）を標的にしたと供述した。トランプ氏が事件後に現地を訪れた際、「差別をあおった」と非難するデモが行われた。移民の流入を「侵略」と表現し、敵視するような発言を繰り返してきたからだ。

アメリカ最大とされるネオナチ組織の総帥だったジェフ・スクープ氏は取材に「憎悪には出口がない」と語り、ヘイトクライム（憎悪犯罪）の過激化がさらなる過激化を呼ぶ悪循環を指摘する。男に対し「決して正当化も賛同もしない」と非難した上で、「ただ、何に怒っているのか理解できるところはある」と続けた。

男の犯行声明は「ヒスパニックのテキサス侵略への対応」「移民はアメリカの未来に有害なだけ」とつづられ、「国を破壊から再生する闘いの先頭に立てて光栄だ」と締めくくる。最近の憎悪犯罪を称賛するくだりもある。

白人至上主義などの極右思想を掲げる「国家社会主義運動」（NSM）を 1994 年から率い、2019 年 3 月に引退表明したスクープ氏は「社会から疎外され、声が届かない。そう感じている若い白人、特に男性は多い」と現役時代を回想した。エルパソ事件の犯行動機にも似たような「怒り」を感じるとともに、「先例をしのごうとしている」と憎悪犯罪の過激化も見て取る。

こうした中、トランプ氏が問われてきたのが白人至上主義や極右思想への寛容姿勢だ。

南部バージニア州シャーロッツビルで 2017 年 8 月、白人至上主義者らの集会に参加した男が反対派集団に車で突っ込み、女性が死亡した事件では、トランプ氏は「双方に素晴らしい人々がいた」と差別主義の擁護とも受け取れる発言を連発。2019年には西部オレゴン州で極右団体と極左集団「アンティファ（反ファシスト）」の双方が集会を開き、衝突が懸念された中、ツイッターに「アンティファの『テロ集団』指定を検討中だ」と投稿し、極右側には触れなかった。

トランプ政権下で与野党対立が先鋭化する政治情勢の下、スクープ氏はエルパソ事件のような惨劇の連鎖を懸念。「誰か一人だけを責められない」と前置きした上で「大統領が何かを言えば、誰かを動かしうる。政治問題に立ち向かうとき、もっと慎重に言葉を選ぶべきだ」とトランプ氏に忠告した。

6. バイデン政権でも続く銃犯罪

銃規制のあり方も争点の一つとなった2020年11月の大統領選。その1カ月前の10月1日には、アメリカの銃乱射事件として史上最悪の死者58人を出したラスベガス事件から3年を迎えた。詳しい犯行の動機はなお明らかになっていない。

事件の生存者ジーナ・マラーノさんは取材に「銃声と悲鳴が響く中、必死で逃げ回った」と当日を振り返る。その経験から事件後は銃規制運動に参加。「銃を持つ権利と規制強化を両立しなければならない」と訴えた。ラスベガス事件後も南部フロリダ州の高校で生徒ら17人が死亡する乱射などが発生し、高校生による銃規制デモが盛り上がった。

しかし、NRAの支援を受ける共和党のトランプ政権下で対策は進まなかった。トランプ氏は大統領選でもほとんど銃の問題に触れず、自由な銃所持を引き続き擁護する姿勢を示した。一方、バイデン氏は、銃の購入者の身元確認強化のほか、ヘイトクライムで有罪となった人物の銃の購入や所持を禁止する方針を掲げた。

スタンフォード大学のジョン・ドノヒュー教授は取材に対して以下のように答えた。

Q. ラスベガス事件後、銃規制はどう進展したか。

A. 事件で使われた殺傷力の高い連射装置のバンプ・ストックを禁止するなどの動きはあったが、トランプ政権下で大きな前進はなかった。NRAは（多額の献金で）共和党に非常に強い影響力を持つ。同党の大統領が続く限り、連邦レベルで銃規制が強化されることはないだろう。

Q. 銃規制強化への賛成は民主党支持層で9割近く、共和党で3割程度との世論調査もある。大統領選への影響は。

A. ラスベガス後も乱射事件は相次ぎ、有権者の関心は高い。NRAと共和党は銃がなければ暴漢から家族をどう守るのかと訴える一方、民主党はアメリカが先進国で突出した銃による犠牲を生んでいると主張するなど立場の違いは大きい。選挙結果は規制の行方に大きな意味を持つだろう。

Q. アメリカが効果的な銃規制を進めるにはどうすればいいか。

A. まず、犯罪目的の銃の購入を取り締まるために身元確認を厳格化すべきだ。共和党のジョージ・W・ブッシュ政権で失効した殺傷力の高い銃器や、大きな弾倉の販売を規制する攻撃用兵器禁止法の復活も必要。将来的には、オーストラリアが実施したような違法な銃の回収や買い戻しで、社会から銃を減らす努力をしなければならない。

この後、大統領選はバイデン氏が勝利し、銃規制への期待が高まった。だが現実には無差別乱射事件などの銃犯罪は連日のように発生。バイデン氏の就任後も、銃規制問題については「政権交代」を実感することはほとんどないと言っていい。

2021年3月16日には、南部ジョージア州アトランタとその周辺で銃撃事件が相次ぎ、8人が死亡。その1週間後の22日には、西部コロラド州ボールダーの食品スーパーでの銃撃事件で、男性警官を含む10人が死亡した。5月には、西部カリフォルニア州サンノゼでも銃乱射事件があり、少なくとも8人が殺害され、発砲したとみられる男も死亡した。

7. バイデン政権の銃規制と課題

こうした中、バイデン大統領は2021年4月、新たな銃規制策を発表した。「ゴースト銃」と呼ばれる自家製銃の規制などが柱で、射撃時に銃口を安定させる装置の登録義務付けなどの対策も明らかにした。バイデン氏は「銃犯罪という疫病を止めなければならない」と述べた。

また、6月には追加策として、銃の販売規制に違反した店舗の営業許可取り消しや、大都市圏への銃の密売を取り締まる部隊の新設などを発表した。

バイデン氏は演説で「アメリカはあまりにも長い間、銃犯罪や暴力を見てきたが、この1年余りでその数は急増している」と規制強化の必要性を強調。「これは赤（共和党支持者）か青（民主党支持者）という問題ではなく、アメリカの問題だ」と述べた。

司法省は、銃販売店に対する新たな規制方針を策定。身元調査をせずに販売するなど法律に故意に違反した場合は、アルコール・たばこ・銃器取締局（ATF）が営業許可を取り消す。司法省に5つの部隊を新設し、首都ワシントンやニューヨーク、シカゴなど大都市圏を中心に銃密売の監視と摘発を強めるという。

若者や元服役者の就業支援を通じ、銃を含めた犯罪の防止も図る方針。ホワイトハウスによると、アメリカの大都市圏では2020年の殺人事件が前年より30%増え、銃犯罪は8%増加したという[7)]。

アメリカにはびこる銃に関しては、人的な犠牲のほかにも、民間人の銃による攻撃や反抗を恐れる警察が、結果的に過剰な暴力を振るいやすいといった「副作用」も指摘されている。

2020年5月に黒人男性ジョージ・フロイドさんが白人警官の暴行で死亡した事件を受け、連邦議会では警察の過剰な実力行使を規制する法案が審議されたが、警察力の低下を恐れる一部世論もあり成立しないまま発生から1年を過ぎた。

改革が難航する背景には、アメリカ社会に氾濫する銃が、取り締まり現場に極度の緊張を強いる実態がある。

「バイデン大統領は警察改革が立ち遅れていると固く信じている。有色人種は常に危害を加えられる恐怖の中で生きるべきではない」。ジェン・サキ大統領報道官は2021年5月中旬、ホワイトハウスでの記者会見で改革の進展を問う質問に答えた。

バイデン氏が「この国の魂を汚す」と嘆く人種差別の克服に向け、事件後に民主党が議会提出した「ジョージ・フロイド警察活動の正義法案」。首絞めなどの危険な拘束術を制限するほか、差別的な取り締まりや違法行為が疑われる警官を刑事裁判にかけやすくし、警官の実力行使に対して広く認められてきた民事面の免責範囲も狭めるといった画期的な内容だ。サキ氏は「大統領は、フロイド氏が亡くなった25日までに法案が可決されるのを望んでいる」と強調した。

だが、法案は3月に民主党多数の下院を通過したものの、共和党と勢力が拮抗する上院で審議が難航。支持者に警官が多い共和党は、警察による治安維持力が弱められると抵抗しつづけた。

実際、東部のある州で凶悪犯罪などの取り締まりに当たる男性警官は取材に対し、「この法案はわれわれの仕事を困難にする」と違和感を隠さなかった。経験上、逮捕時などに抵抗する容疑者は珍しくなく「いざという時、警官が力の行使をためらえば、事態が悪化することもある」と警官は考えるからだ。

非営利団体「米法執行官記念基金」によると、2020年までの10年間に職務で死亡した全米の警官は発砲だけで516人。男性警官は「自分にも撃たれて死んだ同僚がいる。フロイドさん事件で銃は使われなかったが、われわれは常に相手が銃を持っているかもしれないと教えられているし、そう警戒している」と話した。

約3億3,000万人の人口に対し、4億丁もの銃が民間に出回るとされるアメリカ。ジョン・ジェイ刑事司法大学のデビッド・ケネディ教授は「この国の銃のまん延が警官の過剰暴力につながっていることは明らかだ」と指摘する。とりわけ「白人中心の警察組織を信用しない黒人社会は自衛のために銃を持ち、結果として銃犯罪も多い」として、警戒する警官による行きすぎた取り締まりを生みやすい土壌があると見る。

相次ぐ乱射事件の影響もあり、バイデン政権は犯罪に使われやすい自作銃の規制など銃問題への取り組みを始めたが、本格化はこれから。ケネディ氏は「警察と銃という２つの改革を同時に進めながら、黒人社会との信頼を築いていくことが必要だ」と訴えた[8)]。

おわりに

「先週末の全米の銃乱射事件は４州で発生し、死傷者は計15人でした。それでは次のニュースです」。週明けのアメリカのテレビでは、こうした報道が日常的だ。10人以上が犠牲になる大量銃撃はともかく、2、３人の事件であればほとんど関心を払われないほど頻発している。開拓時代以来の自衛の伝統に、現代の利権や政治が絡みつく難題だが、相次ぐ悲劇に鈍感になってはならないと強く思う。

注

1)　“Guns,” *Gallup*, https://news.gallup.com/poll/1645/guns.aspx.

2)　Centers for Disease Control and Prevention, “Compare Causes,” https://wisqars-viz.cdc.gov:8006/analyze-compare/home.

3)　Richard Pérez-Peña and Sheryl Gay Stolberg, “Growing Call for New Look at ‘Bump Stocks,’ Including from the N.R.A.,” *The New York Times*, October 5, 2017.

4)　“National Rifle Assn,” Open Secrets.org, https://www.opensecrets.org/orgs/national-rifle-assn/recipients?toprecipscycle=2020&id=d000000082&candscycle=2014.

5)　“U.S. Voters Oppose Steel, Aluminum Tariffs, Quinnipiac University National Poll Finds,” Quinnipiac University Poll, March 6, 2018.

6)　“Guard Dog Security ProShield Smart Bulletproof Backpack with Built-in Charger Black,” YouTube, October 25, 2017.

7)　The White House, “Fact Sheet: Biden-Harris Administration Announces Comprehensive Strategy to Prevent and Respond to Gun Crime and Ensure Public Safety,” June 23, 2021.

8)　アメリカの警察の構造的問題の詳細については以下を参照。冷泉彰彦「アメリカの警察」（ワニブックス、2021年）。

第 13 章

Qアノン

― 拡大する陰謀論と大統領選 ―

杉藤　貴浩

はじめに

「民主党や財界、芸能界の大物は小児性愛者で、子どもの人身売買を繰り返している」「世界は影の国家（deep state）に操られている」。

2020年の大統領選で注目を集めた陰謀論「Qアノン」の信奉者は、こうした主張を真に受け、ドナルド・トランプ前大統領を熱狂的に支援した。荒唐無稽な内容にもかかわらず、信奉者は少なくとも数十万、一部でも信じている人々は全米に数百万人いるとされる。その存在は、大統領選にも大きな影響を与え、接戦となった大きな要因の一つといわれている。

民主主義の長い歴史を持ち、世界をリードする経済力や文化を持つアメリカで、このような陰謀論が生まれ、現実の政治を左右しかねないほどの力を持つに至ったのはなぜなのか。大統領選の取材で出会った信奉者へのインタビューや有識者の見解、またQアノンとつながりを持つ政治家などへの取材を基に、分断の陰で成長した陰謀論の姿を探った。

1. 熱狂的なトランプ氏支持

「Ｑアノンがアメリカを席巻している。ただ、信奉者は既存のメディアへの不信感が強く、そもそも自分が陰謀論を信じているとは認めないだろう」。2020年11月の大統領選まで1カ月となった10月、こうした傾向を持つとされるＱアノン信奉者の声を聞くため、仲介者を通じて、彼らとメールでのやりとりをした。匿名でのインタビューとなったが、彼らは率直に自分が信じていることを語った。

「この国は今、戦争状態にある。富と名声のために悪魔に魂を売ったエリートたちが子どもの人身売買をしている」。Ｑアノンに近い人物の仲介で本紙のメール取材に答えたフロリダ州の女性（51）はそう主張した。「勇気と完全さを持ったトランプ大統領を愛している。大統領選では100%彼に投票する」。

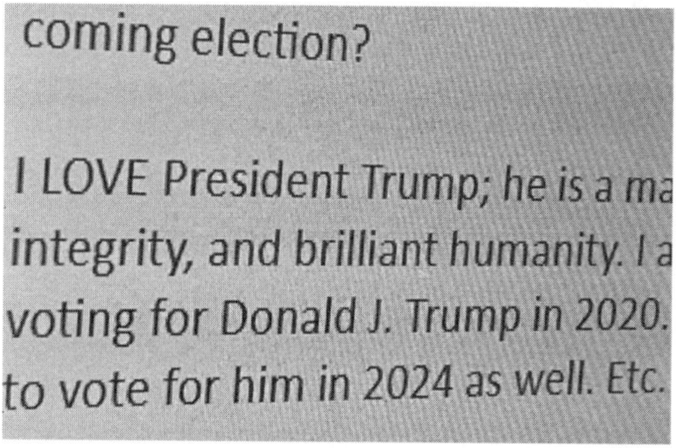

写真22　Ｑアノン信奉者が取材に答えたメール。トランプ氏を熱狂的に支持していた

Ｑアノンは2017年、ネットの匿名掲示板で「Q」を名乗る人物が書き込みをはじめ、信奉者が増加した陰謀論だ。民主党や財界、芸能界などの大物が小児性愛サークルをつくり、共謀して世界支配をたくらんでいるとの主張が基本で、左派勢力や既得権益層を敵視する。書き込みを始めた「Q」は信奉者の

間で国家の最高機密を知るとされるが身元は不明。複数説もある[1)]。アノンは「匿名」を意味する「アノニマス」に由来する。新型コロナウイルス感染症や気候変動なども陰謀だと主張、反ユダヤ主義的傾向も持つ。アメリカ連邦捜査局（FBI）は国内テロにつながる脅威と認識しているとされる。フェイスブックなどは、関連する投稿の削除を発表した。

こうした陰謀論の中で、トランプ氏の位置付けは「悪と戦う救世主」。メールのフロリダ州の女性は、同氏の新型コロナ感染についても「心無い左翼の連中が何かしたのだろう」と政敵からの攻撃だったと推測した。

人種差別の存在に否定的なのも特徴だ。メールに答えたオレゴン州の男性（47）は、抗議デモは「選挙に向けた大規模な破壊活動だ」と指摘。多くの参加者について「人々がいかに惑わされやすいかを示している」と分析までしてみせた。

こうした支離滅裂な主張を無視できないのは、「熱心な層だけでも数十万人」（ニューヨーク・タイムズ紙）、専門家によっては数百万人ともされるほど信奉者が広がっているからだ。活動の中心がネット上のため、実生活では目立ちにくいが、予想以上に浸透している可能性もある。

実際、メールに答えた女性は不動産業、男性はガラス工芸家として日常を送っているという。南部ジョージア州では下院の共和党予備選で、Qアノン支持者が勝利するなど政治的な影響力も持ちつつあった。

トランプ氏の言動も拡大を助長してきた。2020年8月には、Qアノンについて「国を愛する人々」と発言。10月にもテレビ番組で、陰謀論を振りまく彼らを非難しないのかと問われ、明確に答えなかった。再選へ向け、自身を支持する過激主義者を事実上容認する姿勢は、9月のバイデン前副大統領との討論会で極右団体「プラウド・ボーイズ」への批判を避けたこととも共通するものだった。

アメリカでは10月、新型コロナによる都市封鎖などの規制に反発し、ミシガン州知事の誘拐を計画したとされる過激主義者が逮捕されるなど、大統領選を前に不穏な動きが強まっていた。

Qアノンなど陰謀論の動向に詳しいハーバード大学のブライアン・フリー

ドバーグ上席研究員は「政治不信が陰謀論と結びつく流れは古くから存在したが、現代はSNSなどで急速に広まってしまう」と指摘。コロナによる都市封鎖や在宅勤務などで、人々がネットの世界に閉じこもる傾向が強まっているとして、「Qアノンが保守層の本流にも受け入れられつつある。大統領選では、陰謀論や過激主義が結果にどう作用したのか、検証しなければならない」と述べた。

こうしたメール取材のほかにも、大統領選に関する街頭でのインタビューで、相手がQアノン信奉者とわかる場合もあった。

ペンシルベニア州の農村部マウント・ジョイで行われた共和党支持者の集会で出会った29歳の女性は、「なぜトランプを支持するのかって？ それは彼が子どもを守ってくれるからよ」と支持の理由を説明。続けて「子どもの人身売買に立ち向かえるのは彼だけでしょ」と語った。Qアノンの典型的な陰謀論の一部である。その後も、トランプ派の集会などに行くたび、こちらから探した訳でもないのに、陰謀論を語る人々に出会った。たとえば「トランプ氏の関税政策をどう評価するか」との質問にも、最後は「とにかく彼は悪と戦う救世主なんだ」との返答が返ってきた。専門家などはQアノン信奉者の数を数十万と見積もるケースが多いが、現場の実感としては、一部でも信じている人ははるかに多いようだった。

写真23　大統領選直後、開票が続くペンシルベニア州フィラデルフィアで激しく言い合うトランプ氏支持者とバイデン氏支持者

11月の大統領選で開票がはじまった直後には、激戦州ペンシルベニア州フィラデルフィアでＱアノンをめぐる事件が発生。地元警察は開票所の襲撃を計画したとして男２人を拘束した。男２人は５日、南部バージニア州から車でフィラデルフィアを訪れ、市中心部の開票所「ペンシルベニア会議センター」付近に駐車していたところを、襲撃計画の情報を得ていた警察に発見された。車内からは銃のような武器が見つかった。二人は家族で、車にはＱアノンのステッカーが貼ってあったという。

同州ではこのころ、開票直後にリードしていたトランプ氏をバイデン氏が郵便投票の得票などで逆転。開票で不正があったと主張するトランプ支持者とバイデン支持者が会議センター前に集結し、にらみ合いを続けていた。

2. トランプ氏敗北後も続く熱狂

2020年11月の大統領選は、投開票を巡ってトランプ氏が「不正があった」と強硬に訴え続けたが、実質的には同月中にバイデン氏の勝利が固まった。だが、トランプ氏を「悪と戦う救世主」とする陰謀論Ｑアノンの勢いは、簡単には衰えなかった。大統領選と同時に行われた連邦議会下院選では複数の州でＱアノン支持を公言した候補が当選。リベラル色が強い東部ニューヨーク州でも地方議員候補が有力者を相手に善戦した。信奉者の間では、大統領選も最後にトランプ氏が勝つという新たな陰謀論が広がった。

下院選では南部ジョージア州で、ＱアノンについてＱは愛国者だ」「（内容は）聞くに値する」と述べていた共和党の女性実業家マージョリー・グリーン氏が当選。同氏は議席獲得が現実味を帯びた８月ごろから陰謀論に距離を置く姿勢も示したが、政治サイトのポリティコによると、以前から「黒人は民主党の奴隷だ」などの差別発言も多かった。新型コロナウイルスの存在やマスクによる予防効果に懐疑的な姿勢もＱアノン信奉者に共通する。米メディアによると、同氏は「銃規制」「国境開放」「グリーンニューディール」「社会主義」などの文字を標的に、自ら射撃をする動画をネット上で公開するなど過激さを売りにしており、トランプ氏はグリーン氏を「未来の共和党のスターだ」などと賞賛していた。

西部コロラド州で勝利した共和党女性のローレン・ボーベルト氏も以前、右派の集会で「わたしがＱアノンについて聞いたことのすべてが真実であると願っている」と発言している。

いずれも集票を意識し、信奉者に接近した可能性はあるが、地方選ではより積極的に陰謀論を主張する候補も登場した。ニューヨーク州議会選では、80年以上も民主党が勝ってきた選挙区で共和党のマーク・シュスケビチ氏が勝利目前まで大健闘した。自称金融アドバイザーで俳優の同氏は、ネットで有名俳優の名を挙げて小児性愛者と示唆し、「新型コロナの致死率はインフルエンザ以下」といった偽情報を拡散してきた。

トランプ支持者の間でも、陰謀論は衰えていない。ネット上では「トランプ氏は不正を証明できるよう本物の投票用紙に独自の透かしを入れており、最後は不正票を排除して勝利する」との説が生まれ、Ｑアノン信奉者が拡散した。大接戦となった東部ペンシルベニア州でトランプ派のデモに参加したエンジニアの男性は、取材に対し「民主党はトランプ氏の仕掛けた罠にかかった。わたしはすべて知っている」と自信満々で述べた。

陰謀論への批判活動を展開する研究者マイク・レインズ氏は「トランプ氏が不正選挙を主張する訴訟がすべて却下された場合、暴発したＱアノン信奉者による騒乱が起きるかもしれない」と警鐘を鳴らした。この指摘は実際、2021年1月6日のＱアノン信奉者を含むトランプ支持者による連邦議会襲撃事件で現実のものとなる。

こうした中、ニューヨーク州議会選で勝利寸前までいった共和党のマーク・シュスケビチ氏がオンラインでのインタビューに応じ、Ｑアノンに接近した理由を語り、「選挙運動で注目を集めるために陰謀論を投稿した」と明らかにした。

ニューヨーク州議会選は大統領選と同時に実施され、インタビュー時には新型コロナ拡大による郵便投票の急増などで最終結果が出ていなかった。

シュスケビチ氏は質疑の中で、有名俳優が小児性愛者だと示唆したり、コロナを巡って「マスクが病気を広める」などと偽の情報をネットで拡散したこ

写真24　オンライン・インタビューに応じるマーク・シュスケビチ氏

とを認め、その理由について「SNSの目的は注目を集めフォロワーを獲得することだ。おかげで多くの人と私の選挙運動について話すことができた」と述べた。

投稿の内容などによって、地元メディアなどからQアノン信奉者と見なされていることには「私の汚点を見つけ、攻撃しようとするばかげた試みだ」と反論。ただ、Qアノンに対する姿勢は「(陰謀論を) 再投稿しただけで信奉者であるとは限らない」と述べる一方、「トランプ大統領はエリートたちの小児性愛や人身売買と闘っている」などとQアノンと同様の説を展開するなど、あいまいな態度をとり続けた。

シュスケビチ氏の選挙区はリベラル色が強いニューヨーク市内で、民主党候補が長年勝利してきた。自身が共和党新人ながら善戦した理由については「新型コロナによる強制的な都市封鎖が影響した」と指摘。「多くの中小企業や商店がつぶれる中、既存の政治家は何もせず、有権者は私が戦ってくれると期待した」と分析した。

選挙区にはロシアや東欧の旧共産主義国からの移民が多く、「民主党の左傾化を懸念し、共和党に乗り換えた人も多い」と述べた。自身はポーランド出身の両親の下、ニューヨーク市内で生まれ育ち、警備員や金融アドバイザー、トラック運転手、不動産業などを経験してきたという。

シュスケビチ氏は結局、インタビュー後の選挙結果確定で、僅差で民主党候補に敗北したが、無名の共和党候補がＱアノンを利用する形で話題をさらったのは、今回の選挙の象徴的な出来事の一つとなった。

3. 新型コロナウイルスとＱアノン

シュスケビチ氏が述べたように、2020年11月の大統領選や議会選には、新型コロナウイルスによる都市封鎖や経済危機の影響が色濃く出た。同時に、それは陰謀論Ｑアノンの広がりについても言えることだった。

職場や学校、地域社会で同僚や友人と会う機会が急激に減り、未知の病の流行に誰もが疑心暗鬼になる中、人々はウイルス感染の心配のないインターネットの世界に閉じこもった。「リアルな世界とのつながりを失った人々の心に陰謀論が忍び寄った」とは、多くの専門家が指摘するところだ。

人口2万人ほどの小さな町、中西部ウィスコンシン州バーリントンでは、教会の牧師ジョン・ソーンゲート氏が実体験を通して、それを痛感したという。

インタビューに応じたソーンゲート氏によると、教会に通う者たちの異変に気付いたのは2020年夏頃。教会の運営や新型コロナのワクチンの大切さなどを議論していると、彼らは突然、「陰謀論の話を始めるようになった」という。

「マスクは呼吸に有害だ」「マスクをすると、子どもを誘拐するヤツだと思われる」。一部の信者らが口々に語るのは、ネットで広がりつつあったＱアノンの影響を受けた偽情報だった。

異変は日曜日の礼拝や信者との会合をオンラインに切り替えてしばらくしてのことだった。陰謀論を語るのは、300～400人いる教会信者の十数人ほどだが、ほとんどが大卒以上の30代前後の男女で、幼少からネットに親しみ、既存の新聞やテレビに背を向ける新世代だ。ソーンゲート氏は「孤立し、ネットだけとつながった人々が、自分たちに都合の良い話に飛び付いてしまったのかも」と分析。「陰謀や偽情報を信じそうになる自らの心理や衝動に気づけるよう、信者を助けていきたい」と述べた。

ソーンゲート氏も指摘したことだが、Q アノンの信奉者は基本的に新型コロナの存在や深刻さに否定的で、この点もトランプ氏の姿勢と共通する。マスクの効果にも懐疑的で、中には「ウイルスは権力者が人工的につくったものだ」という荒唐無稽な説を信じる人もいる。ただ、そんな彼らも社会全体が都市封鎖などで機能を停止する以上、足並みをそろえて家にこもって生活するほかない。こうした「コロナやマスクへの懐疑 → 意に染まない都市封鎖、自宅待機 → ネット空間への没入」という流れが、正常な情報判断や批判精神を失わせ、本来なら同僚や友人との会話の中で修正される盲信や思い込みが強まっていったと思われる。

Q アノンそのものは 2017 年から広がりだしたが、アメリカの未来を左右する大統領選や議会選のある 2020 年に新型コロナが流行し、人々がリアルな世界とのつながりを失わせたことは、最悪のタイミングで陰謀論の拡散に拍車をかけたと言える。

4. 連邦議会襲撃事件と Q アノン

2021 年 1 月 6 日に、トランプ氏の大統領選敗北を認めない妄信的な支持者が首都ワシントンの連邦議会議事堂になだれ込み、議場を荒らして回ったのは、トランプ政権下におけるアメリカの分断と民主主義の荒廃を象徴した事件だった。後の捜査では、乱入した支持者の中には多くの Q アノン信奉者がいたことが判明している。

とりわけ、上半身裸で頭に 2 本の角をつけ、ネット上で「Q アノン・シャーマン」と呼ばれたジェイコブ・チャンスリー被告の姿は、世界中に報道され強い印象を残した。事件から 1 カ月後、被告の代理人が取材に応じ「事件の原因は支持者を扇動したトランプ氏にある」と訴えた。チャンスリー被告は事件後、同氏に裏切られ、困惑したという。

チャンスリー被告はＱアノンの熱烈な信奉者で、地元アリゾナ州などでは、ひんぱんにＱアノン関連の集会に参加。特徴的な姿から地元メディアによる取材も多く、ネット上などではよく知られた存在だった。連邦議会襲撃事件後に逮捕、起訴された。

代理人のアルバート・ワトキンス弁護士によると、被告はアリゾナ州から事件直前にワシントンであったトランプ氏の支持者集会に参加。同氏の「ここにいる全員がまもなく議事堂に行進し、歴史が作られる」といった演説を「国を救うための大統領からの招待」と感じたという。

ワトキンス氏は被告について「トランプ氏に陶酔していた。（乱入を）呼び掛けた同氏に恩赦されると思っていた」と指摘。現職大統領の呼びかけが、言論の府に暴力的に侵入するという行為への罪悪感を失わせたと訴えた。

だが事件後、トランプ氏は元側近らを恩赦したのみ。チャンスリー被告は「何が起こっているんだ」と不安を漏らしたといい、ワトキンス氏は「彼はトランプ氏に以前のような共感を持てず、裏切られたと感じている」と話した。

被告は事件前まで母親と同居。学校生活に苦しんだ経験があり、ヨガや瞑想に傾倒。政治や社会からの疎外感を抱えていたところ、既得権益層を攻撃する同氏の言葉や「影の国家」が世界を支配しているというＱアノンの偽情報にネットを通じて没頭していった。

ワトキンス氏は「トランプ氏の弾劾裁判では、扇動された犠牲者の一人としてチャンスリー被告に証言させるべきだ」と主張した。事件では、侵入者や警官を含む複数人が死亡。米メディアによると、捜査当局は2月初頭の時点で侵入者400人以上の身元を特定し、少なくとも135人を起訴した。

チャンスリー被告の例からうかがえるのは、さまざまな理由で社会からドロップアウトし、既存の政治や教育から遠くに隔てられた人々が、「自らを疎外する権力者は腐敗した小児性愛者だ」といった妄想にのめりこむ、ゆがんだ自己肯定感だ。それを助長したのがＱアノンの陰謀論であり、トランプ氏の扇動だったといえる。

連邦議会襲撃がアメリカ社会に与えた衝撃は大きく、国土安全保障省は1月27日、20日にあったバイデン大統領の就任から数週間は、全米で過激主義者による国内テロや暴動が起こる危険が高いとする異例の声明を出した[2)]。極右団体が、行き場を失ったトランプ氏の支持層の受け皿になる動きがあることを理由とした。

声明は、連邦議会襲撃事件によって「国内の過激主義者が大胆になっている可能性がある」と警告。バイデン氏の大統領就任や新型コロナによる外出規制などへの怒りが動機となり、政府関係者や政府施設などを攻撃したり、人種差別的な憎悪犯罪を起こす恐れがあると強調するものだった。

過激主義者については「コロナウイルスに対する誤った情報や陰謀論」を信じている可能性を指摘。特定の団体などは名指ししていないが、トランプ氏を熱烈に支持した人種差別的な極右団体プラウド・ボーイズや反政府的な武装右翼「ブーガルー」、そしてQアノンの信奉者などが念頭においたとみられる。

議事堂襲撃事件後、過激主義団体の指導者らはツイッターやフェイスブックといった主要なSNSでの投稿が停止され、規制の少ない「テレグラム」などのサイトに移動した。ロサンゼルス・タイムズ紙によると、テレグラムに開設されたプラウド・ボーイズ関連のチャンネルのフォロワーは、襲撃事件後に3倍へ急増。多くはバイデン氏へのスムーズな政権移行に戸惑うトランプ氏支持者とみられ、極右団体がネットを通じ勢力拡大を図る動きが活発化していた。

移民規制の見直しや銃規制の推進、LGBTQ（性的少数者）の権利擁護といったバイデン政権の政策に対する反発がトランプ氏支持者の過激化を加速させる懸念もあり、国土安全保障省は「政府関連施設の安全対策を優先的に進めることを勧める」と各州や関係当局に呼び掛けた。

一方、バイデン新大統領の就任は、「最後はトランプ氏が勝つ」と信じていたQアノン信奉者の一部を動揺させた。当時の米メディアは「人々は現実に引き戻された」と沈静化を期待する一方、さらなる過激化を懸念する見方とに分かれた。

Qアノン信奉者らの間には、大統領選でバイデン氏勝利が決まった後も、「就任式直前にトランプ氏が戒厳令を出し、軍が民主党幹部を逮捕する」「バイデン氏らはグアンタナモ収容所に送られ、トランプ政権は2期目に入る」といった陰謀論が生まれていた。

だが、1月20日のバイデン氏の就任式は何事もなく終了し、トランプ氏は南部フロリダ州へ去った。

直後からは、信奉者らが利用するSNSで「だまされた」といった反応が続出。信奉者に強い影響力を持つとされる男性は「新大統領が就任した。われわれは顔を上げて自分たちの生活に戻らなければならない」と投稿するなど「現実回帰」の動きも見られた。

ニューヨーク・タイムズ紙は「信奉者はテレビに映った就任式と陰謀論との間で苦しんでいる」と指摘。専門家は政権交代を機に一定数が目を覚ますと予測した。

ただ、トランプ氏が離任に際して「戻ってくる」と発言したことや、演説時に並んでいた星条旗の数が「Q」のアルファベット順と同じ17だったことを根拠に、ネット上には陰謀論を信じ続ける動きも出た。

就任式当日、首都ワシントンの連邦議事堂に駆けつけたイリノイ州の女性は取材に対し、「バイデンは社会主義者。6日に議会を襲撃したのは極左勢力だった」と、なおも陰謀論を主張した。メディアでは、白人至上主義「プラウド・ボーイズ」などの極右過激団体が、こうした強固なトランプ支持者やQアノン信奉者らにネット上で接近しているとの情報も報告された。

5. 陰謀論の行方

こうして、トランプ氏の敗北後とバイデン大統領の就任後も、Qアノンの影響は続いた。現代のネット文化から生まれたQアノンに特徴的なのは、一つの予言やストーリーが破綻しても、ネット上で次から次へと新たな陰謀論が生まれることだ。トランプ氏の敗北で現実を突きつけられたにもかかわらず、2021年以降も、「トランプが政権に復活する」とのデマが浮かんでは消えた。

2021年初春ごろには「3月4日にトランプ前大統領が再び就任する」という偽情報が拡散。同日が就任式だった20世紀前半までの慣習にちなむ偽情報だが、ワシントンにあるトランプ系ホテルの当日室料が値上がりするなど、熱

写真25　2021年3月4日にトランプ氏が大統領に復帰するという偽情報を載せたSNSの書き込み

狂的な支持者が首都に再び集結するとの観測が強まった。

当時、ツイッターなどで投稿を規制されたQアノン信奉者らが集うSNSの「テレグラム」では、「3月4日、神がわれわれの第19代大統領ドナルド・トランプを祝福するだろう」といった書き込みがあふれた。他の内容も「それまでフェイクニュースを信じるな」「数日間はカードやインターネットが使えなくなる。食料、水を準備しよう」などと、まるで革命でも起こるかのような書きぶりだった。

陰謀論に詳しい専門家によると、この3月4日説は1933年に就任したフランクリン・ローズヴェルトまで歴代大統領の就任式が行われていた史実に加え、「ソブリン・シチズン運動」という既存の反体制主義の思想と合体して生まれた。これは、19世紀後半以降のアメリカは陰謀によって国家ではなく株式会社になっており、法に従う義務はないとする荒唐無稽な内容だが、アメリカ連邦捜査局（FBI）は「国内テロにつながる脅威」と認定している。

バイデン大統領が46代目にもかかわらず、このころのQアノンの書き込みの多くが、トランプ氏を「第19代」と呼んだのも、「株式会社化」以降の大統領を認めないとする思想を反映したものだった。

トランプ支持者の動向を調べるジャーナリストのザック・エバーソン氏は「バイデン氏の勝利は不正だとするQアノン信奉者は、2021年1月20日の就任式に同氏らが投獄か処刑されると信じていたが、実際は何も起こらなかった。そのため就任日自体が違っていたという説に飛び付いた」と指摘。「そもそもQアノンには固有の思想は少なく、旧来の陰謀論からの寄せ集めも多かった。予言が外れた時、他の過激思想を借用するのもよくあることだ」と述べた。

エバーソン氏が注目したのは、ワシントンでトランプ一族が経営する「トランプ・インターナショナル・ホテル」の室料が、3月4日と前日の3日だけ跳ね上がったことだ。フォーブス誌（電子版）によると、この2日の室料は基本クラスで約1,300ドル（約13万6,000円）と、通常の2倍以上になっていた。

同ホテルは、ワシントンでトランプ氏に関連する政治イベントがあると室料が上がることが知られており、熱狂的な支持者が連邦議事堂を襲った1月6日は、もっとも安い部屋でも8,000ドルだったという。

ホテル側は取材依頼に応じず、今回の室料の上昇が3月4日説に影響されたQアノン信奉者らの予約殺到によるものか、ホテル側の意図的な値付けなのかは判然としなかったが、エバーソン氏は「ホテル室料の値上がり自体が『やはり当日何か起きる』という陰謀論を余計に強めている」と警鐘を鳴らした。

おわりに

2021年5月にはQアノンを強く信奉する人々は、人口の10分の1に当たる3000万人以上に上るとする調査結果を公共宗教研究所などがまとめ、アメリカ社会にあらためて陰謀論の根深さを印象づけた[3)]。

Qアノンの信奉者については従来、10万人から数百万人とする報道や専門家が多かったが、全米の18歳以上5,000人余りに実施した調査では「政界やメディア、金融界は子どもの性的人身売買を行う悪魔崇拝者に操られている」などとするQアノンの基本的な陰謀論三つに同意する「信奉者」が全体の14%に達した。同研究所の創設者はニューヨーク・タイムズ紙で「総人口に当てはめると3,000万人を超える。衝撃的だ」と述べた。

支持政党別で見ると、Qアノンの基本的思想を完全に拒否したのは、民主党支持者の58%だったが、共和党では21%しかいなかった。トランプ前大統領寄りの報道で知られる「ニュースマックス」など右派メディアを最も信頼すると答えた人は、ABCなど三大ネットワークを信頼する人に比べ、Qアノン信奉者である確率が8.8倍高かった。大統領選で敗れたトランプ氏の「選挙が盗まれた」という主張にはQアノン信奉者の73%が同意している。

Qアノンの取材を続けて感じたのは、「自由の国アメリカ」の陰の部分だ。宗教弾圧を恐れてアメリカ大陸に渡った巡礼始祖「ピルグリム・ファーザーズ」を理想の起源とするこの国は、「自らが信じたいものを信じる」という信念の強さを尊重する気風がある。ただ、ある意味では純粋なその精神が、現代のネット世界や政治不信、コロナによる社会不安と結びついた時、常識では考えられないような陰謀論に飛びつく土壌にもなっているように思う[4)]。民主主義をむしばむ陰謀論の暴走を今後も追っていきたい。

注

1)　Qアノンの主張は、以下の記事を参照。Brett Forrest, "What Is QAnon? What We Know About the Conspiracy-Theory Group," *The Wall Street Journal*, February 4, 2021.

2)　U.S. Department of Homeland Security, "National Terrorism Advisory System Bulletin," January 27, 2021.

3)　"Understanding QAnon's Connection to American Politics, Religion, and Media Consumption," Public Religion Research Institute, May 27, 2021.

4)　アメリカの歴史的変遷の中での文化形成については以下を参照。カート・アンダーセン「ファンタジーランド―狂気と幻想のアメリカ500年史　上、下」(山田美明、山田文　訳)」(東洋経済新報社、2019年)。中でも1920年代については以下を参照。F.L. アレン「オンリー・イエスタディ」(藤久ミネ訳)(筑摩書房、1993年)。

第14章
激化する米中間の覇権争い
― 貿易戦争、経済安全保障と人権問題 ―

吉田　通夫

はじめに

トランプ前政権は、貿易赤字拡大の最大要因とみた中国からの輸入を抑えるため、著作権の侵害などを理由に関税を引き上げた。中国も報復関税をかけ、「貿易摩擦」を超える「貿易戦争」に発展。アメリカと中国の間で貿易が難しくなり、中国で組み立ててアメリカに輸出する日本メーカーなども含め、世界が打撃を受けた。バイデン政権は関税を武器とした「貿易戦争」は終結に向けて出口を探る動きがみられる。しかし、安全保障を理由にした中国技術の排除やアメリカ国内での先端技術の開発促進といった「経済安全保障」、人権問題に絡めた経済制裁、日米欧で協力した新興国の取り込みなど、根源的な覇権争いに発展し始めている。

1. 信頼を口にするも

「あなたの質問はそれぞれもっともだが、中国との関係の本質には少ししか触れていない[1)]」。

2021年3月25日、就任後初の記者会見に臨んだジョー・バイデン大統領は、中国からの輸入を制限するために課している関税を引き上げたり、アメリカから中国への投資を制限したりするかという質問に対し、不満をにじませた。

「習近平氏とは長い付き合いになる」と切り出すと、オバマ政権時の副大統領と胡錦濤政権時の国家副主席として親密な関係を築いた過去を蕩々（とうとう）と語り出した。バイデン氏は2011年に訪中し、国家主席に内定していた習氏と何時間も語り合って信頼関係を築いた。この日も「彼は頭が良くてスマートな男だ」と変わらぬ信頼を口にし、「私が大統領に就任したとき、みんな驚いたと思うが、彼は電話をくれて2時間も話した」と逸話を紹介。あたかも、中国との対立をあおるような誘導質問は間違っている、と言わんばかりの勢いだった。

しかし「対立を求めているわけではない」と前置きしつつ、そこからは厳しい姿勢を打ち出し続けた。「彼はロシアのプーチン大統領のように、独裁政治が未来の流行だと考えている1人だ」と批判。「中国は世界で最も富める国を目指しているが、そうはならない。アメリカも成長し続けるからだ」と対抗意識を明確にし、国内への産業投資を通じた競争力強化や、日本やヨーロッパなど民主主義国家との経済同盟の強化による中国の封じ込めを打ち出した。そこには、経済力を背景に世界で存在感を高める中国に対抗していく「経済安全保障」の意識が色濃く反映している。

関税政策や投資制限といった通商政策上の対立は表面的―。バイデン氏が言いたかったのは中国とうまくやっていく、ということではなかった。打ち出したのは、より根本的で決定的な対決姿勢だった。

2. 原点はオバマ政権にあり

もともと、中国の経済成長と高まる存在感に危機感を強めたのは、2009年に就任したオバマ元大統領だった。

オバマ氏が同年11月にニュージーランド、シンガポール、ブルネイ、チリの4カ国による貿易協定に参加を表明すると、オーストラリアやベトナム、ペルー、マレーシアも続々と加わった。原協定は貿易を活発にするため関税を大幅に撤廃・削減する内容だったが、そこに国境をまたいだネット通販の規定など全30章に及ぶルールを定める包括的な経済連携協定に向けた拡大交渉が始まった。日本も2013年に交渉に加わり、それまでに交渉入りしていたカナダとメキシコを含め最終的に12カ国による環太平洋パートナーシップ協定（TPP）構想に膨らんだ。

TPP交渉と平行するように、中国は経済的な存在感を高めていった。2010年のGDPで日本を抜いて世界2位となり、習氏は2013年に中央アジアから中東、アフリカまで含む中国中心の経済圏構想「一帯一路」を発表。途上国などにインフラ投資のための融資を通じて財政的・政治的に影響力を強め、2015年には融資資金などを確保するためのアジアインフラ投資銀行（AIIB）も設立。ヨーロッパ諸国も賛同した。

危機感を強めたアメリカは、TPPに、東南アジア圏に対する貿易を拡大するという当初の目的に加え、中国を中心とする経済圏構想への対抗軸としての性格を持たせるようになった。「世界の貿易ルールは、中国ではなくわれわれがつくる[2]」。オバマ氏は2015年に公表した声明などで繰り返した。協定には、海外製品の海賊版やコピー商品を厳しく禁じる「知的財産」や、国が海外の企業を不利に扱うことを禁じる「投資」や「国有企業」など、市場経済を重視したルールを盛り込み、中国にとって高いハードルを設けた。交渉が佳境に差し掛かっていた当時、日本の内閣府幹部は取材に対し、交渉の実務を担った当時のアメリカ通商代表部（USTR）のフロマン代表が「ルールを厳しくしないと、中国が入ってきて大変なことになる」と何度も語ったと明らかにした。中国が入りにくい高い壁を設け、壁の内側では関税なしで貿易を活発にし、中国に打撃を与える戦略だ。

TPPは曲折の末に2015年10月に大筋合意した。アメリカとともに安保政策の観点から力を入れてきた当時の安倍晋三首相は、交渉がまとまった直後、記者会見で「日本とアメリカがリードして、自由、民主主義、基本的人権、法の支配といった価値を共有する国々と共に、このアジア・太平洋に、自由と繁栄の海を築き上げる[3]」と述べた。弾かれた形の中国は、当時の国家統計局の盛来運(せいらいうん)報道官が同19日の記者会見で「長期的にはわれわれの貿易にとって圧力となる」と懸念を示した。

中国中心の経済圏と、対抗意識をむき出しにした大型の関税同盟。それは、1929年の世界大恐慌後に、英仏などがそれぞれの植民地をはじめ同じ通

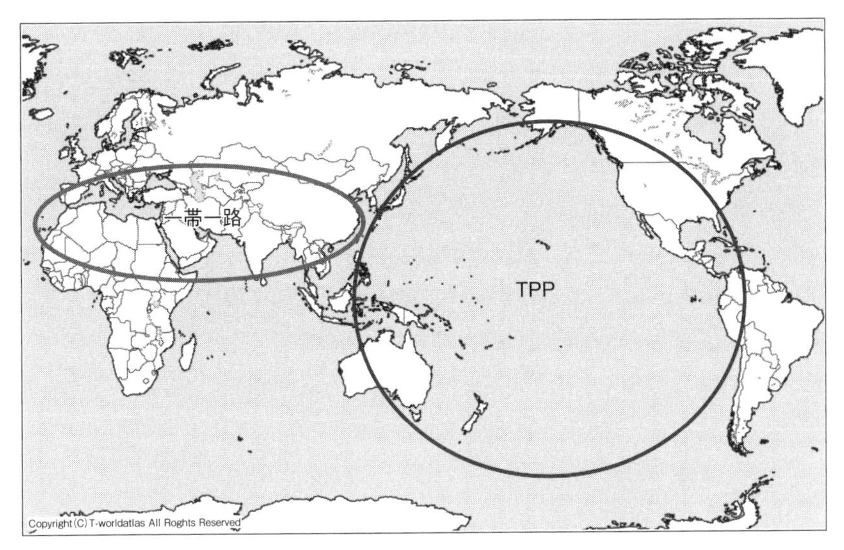

図8　当初想定された一帯一路とTPPの経済圏

貨圏を持つ国が「ブロック」として関税同盟を結んで保護経済圏をつくった「ブロック経済」を思い起こさせる。

当時、経済学者の野口悠紀雄氏は取材に「ブロック経済から排除された国は、例えば日本が満州や台湾などに進出して『大東亜共栄圏』を築こうとするなどし、第2次世界大戦につながった側面がある」と指摘。「TPPは中国排除の意図が明確で、中国の対抗意識も明らか。日本のすぐ目の前で経済の覇権争いが強まる動きは、日本の安全保障にとって少なくともプラスではない」と話した。

バイデン氏は副大統領として、このTPPを側面から見ていた。

3. 世界を翻弄した「タリフマン」

TPPの署名から9カ月後の2016年11月、世界経済を混乱に陥れることになる男が、アメリカの大統領選で勝ちどきを上げた。ドナルド・トランプ前大統領だ。

「アメリカ・ファースト」を掲げて多国間協調に背を向けたトランプ氏。通商政策についても二国間での交渉にこだわり、12カ国の経済連携協定TPPはアメリカ人の雇用を失わせると主張して就任初日の2017年1月20日に脱退を表明した。

その後トランプ氏は、日米二国間の協議に持ち込んで貿易協定をまとめたほか、カナダとメキシコとの北米自由貿易協定（NAFTA）を、アメリカに有利な形に強引に見直した。貿易赤字の解消を至上命題に掲げ、通商拡大法232条が定める「アメリカの安全保障に対する脅威の除去」を理由に、EUやインドから輸入する鉄鋼やアルミ製品への関税を引き上げていく。そして、アメリカにとってよりよい通商関係の構築を迫った[4)]。

そして、貿易赤字の最大要因として目をつけたのが中国だった。

「私はタリフマン（関税の男）だ」。現在は追放されたため閲覧できないが、トランプ氏は2018年にツイッターにそう書き込むと、通商法301条（他国の不公正な貿易措置の是正）も適用し、中国からの輸入品に制裁関税を次々と発動。2019年9月までに、中国から輸入する製品総額の3分の2に当たる3,700億ドル（約40兆円）相当に25%などの制裁関税を課した。中国も報復関税で応じ、「貿易戦争」に発展。米中の貿易は滞り、中国で組み立てた製品をアメリカに輸出する日本企業の製品も含め、世界的な企業のサプライチェーン（供給網）が寸断された。世界の経済全体にブレーキがかかり、国際通貨基金（IMF）は2019年の世界経済の成長率を5回連続で下方修正した。

中国は2018年4月に、アメリカによる輸入制限は不当だとして世界貿易機関（WTO）に提訴。裁判所の「一審」に当たる紛争処理小委員会（パネル）は2020年9月15日、アメリカが中国製品に課した高関税はWTO協定に反しており不当だと結論付ける報告を公表した[5)]。

パネル報告は、アメリカが中国製品に課した関税はWTOの最恵国待遇（どこかの国に与えた有利な待遇は、ほかの加盟国すべてに与えなければならない）原則に反すると指摘。アメリカが例外的に高い関税をかけるに当たって示さなくてはいけない根拠などについても、十分な説明がないと認定した。

しかし、すでに対中貿易摩擦を巡ってWTOを中国寄りだと批判していたトランプ氏は、運営に不満を示して WTO の上級委の欠員補充に反対。WTO は機能不全に陥っている。そして、当時のアメリカ通商代表部（USTR）のライトハイザー代表は「アメリカは中国の不公正な貿易慣行から身を守らなければならない [6)]」との声明を出し、高関税実施の正当性を強調。関税撤廃には至っていない。

ただ、世界の懸念を受けて両国は摩擦解消に向けて協議はしており、WTO 報告書に先立つ 2020 年 1 月には「第一段階の合意」に署名していた。中国がアメリカからの輸入を増やし、アメリカは発表していた追加の制裁関税を見送るほか一部を緩和する内容。トランプ氏は大統領選での再選に向けて中国向け輸出の増加と貿易赤字の削減をアピール材料にできると踏み、中国は貿易戦争の激化による国内景気の悪化に歯止めをかける観点から歩み寄った。

しかし、アメリカによる制裁関税の大部分は残ったままで、中国による国有企業改革などアメリカが求めてきた伝統的な課題については触れないまま。その場しのぎの妥協の産物だった。

4.「通商問題」では対話も、深まる根本的な溝

そして、制裁関税は 2021 年 1 月に発足したバイデン政権も引き継いでいる。通商政策の要となる USTR 代表には、弁護士のキャサリン・タイ氏を起用した。中国で生まれ、台湾を経てアメリカに移住したタイ氏は 2 月の公聴会で「中国に約束を守らせる [7)]」と述べ、トランプ政権時の「第一段階の合意」を順守させる考えを示した。ただ、関税政策だけをとってみれば、やはり自らの利益のことしか考えなかったトランプ氏の政権とはややスタンスが異なる。

タイ氏は 5 月下旬に、中国の劉鶴（りゅうかく）副首相と電話で通商問題についての閣僚級協議に臨んだ。バイデン政権では初めて。USTR は「現在進めている米中貿易関係の見直しについて議論し、懸念事項も伝えた」と説明し、中国による知的財産の侵害など伝統的な課題を指摘したとみられる。一方、両国は二国間貿易の重要性を確認し意見交換の継続で合意。タイ氏は「次回の協議を楽しみにしている」とのコメントを残し [8)]、友好的なムードを印象づけた。6 月上旬

には、ジャネット・イエレン財務長官も劉氏とオンラインで話し、タイ氏と同様に対話を続けていく意思を示している。

バイデン政権にとって中国への制裁関税は、WTOから「ルール違反」と断じられたうえ、自国の貿易赤字を削減するためという自己中心的で無理な理屈だったという負い目がある。

さらに、連邦準備制度理事会のエコノミストであるハンター・クラークとアンナ・ウォンの両氏は2021年6月21日、トランプ氏による関税の引き上げが、思うようにアメリカの貿易赤字の削減に結びついていないという研究結果を発表した[9)]。「アメリカの赤字は多少縮小したものの、報告データが示すほどではなかったというのが真相のようだ」と指摘している。

トランプ政権による制裁関税は、義もなければ利もなかったということになる。

中国にとっても通商問題は、軍事や人権などの問題に比べれば、妥協できる分野。トランプ政権が仕掛けた「貿易戦争」は、緊張緩和に向けて動き出す可能性がある。

しかしバイデン政権は、より根幹的な分野で、中国との対決姿勢を強めている。関税といった通商政策による輸出入の制御ではない。最先端のデジタル技術など中国が存在感を高めている分野で産業競争力を高めようとしている。

「中国は世界で最も富める国を目指しているが、そうはならない。アメリカも成長し続けるからだ」。3月25日の記者会見で、バイデン氏は対抗心を隠さなかった。4月1日に発表した8年間で2兆ドルを投じる長期的な成長戦略「アメリカン・ジョブズ・プラン（アメリカ雇用計画）」には人工知能（AI）、高速デジタル通信網の整備などを盛り込み、「中国が世界的に存在感を高めつつある分野で競争力を高める」と明記した[10)]。

同計画をめぐっては、全体としては課税強化による財源確保策を含めて野党・共和党の反発が強く、曲折が予想される。しかし、対中国での競争力強化では思惑が一致。連邦議会上院は6月8日に、成長戦略に先駆けて、半導体や先端技術の研究開発に290億ドル（約3兆2,000億円）を投じる法案を可決した。バイデン氏は中国を念頭に「ほかの国は独自の研究開発に投資し続けており、われわれは遅れをとるわけにはいかない」との声明を出した[11)]。

5. 中国包囲網

バイデン政権はまた、民主主義や市場経済を標榜する同盟国に、対中国包囲網に加わるよう呼びかけている。

4月16日、バイデン氏は外国首脳として初めて日本の菅義偉首相をホワイトハウスに招いた。首脳会談後の共同記者会見で「先端技術が、専制主義でなく民主主義の基準で管理されるようにする[12)]」と述べ、日米を中核に技術覇権を狙う中国への対抗策を強める構えを改めて鮮明にした。「日本と広範な分野にわたって連携する」とも述べ、半導体のサプライチェーン（供給網）の構築や第5世代（5G）など高速デジタル通信網の導入加速で協力していく計画も発表した[13)]。

スマートフォンや自動車など、いまやあらゆる製品に使われる半導体や、高速通信技術は、デジタル化が進む国際社会の行方を左右する。ここ数年、中国が存在感を強めている分野だ。バイデン氏が直接対面する初の外国首脳として菅氏を招いたのも、中国への対抗軸として日本の協力を期待している表れだ。

特に半導体は、アメリカによる中国企業への輸出制裁で生産に必要な部材を調達できず、中国からの輸出が減って品不足に陥っている側面もあるだけに、中国に頼らない供給網づくりを急いでいる。バイデン氏は5月に、2番目の首脳会談の相手として、やはり半導体の製造技術に強みを持つ韓国の文在寅大統領を選び、同様に半導体やハイテク技術で連携していく考えを示した。

バイデン氏は、ヨーロッパでも対中包囲網を模索した。

6月12日、イギリス南西部コーンウォールで開かれた先進7カ国首脳会議（G7サミット）で、途上国のインフラ整備を支援する新構想「ビルド・バック・ベター・ワールド（より良い世界の再建）＝B3W」で合意した[14)]。中国が進める巨大経済圏構想「一帯一路」に対抗する狙いで、バイデン氏がかねてから主張していた枠組み。13日の最終日を待たず、議長国ではないアメリカ政府が明らかにするという異例の対応から、バイデン氏の並々ならぬ意気込みが伝わってくる。

中国は「一帯一路」に基づくインフラ開発支援を通じてアジアからアフリカまで広範囲に影響力を拡大しているが、過剰融資で中国依存から抜け出せなくしているとの批判もある。アメリカ政府高官は「われわれと友好国は『一帯一路』に懐疑的だったが、自信を持って、われわれ共通の価値観を反映した代替策を提案する[15]」と報道陣に説明した。

濃淡はあっても、日本や韓国、ヨーロッパ各国も、それぞれ中国との経済的な結びつきがあり、アメリカほどの厳しい対立の立場はとりにくい国もある。アメリカも「反中国のためではない」という注釈は付けるが、民主主義と市場経済を標榜する「同盟国家」に再結束を呼びかける。

一方で、かつてオバマ氏が対中国包囲網を築くために推進したTPPに復帰する動きは見られない。第一生命経済研究所の桂畑誠治氏は「アメリカの製造業の雇用流出に繋がる恐れがあるとして、特に民主党の左派が反対しているため、条件をアメリカに有利な内容に変更しない限り参加しないとみられる[16]」と分析している。理念は先行するが、具体的な対応となると党内事情に左右される。

6. 人権と通商

一方、G7が13日にまとめた首脳宣言には「国家により行われる脆弱なグループ及び少数派の強制労働を含むあらゆる形態の強制労働の利用について懸念する[17]」との言葉が盛り込まれた。直接の名指しは避けたものの、中国の新疆ウイグル自治区の少数民族ウイグル族が強いられているとされる強制労働問題への懸念を示した形だ。ウイグル族に対する強制労働はヨーロッパで懸念されてきた問題だが、アメリカ政府高官は「バイデン大統領は、強制労働が人間の尊厳を踏みにじり、中国が不公正な経済競争を進めている例だと考え、ほかの首脳たちに対応を求めている[18]」と説明しており、バイデン氏の要求が反映された形だ。

アメリカなどは、ウイグル自治区の綿花栽培などでウイグル族が強制労働を強いられているとして、サプライチェーンに含まれている製品の輸入を禁止した。企業は衣料品などの製品化に向けたサプライチェーンの中に、強制労働などを通じて生産された原材料がないか、厳しいチェックが求められている。

2021年1月には、日本のアパレル大手ファーストリテイリング傘下の「ユニクロ」のシャツがアメリカ税関当局に輸入を差し止められた。ユニクロ側は原材料が中国国外で生産されていると反論したが、アメリカ側は証拠不十分で退けた。税関に公開されていた関連文書は現在、閲覧できない状態になっているが、こうした問題を受けて衣料品大手グンゼが新疆綿の利用を中止するなど波紋を広げている。

逆に、いち早くウイグル自治区に工場のある中国企業との取引を停止したスウェーデンの衣料品大手H&Mや、強制労働への懸念を表明した米NIKEは、中国で不買運動の標的となった。中国政府は、強制労働問題の存在は認めていない。

バイデン政権に手を緩める兆しはなく、6月24日にも、ウイグル自治区の強制労働などを理由に、中国の太陽電池の部材メーカーなど5社・団体に対し輸出入を禁止する制裁措置をとった[19)]。人権と結びついた通商摩擦は、米中の新たな対立の火種になっている。

7. 経済安全保障

中国企業への禁輸や投資禁止、中国企業が開発したサービスの使用禁止などの制裁措置はトランプ前政権が始めたが、バイデン政権も引き継いでいる。人権問題も絡め、監視カメラや通信技術など安全保障に関連した企業を対象にしている。

2021年5月11日には安全保障の脅威となるとして、中国の通信機器の使用を禁じる大統領令の期限を1年延長すると発表。中国通信機器大手の華為技術（ファーウェイ）などを念頭にトランプ前大統領が2019年に発令し、毎年延長してきた。バイデン氏は声明で、敵対勢力が情報通信技術などの脆弱（ぜいじゃく）性を悪用し「アメリカの安全保障や外交政策、経済に脅威をもたらす[20]」と指摘し、延長が必要だと強調した。

6月に入ってからは、さらに強化する措置を相次いで打ち出している。

3日には、安全保障への脅威となる中国企業への株式投資を禁じる大統領令に署名。トランプ前政権が昨年に発出した大統領令を修正し、禁止対象を59社に拡大した。資金調達の流れを止めて打撃を与える制裁措置だ。

バイデン氏は大統領令で「中国の監視技術や、それによる人権侵害は、アメリカの安全保障や外交政策、経済にとって極めて大きな脅威になっている[21]」と指摘した。株式の直接保有やファンドなどを通じた間接的な保有を原則として禁止し、保有分を売却するよう求めている。

トランプ前政権は軍事産業を中心に40社を超える中国企業への投資を禁じたが、バイデン氏は監視技術に関わる企業にも対象を拡大した形。ファーウェイなどが引き続き投資禁止となるほか、中国移動通信など通信会社も加えた。

また、アメリカ国内で利用が広がるスマートフォンアプリへの警戒も強めている。バイデン大統領は9日、中国を含む海外企業が開発したアプリによりアメリカの情報が収集される恐れがあるとして、政府にリスクの再検証と対策を命じる新たな大統領令に署名した[22]。

中国を「敵対国」と名指しし、中国企業が開発したアプリの利用増が「アメリカの安全保障、外交政策、経済を引き続き脅かしている」と懸念を表明。データ流出などの危険性について「厳格な証拠に基づく分析」により検証し、情報保護策を報告するよう商務省に命じた。

中国系アプリを巡っては2020年、当時のトランプ大統領が安全保障上の脅威を理由にTik Tokや通信アプリ「微信（WeChat）」など計10個の中国系アプリの利用禁止を命じた。しかし法的根拠が弱く、一部アプリの運営会社が提訴して連邦地裁が命令を一時差し止め。禁止には至っていなかった。

このため、バイデン氏は使用禁止の命令については撤回した。しかし、商務省に「追加の行政措置および立法措置を提言する報告書」の提出を要求。中国系アプリの危険性についてより明確な根拠を示したうえで、新たな制裁措置につなげる構えだ。トランプ政権時よりも理詰めで厳しい姿勢と言える[23]。

表1　バイデン政権　経済政策の方向性

先端技術の開発に向け国内投資を増加
日欧とともに半導体などのサプライチェーンを構築
G7で新興国向け支援の枠組みをつくり中国に対抗
中国の強制労働疑惑を問題視し経済制裁
安全保障を理由に中国の製品やネットサービスを警戒

おわりに

就任後初の記者会見で、習氏への一定の信頼感ともとれる言葉を放ったバイデン氏。トランプ前政権が強めた貿易戦争が緩和するのかと思いきや、経済関係の溝は、中国としても妥協できない人権問題や安全保障も絡んでさらに深まっている。バイデン大統領に交代して国際協調の場に戻ってきたアメリカだが、それは「専制国家と対決する民主主義国家同盟のリーダー」としてだ。中国との関係を「民主主義と専制主義の闘い」という壮大な対決に位置づけており、イデオロギーと結びついた経済関係の対立も、簡単に収束する見込みはない。

注

1) The White House, "Remarks by President Biden in Press Conference," March 25, 2021.
2) The White House, "Statement by the President on the Trans-Pacific Partnership" October 5, 2015.
3) 中华人民共和国中央人民政府「中国没有加入TPP对中国经济增速会有影响 但短期影响不会很大」(2015年10月19日)。
4) 磯部真一「トランプ政権の通商政策のおさらい」日本貿易振興機構（2021年2月2日）。
5) WTO, "United States—Tariff Measures on Certain Goods from China," September 15, 2020.
6) Office of the United States Trade Representative, "WTO Report on US Action Against China Shows Necessity for Reform," September 15, 2020.
7) Office of the United States Trade Representative, "Opening Statement of Ambassador-

designate Katherine Tai Before the Senate Finance Committee," February 24, 2021.

8) Office of the United States Trade Representative, "Readout of Ambassador Tai's Virtual Meeting with Vice Premier of China Liu He," May 26, 2021.

9) Hunter L. Clark and Anna Wong, "What Happened to the U.S. Deficit with China during the U.S.-China Trade Conflict?" Federal Reserve Bank of New York, June 21, 2021.

10) The White House, "Fact Sheet: The American Jobs Plan," March 31, 2021.

11) The White House, "Statement of President Joe Biden on Senate Passage of the U.S. Innovation and Competition Act," June 8, 2021

12) The White House, "Remarks by President Biden and Prime Minister Suga of Japan at Press Conference," April 16, 2021.

13) The White House, "Fact Sheet: U.S.-Japan Competitiveness and Resilience (CoRe) Partnership," April 16, 2021.

14) The White House, "Fact Sheet: President Biden and G7 Leaders Launch Build Back Better World (B3W) Partnership," June 12, 2021.

15) The White House, "Background Press Call by Senior Administration Officials Previewing the Second Day of the G7 Summit," June 11, 2021.

16) 桂畑誠治「米国20年大統領選で民主党のバイデン氏が政権奪還」第一生命経済研究所（2020年11月10日）。

17) The White House, "Carbis Bay G7 Summit Communiqué," June 13, 2021.

18) The White House, "Background Press Call by Senior Administration Officials Previewing the Second Day of the G7 Summit," June 11, 2021.

19) U.S. Department of Commerce "Commerce Department Adds Five Chinese Entities to the Entity List for Participating in China's Campaign of Forced Labor Against Muslims in Xinjiang," June 24, 2021.

20) The White House, "Notice on the Continuation of the National Emergency with Respect to Securing the Information and Communications Technology and Services Supply Chain," May 11, 2021.

21) The White House, "Executive Order on Addressing the Threat from Securities Investments that Finance Certain Companies of the People's Republic of China," June 3, 2021.

22) The White House, "Executive Order on Protecting Americans' Sensitive Data from Foreign Adversaries," June 9, 2021.

23) 米中の経済安全保障政策の変遷と世界経済の構造についての詳細はそれぞれ以下を参照。村山裕三編『米中の経済安全保障戦略』（芙蓉書房出版、2021年）；野口悠紀雄『世界経済入門』（講談社新書、2018年）。

第 15 章
「対中国」で危うさはらむ日米同盟
― トランプ外交からバイデン外交へ ―

金杉　貴雄

はじめに

「新政権の外交の陣容は、オバマ政権当時の中枢にいて再び戻ってきた人材が多く、もともとみな顔なじみなのでやりやすい」。

ある日本外務省幹部は、共和党のトランプ政権の終焉と民主党のバイデン政権の誕生について、率直に歓迎した。その表情には「安堵」が浮かんでいた。

2017 年 1 月に発足した共和党のトランプ政権でのアメリカ外交は、かつてないほどの混沌に入り込んだ。重要な政策変更がドナルド・トランプ大統領のツイッターによるつぶやきで突然発表され、予測不能の動きにアメリカ自身を含む世界中の外交当局者や取材記者たちは、早朝から深夜まで振り回された。

トランプ大統領は「アメリカ・ファースト」を標榜し、同盟国との関係はアメリカの「損」が大きかったとの主張を展開。アメリカ単独での二国間交渉を好み、条約を含む国際約束を次々と反故にした。温暖化防止の国際枠組み「パリ協定」から離脱、核開発の停止と引き替えに経済制裁を緩和するイラン核合意から離脱、環太平洋パートナーシップ協定（TPP）からの「永久離脱」…。それは、民主党のオバマ前政権の方針、実績をすべて否定し、ひっくり返すこと自体が目的のようにも思えるほどだった。

2021 年 1 月に発足したバイデン政権もまた、政権交代でトランプ政権の方針を次々に転換している。

ところが、トランプ政権の方針を再び覆したとしても、オバマ政権の2期8年で副大統領を務めたバイデン氏が、単純にオバマ政権当時に戻るだけの単なる「第3次オバマ政権」ではないことがしだいに分かってきた。むしろ、オバマ時代の反省を踏まえ、さらにトランプ時代からの継承も見受けられる。

こうした状況を踏まえ、特に先鋭化する対中国問題では、日本政府はアメリカの強気の姿勢を歓迎しつつ、しだいに迷いや戸惑いの色さえみせるようになってきている。

1. 米民主党政権へのトラウマ

バイデン大統領は新型コロナウイルスの感染拡大が収まらず、ワクチン接種もまだ十分進んでいなかった2021年3月、新政権が発足してから直接対面する世界で初の首脳会談の相手として、日本の菅義偉首相を選び、ホワイトハウスに招いた。

最初の首脳会談の相手に選ばれたことについて、日本側は「日米同盟の重要性が強く認識されている証」（外務省幹部）と喜んだ。実は日本側は、民主党のバイデン政権誕生にあたっては「トラウマ」があり、一抹の不安を抱えていたからだ。

日本はここ数十年、アメリカの共和党政権には親近感を感じる一方で、民主党政権を警戒する傾向がある。1980年代のレーガン政権では「ロン・ヤス」、2001年から8年間のジョージ・W・ブッシュ政権では、当時の小泉純一郎首相とブッシュ大統領が個人的な信頼関係を築いた。そして「安倍・トランプ」。「アメリカ・ファースト」で世界中の国々と対立したトランプ大統領だが、大統領選勝利後、安倍晋三首相が真っ先に自宅のあるニューヨークに駆けつけ、会談のたびにゴルフをともにする関係を築いた。外務省幹部によると、ドイツのアンゲラ・メルケル首相ら各国首脳が安倍首相に「どうしたらトランプとうまくつきあえるのか」と半ば羨望と嫉みを込め、問い合わせるほどだった。

共和党政権は、過去に日本に対し湾岸戦争やイラク戦争で中東への自衛隊派遣を求めるなど「同盟の負担増」を強く求めてきたが、それは日本の「貢献」に対する期待の裏返しでもあり、日本政府はむしろ相性は悪くないとの感覚がある。

これに対し、民主党政権は日本に冷淡だ、との思いが日本側にある。

特に90年代は悪夢だった。バブル経済後の日本経済が低迷していたこともあり、クリントン政権は、米ソ冷戦崩壊後の世界で対中国関係を重視する一方、同盟国の日本を軽視し「Japan Passing(日本素通り)」と言われた。

バイデン氏が副大統領だったオバマ政権。安倍首相は2012年末に政権を奪回し、2013年の年明けに真っ先に訪米、オバマ氏と会談しようと試みたが、アメリカ側は拒否。第二次政権発足後の初の訪米と日米首脳会談は2月下旬まで待たされた上、会談は打ち解けない空気がありありと漂ったという。「オバマと安倍は全く合わなかった」。外務省関係者はそう振り返る。

バイデン氏自身と日本の関係も、過去に緊張をはらんだ場面があった。2013年11月、副大統領だったバイデン氏は訪日した際、日韓関係の安定化のため、安倍首相に対し当時懸念されていた靖国神社の参拝を行わないように要請。首相は明言を避けたが、バイデン氏は首相が要請を重く受け止めていると判断し、次の訪問先の韓国で「安倍首相は靖国神社を参拝しないだろう」と感触を伝えた。ところが、翌12月に首相は靖国神社を参拝。バイデン氏は「顔に泥をぬられた」(在日アメリカ大使館関係者)状態となり、激怒したという。アメリカ政府は同盟国に対し異例ともいえる「失望」のコメントを発表した[1)]。

オバマ政権は当初、「米中の新型大国間関係」を認めたとも指摘され、中国重視の姿勢が際立った。国際社会が中国に関与し、中国も世界の市場経済に組み込まれていく過程で、国際的な基準に合わせるため、民主主義や法の支配、人権などを尊重するように変わっていく、といった「関与論」が主流で、中国への期待が高まる一方、日本の存在感は低下した。

だが、関与論は幻想にすぎないことが、2010年代の半ばころから明らかになってきた。中国は経済発展しても香港を含む民主主義を抑圧し、新疆(しんきょう)ウイ

写真 26　2019 年 5 月、大統領選出馬表明後初の大規模集会で演説するバイデン氏

グル自治区などで少数民族への人権侵害も継続。東シナ海や南シナ海でも軍事力を背景に周辺国を圧迫し続けている。オバマ政権は、こうした中国の振る舞いに対し、政権末期にようやく厳しい姿勢で臨んだが、「中国に甘い」との評は最後までつきまとった。

2. 2人の「ハンドラー」

「どうもすんなり行きすぎて気持ちが悪い。直接の首脳会談を早期に行うことを打診はしていたが、新型コロナも収まっていないし、難しければバーチャルでの会談に切り替えようと思っていたところだ。だが、むしろホワイトハウスが急に決めた。アメリカ側が今までになく積極的だった」。

日本外務省幹部の一人は3月、バイデン政権が初の対面式の首脳歓談の相手として菅義偉首相を指名し、ホワイトハウスで会談することを発表した直後、やや戸惑い気味に語った。新政権が日本を重視していることを示すため、外務当局としては本来、手放しで喜ぶところだが、バイデン大統領自身が日本との早期の首脳会談を求めたような状況に違和感に近いものを感じていた。

バイデン政権の日本重視の裏には、政権が最大の課題と位置づける中国の存在があった。「アメリカ・ファースト」を追求するため、多国間の枠組みではなく二国間の「ディール外交」を目指したトランプ政権とは異なり、同盟国などと協調し、中国と向き合う ―。これがバイデン政権の基本的な方針だ。最も頼りにするのが、地理的に中国の目の前に位置し、多くの在日米軍基地が配置され、GDP（国内総生産）で世界3位の経済大国でもある日本だ。

日本への「厚遇」がタダではないことは、会談前からしだいに明らかになってきた。カギを握ったのは、民主、共和両党にまたがる2人の「ジャパン・ハンドラー」だった。

首脳会談前の4月上旬、ホワイトハウスのカート・キャンベル国家安全保障会議（NSC）インド太平洋調整官が来日し、日米首脳会談に向けた調整を行った。

キャンベル氏は90年代から国務省で日米関係の調整にあたってきた知日派。日本の民主党政権当時に沖縄県の米軍普天間飛行場移設問題が鳩山由紀夫首相（当時）の「最低でも県外」発言で迷走した際には、従来計画通りの名護市辺野古への移設に戻るように奔走した。

もともとは親中的とも指摘され、オバマ政権のアジア重視政策「ピボット」「リバランス」を提唱した中心人物とされる。当時は安全保障上での対中強硬に力点はなく、むしろ経済面で成長センターのアジアとどう向き合うかという点を重視していたが、現在では安全保障面での対立も強く意識し、2019年には現在のジェイク・サリバン大統領補佐官（国家安全保障問題担当）と共同で、対中競争に関する論文を発表している[2)]。

そのキャンベル氏が新政権発足とともにNSCに新設された「インド太平洋調整官」に就任。アイディアマンとの評の通り、政権発足直後にさっそく、日米とオーストラリア、インドの4カ国による「クアッド」初の首脳会談を3月にオンラインで開催したのも、キャンベル氏の提案だという。キャンベル氏はこのクアッドを、対中包囲網の中心的存在に位置付けようとしている。

日米首脳では、中国側が激しく反発することを織り込み済みで、「台湾海峡の平和と安定の重要性」を日米共同声明に盛り込んだほか、半導体や5G（第5世代移動通信システム）などのハイテク技術のサプライチェーンを中国ぬきで構築することを意識した「日米競争力・強靱性（コア）パートナーシップ」の付属文書もまとめた。

もう一人のハンドラーは、共和党のリチャード・アーミテージ元国務副長官だ。やはり長年の知日派として知られるアーミテージ氏は4月14日、バイデン氏の最側近の一人クリス・ドッド元上院議員らとともに、非公式代表団として台湾を訪問。台湾との安全保障関係を定めたアメリカの台湾関係法施行42周年を記念するとの名目で、蔡英文総統と会談した。共和党のアーミテージ氏を含む代表団の派遣は、党派を超えバイデン氏の意向を受けたもので、軍事的圧力を高める中国に対し、バイデン政権が台湾を支える姿勢を示す狙いがある。バイデン政権高官は記者団に「台湾や台湾の民主主義に対するアメリカの関与を示すシグナルだ」と語った。この訪問は日米首脳会談を2日後に控えたタイミングを狙ったとの指摘もある。

3. 台湾を巡る緊張

日米首脳会談では、共同声明に台湾問題への対応が明記されたことが最大の注目点となった。菅首相はバイデン大統領と初めて対面で会談した首脳として強固な同盟関係を誇示したが、中国が軍事統一も否定しない台湾周辺では情勢が急速に悪化しており、米中衝突に日本が巻き込まれるリスクが高まっているとの懸念もある。

「国際秩序に合致しない中国の行動に懸念」「中国の不法な海洋権益に関する主張と行動に反対」―。共同声明には中国を名指しで非難する厳しい言葉が並んだ。さらに中国が絶対に譲れない「核心的利益」として統一を目指す台湾について「両岸（中台）問題の平和的解決を促す」と安全保障に踏み込んだ[3)]。

中国による台湾への威圧は2021年に入って激しさを増す。4月12日には台湾の防空識別圏に過去最多の戦闘機や爆撃機など中国軍機25機が侵入。海上では空母「遼寧」などが演習を繰り返し、米海軍の空母打撃群との緊張も続く。

軍事力増強に自信を深める中国の習近平国家主席は2019年1月、台湾に関し「武力行使を放棄しない」と断言。バイデン政権発足直後の2021年1月、中国の国防省報道官が「台湾独立は戦争を意味する」と述べると、「戦争」の発言にバイデン政権内に衝撃が広がった。

複数の米軍司令官は3月の議会公聴会で、中国の台湾侵攻について「6年以内の恐れ」などと証言。ハーバート・マクマスター元大統領補佐官は同月、ロシアが14年2月のソチ五輪直後にクリミア半島に侵攻したことを念頭に、2022年2月の北京冬季五輪以降は「台湾に危機が迫る」と警告した。

日本政府は、バイデン氏が初の首脳会談の相手に菅首相を招いたことを「日米同盟の強固さを発信する大きなメッセージだ」(政府高官) と歓迎する。中国軍が不透明な軍拡を続け、沖縄県・尖閣諸島周辺への圧力を強めているためだ。

「(中国の) チャレンジはすでに始まっている」。台湾有事を含め、外務省幹部は危機感を募らせる。その一方、防衛省幹部は「より積極的な役割を果たす必要がある」と指摘し、防衛費や在日米軍への思いやり予算の増額も示唆する。

だが、対中けん制を目的とする安全保障面での「日米蜜月」は危うさをはらむ。台湾有事に米軍が介入すれば、2015年に成立した安全保障関連法の一つ「重要影響事態法」適用が現実味を帯びる。燃料や弾薬など軍事支援を行う自衛隊が攻撃対象になるだけでなく、在日米軍の発進拠点である沖縄の基地が狙われ、日本有事につながりかねない。

米軍は2021年3月、沖縄からフィリピンを結ぶ「第一列島線」に、射程500km以上の対中地上ミサイル網を早期に構築する必要があるとの報告書を議会に提出。沖縄に配備されれば、日本領域から直接中国を攻撃できることになるが、中国からの攻撃対象にもなり得る。

米中間の緊張が増すほどアメリカの日本への期待は高まる。バイデン、菅両氏による初の首脳会談は、東アジア情勢を一変させる火種になりかねない。

4.「台湾危機」への見方

台湾統一に対する中国の本気度については、中国が2020年に香港を「制圧」したことにより、アメリカ国内で危機感が高まった。香港国家安全維持法（国安法）を制定し、香港市民の自由と人権を抑圧。国際条約に位置付けられる香港返還で合意した中英共同声明（1984年）も反故にし、反対者は容赦なく力でねじ伏せ弾圧したことで、「香港の次は台湾」との見方が一気に強まった。

キャンベル・インド太平洋調整官は7月、米シンクタンク「アジア・ソサエティ」が主催したイベントで、中国は「一国二制度」の約束を無視し香港を完全に共産党政権の支配下に置くことに対するアメリカや国際社会の反応を「値踏み」し、台湾統一を強引に進めることができるか評価している、と指摘。もし、中国が台湾にそのような行動をとれば「壊滅的な結果を招く」と警告した。

アメリカは1979年の米中国交正常化で台湾との外交関係を絶ったものの同年、それまで同盟関係にあった台湾を支えることも約束する国内法「台湾関係法」も制定している。同法でアメリカは台湾に防衛用に限定し武器を提供することに加え、「アメリカは、台湾住民の安全、社会や経済の制度を脅かすいかなる武力行使または他の強制的な方式にも対抗しうる防衛力を維持し、適切な行動を取らなければならない」と明記し、台湾の安全保障に責任を負う立場をとってきている。

「適切な行動」とは何かはあいまいにしているが、1995～96年に中国が大規模なミサイル演習で台湾を威嚇した台湾海峡ミサイル危機では、アメリカが空母2隻を近海に派遣しけん制するという軍事行動に出た。

中国が世界第二の経済大国となり、アジアでの軍事力もアメリカに迫るようになってきた今、台湾が攻撃された場合、米軍は動くのか。懐疑的な見方もある中で、ランド研究所のジェフリー・ホーナン研究員は取材に対して「アメリカは民主主義の台湾に40年以上防衛支援を約束してきた。動かなければ他の同盟国の信頼を失う。行動すると確信している」と語る。

アメリカが台湾を重要視するのは、民主主義国家として価値観を共有するだけではない。中国との経済競争の主戦場とみられるハイテクや自動車分野に欠かせない半導体受託生産世界最大手の台湾積体電路製造（TSMC）など、中国抜きでのサプライチェーン構築に台湾は欠かせないパートナーだからだ。

だが、中国の習近平国家主席は2021年7月1日の中国共産党100周年の祝賀式典で、「中華民族の偉大な復興」を掲げる中で、台湾統一を「党の歴史的使命」と位置づけた。

ホーナン氏は、台湾を巡る米中の緊張が高まることで、「偶発的な衝突」が発生しエスカレートしていくシナリオを最も危惧する。さらに、中国は今後、人口動態上、少子化と高齢化が進み、成長が鈍化していくこと、アメリカが他の民主主義国との連携を強め、アジア地域でのミサイル配備を進めていくことを考えると、「歴史的使命」を達成するために「10年を待たずに行動する誘惑に駆られる恐れがある」とも指摘する。

危険なのは、中国が、アメリカは動かない、動けないと見透かし、もしくは誤解した時だ。ある日米外交筋は「アメリカ側としては、中国が『アメリカは衰退国家だ』との見方になってきていることを正したい。歴史的にみて、中国は相手の弱いところ、弱ったと認識すると、そこを奪っていくからだ」と分析する。

中国が拡大政策を続けている理由について「習近平や中国政府の最大の目的は、いかに中国共産党が中国を統治していくか、ということだ。これまでは改革開放以降、経済発展によって統治を成り立たせてきた。だが、今後もずっと経済発展が続くのは難しく、14億人もの人間を今後もまとめていくのは困難だ」と分析。「私が習近平なら、むしろ不安の方が大きいと思う。だから、中国の夢、とか、ナショナリズムとか、そういうイデオロギー的なものが必要になってくる」と指摘した。さらに「アメリカは国家として中国より先にスローダウンに入っているが、中国もいずれも衰退期に入っていく。しかし、それはアメリカより遅く、もう少し時間があるから、『今やらなければいけない』という考えになる」と危機感を募らせた。東アジア情勢を40年近く見続けてきたこの外交筋はその上で「今後5年から10年が最も危険な時期だ」と不吉な警告を発している。

5. ミサイル配備問題

アジア地域での米中の軍事バランスで、アメリカは中国のミサイル網を最大の脅威とみている。地上発射型の中距離ミサイルの保有を禁じた米ロの中距離核戦力（INF）廃棄条約をアジア地域でも遵守している間、中国は「空母キラー」「グアムキラー」と呼ばれる核弾頭も搭載可能な中距離ミサイル網を整備した。

危機感を募らせたトランプ前政権はINF廃棄条約の破棄を表明し、2019年2月に失効させ、新型の巡航ミサイルの開発を開始。19年8月には条約失効後初めて、地上発射型の中・短距離ミサイルの発射実験を実施したことを公表した。

米メディアによると、こうした実験は1988年に条約が発効して以降、30年以上行われてこなかったが、条約失効から2週間余りで再開。実験したのは海上発射型巡航ミサイル「トマホーク」の地上発射型。核ではなく通常弾頭を搭載する想定だという。アメリカ政府当局者は、射程は1,000kmまで延び、1年半で配備可能になるとしていた。

当時のマーク・エスパー国防長官は中国に対抗し、アジア太平洋地域に地上発射型中距離ミサイルを配備したいとの考えを示しており、アジアでのミサイル軍拡競争の号砲は既に鳴っている。アメリカは、移動式の地上ミサイルをアジア地域に分散配置し、移動を繰り返すことで、相手からの標的として狙われにくい配置を目指しているという。

台湾を含めた中国を念頭に置いたとき、アメリカ側が最も期待するのは沖縄の在日米軍基地への配備だ。地理面でも、米軍展開の安定性でも最適地だという。地上配備型のミサイルは海上発射、空中発射のミサイルと比べ、コストがやすい。問題は、相手から狙われやすいことだ。それは在日米軍基地のある沖縄が相手からの直接の標的になりかねないことを意味する。

ワシントンでアメリカ側と折衝する日本の防衛当局者は、「在日米軍基地に地上ミサイルを置くことは、日本では国内の強い反発が予想され、政治的な問題で非常に難しい、困難だということはアメリカ側も十分分かっている」としながらも「それでも日本に置きたいという気持ちは強く伝わってくる」と語る。今後、アジアへの移動式地上ミサイル配備が具体化してくれば、沖縄などの在日米軍基地がその移動先として遡上に上がる可能性もある。

6.「見捨てられる懸念」vs「巻き込まれる危険」

日本側にとってアメリカとの安全保障の議論では、常に「同盟国としてできるだけ共同歩調をとらなければ唯一の同盟国であるアメリカ側に見捨てられ、日本の安全保障に重大な問題が生じる」との懸念がある一方で、逆に「一体化しすぎると、アメリカの戦争に巻き込まれる危険がある」とのジレンマを抱える。

表裏一体のこの相克は、台湾問題を含む対中国の問題でますます強まっている。

尖閣諸島問題や南シナ海などへの軍事的圧迫を強めている中国に対し、アメリカが強い姿勢で対峙することは、日本側は基本的に歓迎している。アメリカがオバマ政権当時、南シナ海で中国が人工島を造成し軍事拠点化を進めていることに強い態度を示さなかったり、ロシアが2014年のソチ五輪開催直後にウクライナのクリミア半島に侵攻した際に対応が遅れ、最終的にクリミア併合を許したりするなど、融和的な対応での「苦い結果」が念頭にある。

中国による尖閣諸島への圧迫やとどまることを知らない軍事力の増強を考えれば、強気のバイデン政権は日本にとって頼もしく映る。だが、バイデン政権は対中国で日本にこれまで以上の軍事的貢献に期待を高める。米中の緊張が高まりすぎれば、巻き込まれる不安もつきまとう。

「バイデン政権から日本への今までにない『期待』をひしひしと感じる」。ある日本政府関係者は語る。「昔は、『ショー・ザ・フラッグ』『ブーツ・オン・

写真27　2020年1月、演説するトランプ氏

ザ・グラウンド』などとアメリカから言われ、憲法上の制約の中で自衛隊を海外にいかに派遣するか、という状況でアメリカ追随と批判された。今は、『アメリカと一緒に中国と向き合え』と肩を組まれているような感じだ」。

在日米軍駐留経費（思いやり予算）は、トランプ前政権が4倍もの大幅増を迫ったものの、バイデン政権は極端な増額は要求しない見通し。だが、在日米軍基地のこれまで以上の柔軟な使用やミサイル配備先の検討、米軍と自衛隊の一体的な運用など、金銭面以上により多くの負担を求めてくるとみられる。

8. トランプ政権とバイデン政権、人権問題で大きな違い

トランプ政権とバイデン政権は、中国との競争を外交上の最大の課題と位置づけ厳しい対応をとっている点では共通している。ただ、そのスタイルと中身は大きく異なる。

最大の違いは、バイデン政権が中国国内の人権問題を厳しく追及することでヨーロッパなどの国々と足並みをそろえ、「中国包囲網」を構築しようとし

ていることだ。トランプ政権では、マイク・ペンス副大統領やマイク・ポンペオ国務長官をはじめホワイトハウスと国務省が一致して中国共産党への批判を強め、「米中新冷戦」の幕開けを感じさせた[4)]。ところが、政権内で唯一異なったのがトランプ大統領だった。トランプ氏は中国に対する制裁関税を武器に不公正な貿易慣行の見直しを迫ったものの、大統領選を前に中国がアメリカ産農産品の大量購入を約束すると一転して交渉を妥結させた。ジョン・ボルトン元大統領補佐官（国家安全保障問題担当）の回顧録によると、新疆ウイグル自治区での人権問題については関心がなく、2019年の大阪でのG20サミットに合わせて行われた首脳会談では中国の習近平国家主席に対し、アメリカ産農産物を購入することで再選を後押ししてほしいと要請し、新疆ウイグル自治区における収容施設の建設について、「正しいことなので進めるべきだ」とさえ述べたとされている[5)]。これが事実なら、トランプ氏は貿易問題で選挙向けの実績を得るため、ウイグルの人権問題を黙認したともいえる。

一方のバイデン氏は、大統領選出馬表明直後の2019年5月には「彼らは悪い人たちではない。競争相手でもない」などと「失言」し、中国に甘いと指摘された。

だが、バイデン政権が発足すると、バイデン大統領をはじめ政権内が一致して、中国のウイグル族などへの弾圧を「ジェノサイド（民族大量虐殺）」と批判。トランプ政権とは異なり、他の民主主義国との協力で中国との競争に打ち勝とうとしている中で、経済的な結びつきから中国との競争に関して温度差もある欧州各国も人権問題ではアメリカと足並みをそろえ、結果的にアメリカにとって対中批判の最大の武器となっている。

ただ、香港での民主派弾圧を含め、人権問題での対立は米中両国が一致点を見いだすことは難しく、アメリカが批判を強めるほど、引くに引けない両国の緊張が続くことになる。

おわりに

バイデン政権は発足以降の半年間でさまざまな外交課題に対処してきたが、総じてその外交資源を中国との競争に振り向けようとしているのが分かる。

真っ先にオンラインでクアッド首脳会談を行い、続いて直接対面で日本、韓国との首脳会談を行った。

翻って中東ではイランの核開発を阻止するためのイラン核合意への復帰を模索。イスラエルとパレスチナの対立は鎮静化に腐心し、2001年から20年間続くアフガニスタンからはついに米軍を撤収させると発表した。

2021年6月に入るとG7サミットやNATO（北大西洋条約機構）首脳会議、EU（ヨーロッパ連合）首脳会議で民主主義国の結束を確認し、対立するロシアのウラジーミル・プーチン大統領とも首脳会談を行い、核軍縮などに向け新たに対話を始めることで合意し、米ロ関係の安定化を探っている。

中国以外の外交問題はできる限り落ち着かせ、アメリカの力を中国と対立、競争に注ごうとしている。それだけ米中の関係を深刻なものと位置付けていると言える。

だがバイデン政権の狙い通りに進むかどうかは不透明だ。イランは2021年6月の大統領選で保守強硬派政権が誕生し、米イラン関係は悪化が懸念されている。アフガニスタンでは、8月末にアメリカ軍が撤収を完了。それを待たずに反政府勢力タリバンが政権を掌握した。

バイデン氏は、オバマ政権が目指した「核なき世界」の理想を引き継ぎ、核軍縮に強い意欲を示しているが、ロシアとの協議は容易ではなく、中国とは話し合いの糸口さえつかめていない。

バイデン政権でのアメリカ外交の今後は予想しづらいが、アメリカは中国との対立と競争を長期にわたるものと考えている。日本は、トランプ大統領個人の動向にどう対処するかが最大の課題だった前政権時代と異なり、特に米中対立が深刻化する危うさの中で国民の平和と安定、繁栄をどう成し遂げるのか、より複雑で困難な時代に入ったといえるだろう。

注

1) "Statement on Prime Minister Abe's December 26 Visit to Yasukuni Shrine," U.S. Embassy & Consulates in Japan, December 26, 2013.
2) Kurt M. Campbell and Jake Sullivan, "Competition Without Catastrophe," *Foreign Affairs*, September/October 2019. よりアジア戦略のより詳細については以下を参照。カート・キャンベル『THE PIVOT―アメリカのアジア・シフト』(村井浩紀訳)(日本経済新聞出版、2017年)。
3) 外務省「日米首脳共同声明『新たな時代における日米グローバル・パートナーシップ』」2021年4月16日。
4) "Vice President Mike Pence's Remarks on the Administration's Policy Towards China," Hudson Institute, October 4, 2018; "Communist China and the Free World's Future," Michael R. Pompeo, July 23, 2020.
5) ジョン・ボルトン『ジョン・ボルトン回顧録―トランプ大統領との453日』(梅原季哉監訳)(朝日新聞出版、2020年)。

第16章
ハリウッドから見たアメリカ
― 多様性への挑戦 ―

岩田　仲弘

はじめに

アメリカ映画界（ハリウッド）と時の政権との関係は、「親密」あるいは「敵対」などとひとくちにレッテル張りはできないものの、トランプ政権に対しては総じて厳しく対峙してきた[1)]。ドナルド・トランプ前大統領の女性蔑視的で不寛容な政治姿勢が要因だ。同時にハリウッドも、白人優位の閉鎖的な姿勢が厳しく問われるなど、時代の大きな転機を迎えている。

1. 名女優らの告発

2017年1月8日、トランプ氏が大統領に就任する直前に開かれたゴールデン・グローブ賞授賞式で、ハリウッドを代表する女優メリル・ストリープさんが、名指しこそしなかったものの、トランプ氏の差別的な言動を「軽蔑は軽蔑を招き、暴力は暴力を駆り立てる」と痛烈に批判した。トランプ氏は2015年11月、南部サウスカロライナ州の支援者集会で演説中、以前に取材を受けた記者を批判。その際、関節拘縮症のため腕に障害のある記者をからかうようなポーズを見せたからだ。ストリープさんはそれを問題視した。以下は演説の抜粋だ。

俳優の仕事はただ一つ、自分たちと異なる人生に入り、見る人がどう感じるか感じてもらうことです。そしてこの一年間、情熱的で力強い、息をのむようなパフォーマンスが数多くありました。しかし、私はある一つのパフォーマンスに衝撃を受けました。それは私の心に突き刺さったままです。決して素晴らしかったからではありませんが、それは人々の目を引きました。意図的に集められた聴衆を笑わせ、敵意をむき出しにさせたのです。（中略）わが国で最も尊敬されるべき地位に就こうとする人が、身体障害のある記者のまねをした瞬間でした。記者よりも特権、権力があり、反撃する能力もはるかにしのぐ人物が、です。それを見たとき、私の胸は張り裂けそうになりました。今でも頭から離れません。それが映画ではなく、現実世界の出来事だからです。（中略）こうした衝動的な侮辱を公の舞台で権力のある人物が演じれば、それはすべての人々の生活に浸透します。なぜなら他の人々も同じことをしていいという、ある種の許可証を与えるからです。（中略）軽蔑は軽蔑を招き、暴力は暴力を駆り立てます。権力者が自分の立場を利用して他の人々をいじめれば、われわれは全員敗者となります[2)]。

厳しく批判されたトランプ氏はストリープさんを「ハリウッドで最も過大評価された女優の一人だ」と非難。さらに、2016年大統領選でトランプ氏に敗れたヒラリー・クリントン氏の「召し使い」と、ののしった。

トランプ氏を巡っては、その女性蔑視的な言動も大きな批判にさらされた。2016年大統領選終盤の10月、ワシントン・ポスト紙は、トランプ氏が2005年当時のテレビ番組収録の際、「スターなら女に何でもできる」などと女性蔑視の発言を繰り返していた、と報じた。大統領就任直後には、全米で100万人規模の抗議運動が起き、首都ワシントンには50万人（主催者発表）が集結。女優のスカーレット・ヨハンソンさんや歌手のマドンナさんらが「私たちが選んだ大統領ではない」などと声を上げた[3)]。

2017年秋には、ニューヨーク・タイムズ紙が、ハリウッドの大物映画プロデューサーだったハーベイ・ワインスタイン氏が、数十年間にわたって女優や女性スタッフに性的嫌がらせや暴行を繰り返していたと報道。有名女優らの被害告発は、SNS上の「# MeToo（私も）」のハッシュタグとともに自らの被害体験を告発する運動に発展し、世界中の政界や経済界、メディア、スポーツ界などに広がった（ワインスタイン氏は2020年3月、東部ニューヨーク州の裁判所から強姦罪などで禁固23年の判決を言い渡された)。

2018年1月のゴールデン・グローブ賞授賞式には、多くの女優が被害女性との連帯やセクハラ行為への抗議を示すため黒いドレスを着て参加し、再発防止を訴えた。

女性の権利訴えを求める動きがこれだけ広がった背景には、差別的な態度を隠さないトランプ氏が大きな影響を与えたといえる。

ハリウッド外国人映画記者協会が主催するゴールデン・グローブ賞は、アカデミー賞の行方を占う賞として知られる。ただ18年の授賞式で、ストリープさんから「権力者のあらゆる横暴を批判する、信念を持った記者がわれわれには必要だ」と期待を寄せられた同協会も後に、白人優位社会の象徴として激しい批判を受けることになる。

2. ジョージ・タケイさんとの対話

エンターテインメントの世界は政治に大きく左右され、政治も左右する。それを実感したのが、子どものころに第2次大戦中の日系人の強制収容を経験し、同性愛者として性的少数者（LGBTQ）の権利向上にも取り組む俳優のジョージ・タケイさん（84）とのインタビューだ。

タケイさんは、1966年に放送が始まったSFドラマ『スタートレック』で、宇宙船「エンタープライズ」の操縦士「ヒカル・スールー」を演じたことでよく知られる。タケイさんによると、エンタープライズは時代を「先取りした多様性の象徴」だった。

「当時は、黒人の人種差別に抗議する公民権運動、ベトナム戦争で世の中が騒然としていたが、テレビではこうした重要な現実が伝えられていなかった。テレビは人々を啓蒙する強力な媒体だ。そこで（タケイさんを抜擢した）名プロデューサー、ジーン・ロッデンベリーはエンタープライズを地球に見立てて、23世紀にはヨーロッパ、アジア、中南米などから集まった多様性豊かな乗組員が協力して未知の世界を探検する、といった構想を練った。スールーは東南アジア系の名前で、アジア全体を象徴している」。

写真28　ジョージ・タケイさん（本人提供）

ヒカル・スールーは、日本では「ミスター・カトー」と翻訳された。この点、タケイさんは「私の名字がタケイで顔が日本人のようだから日本の名前をあてればよいというのは間違っていた」と振り返った。

1968年には、白人男性の船長と黒人女性乗組員のキスシーンがテレビ放送初の「異人種間のキス」として大きな波紋を広げた。それについてもタケイさんは「ロッデンベリーは、多様性の重要性を訴える突破口を開こうと意図的に演出した」と明かした。ただ当時、アメリカ南部の各州では異なる人種間の結婚さえ禁じられていたため放送ができず、シリーズの視聴率も散々だったという。その後も視聴率は回復せず、翌年番組は打ち切りに。「多様性の実現に向けた道のりは長いことが証明された。彼の洞察力は時代の先を行きすぎた」と振り返った。

多様性に不寛容だったハリウッドで、タケイさんは自らゲイであることを長く公言しなかった。同性愛者を公表したのは2005年。かなり遅れたのは、こうした排他的な社会情勢が影響したからだ。

「私が10代のころ、大好きだった白人男性の映画俳優に同性愛者ではないかとスキャンダルが持ち上がった時、彼は大手の映画配給会社との契約を打ち切られ、それが私にとっても教訓になった。私は公民権運動にも積極的に参加し、60年代にはキング牧師と一緒にデモ行進もしたが、自らが同性愛者であるという事実まで公表する余裕はなかった。さらに（自分の顔を指しつつ）この顔つきだけで、鉄条網の内側で強制収容された人種差別の経験も判断に大きく影響した」という。

3. #OscarsSoWhite

ハリウッドの閉鎖性は、アカデミー賞を選考するアカデミーにも色濃く表れていた。アカデミーの会員は、映画監督や俳優など業界関係者で構成されるが、最近まで極端に白人に偏っていた。2012年から多様性を意識したメンバー受け入れが始まったものの、2015年、16年には演技部門にノミネートされた俳優がすべて白人だったことから批判が殺到。16年には「アカデミー会員6,261人中92%が白人で、その75%が男性」という構成が明らかになり、ネット上で「#OscarsSoWhite（アカデミー賞はあまりに白い）」といったハッシュタグが拡散した。

現在の会員は約1万人。ハリウッド映画に詳しいキングズ大学のアリッサ・ウィルキンソン准教授は、2012年以降に入会した会員の数が、それ以前の数を上回ったことに注目。「12年以降、女性や非白人に加え、多くの国際会員を加えるようになった。会員は終身制なので、多様化の歩みは遅いが、確実に進んでいる」と指摘する。実際、多様化に向けた取り組みをいっそう進めた結果、2021年は演技部門の候補者20人のうち、非白人が9人を占めるまでになった。

一方、批判を真っ向から浴びたのが、アカデミー賞の前哨戦としても注目されるゴールデン・グローブ賞を主催するハリウッド外国人記者協会だ。もともと会員の入会基準が不透明で、メンバーは終身で87人のみ。「外国人」を掲げながら、黒人記者がゼロだという実態がロサンゼルス・タイムズ紙の調査報道によって明らかになった。授賞式の放映権を持っていたNBCテレビは5月、2022年の授賞式を中継しないと発表。このほか、米動画配信大手ネットフリックスや米メディア・娯楽大手ワーナーメディアなども同協会に改善を求め、対応が不十分な場合は同協会との業務を打ち切る意向を示した。

4. ノマドランドとミナリ ― 多様性へのさらなる挑戦 ―

2021年のアカデミー賞はこれまでになくアジア系女性の活躍が目立った。史上初めて中国出身のクロエ・ジャオ監督の『ノマドランド』が作品賞と監督賞、主演女優賞を、韓国人移民の家族を描いた『ミナリ』に祖母役で出演したユン・ヨジョンさんが韓国人俳優として初めて助演女優賞を獲得。賞を選考する映画芸術科学アカデミーの会員が白人男性に偏っていると批判され、多様性を目指して改革を進めてきた一定の成果が表れたといえるだろう。特にコロナ禍でアジア系に対する差別や暴力が相次いでいるだけに、その快挙ぶりがいっそう際立った。

『ノマドランド』と『ミナリ』は、ともにアジア系の監督の目からみたアメリカ社会を鮮やかに描き出している。『ノマドランド』は西部ネバダ州の企業城下町の工場が倒産した影響で職と家を失った60代の女性が、自家用車のバンに乗って各地で短期契約の仕事を転々としながら同じ境遇である現代のノマド（遊牧民）たちと交流する話だ。

ウィルキンソン准教授は「ジャオ監督自身の文化的遺産と経歴によって、白人にはない視点で、今のアメリカ社会で見落とされた現実がよく描かれている」と評価する。作品には実際の車上生活者を多数起用。ジャオ氏は、これまでも中西部サウスダコタ州の先住民居留地の家族を描いた作品で、演技未経験の現地の人々を出演させている。

作品賞など6部門にノミネートされた『ミナリ』は韓国系のリー・アイザック・チョン監督の自伝的作品で、人気俳優のブラッド・ピット氏が製作支援した。ミナリは東アジアに広く分布する香味野菜のセリの韓国語名で、「たくましく地に根を張り、2度目の旬が最もおいしいことから、子供世代の幸せのために、親の世代が懸命に生きるという意味が込められている」（日本版公式サイト）という。セリフの50%以上は韓国語だというが、移民の苦闘を描いた紛れもないアメリカ映画だ。

アジア系には「アメリカ国民なのに、いつまでたっても外国人扱い」という不満が根強い。実際、19世紀以降、人種差別に基づく中国人排斥法や太平洋戦争中の日系人の強制収容などが「敵性外国人」のイメージを助長し、コロナ禍でアジア系に対する「中国に帰れ」などという差別的言動や暴力につながっている。

それだけに今回、『ミナリ』が、アメリカ映画として受け入れられ、高い評価を受けた意義は大きい。

1970年代に両親と3歳の弟とともに7歳でアメリカに移住してきた韓国系のヘビン・イムさんは「『ミナリ』を見て私自身が格闘してきた人生が、初めて偉大なアメリカ史の一部としてごく自然に織りなされていると感じ、とても

写真29　ヘビン・イムさん

癒やされた」と語る。

教会支援を通じて韓国系の生活向上に取り組むNPOを2001年に設立したイムさんが映画の中で注目するのが、教会の存在だ。主人公一家は南部アーカンソー州の田舎の生活になじむために、地元の教会に通う。韓国人はクリスチャンが多く、韓国系はアメリカでも教会を設立し、移民の生活支援をしてきたからだ。

イムさんは「アジア系を含めてすべての移民がアメリカン・ドリームを求めてやってきて、アメリカ社会を築いている。（移民の）グループにはそれぞれのストーリーがある。ミナリがその先例となってほしい」と話した。

おわりに

排他的と批判されたゴールデングローブ賞が、セリフの半分以上が韓国語という理由でミナリを外国語映画に分類し、多様性を意識するアカデミー賞が作品賞にノミネートしたのは象徴的だ。

アカデミーは2020年9月、多様性のある作品の選考に向けた2024年以降の新基準を公表。作品賞には、主演、助演どちらかの俳優にマイノリティー（人種的少数派）を起用することや、ストーリーの主要テーマに女性や人種・民族、性的少数者（LGBTQ）、障がい者などを据えることなど、いくつかの条件を提示し、そのうちの一定数を満たすことをノミネートの条件に定めた。

ウィルキンソン准教授は「アカデミー自身が、単なるアメリカ映画の賞ではなく、世界の映画の賞と評価されたいと考えている」と指摘する。ジョージ・タケイさんも2021年のアカデミー賞を「多様性を反映している」と評価。「アメリカという国は、世界中から集まった人々で構成されている。にもかかわらず、映画産業は特にマイノリティー（人種的少数派）をステレオタイプ化してきた。それに対処する最善の方法は、白人の監督や脚本家らがマイノリティーの話をするのではなく、アフリカ系、アジア系、ラテンアメリカ系の人たちが自らの経験と視点で話すことだ」と強調した。長年、差別や偏見と闘ってきたタケイさんの言葉は重い。ハリウッドが今後どれだけ変わっていくのか、注目していきたい。

注

1）　ハリウッドと政治の関係については、村田晃嗣『大統領とハリウッド — アメリカ政治と映画の百年』（中公新書、2019年）、藤えりか『なぜメリル・ストリープはトランプに噛みつき、オリバー・ストーンは期待するのか — ハリウッドからアメリカが見える』（幻冬舎新書、2017年）を参照

2）　全文は以下で確認できる。Daniel Victor and Giovanni Russonello, “Meryl Streep's Golden Globes Speech” *New York Times*, January 8, 2017.

3）　トランプ氏の女性蔑視発言については以下を参照。David A. Fahrenthold, “Trump Recorded Having Extremely Lewd Conversation about Women in 2005,” *Washington Post*, October 8, 2016.

あとがき

私にとって本書は非常に思い出深い一冊である。共編者の岩田仲弘さんとは2011年にワシントンDCで最初にお会いして、その後しばらくして2019年にアメリカ総局長として赴任されてまた頻繁にご一緒するようになった。ランチを食べながら本の構想について話し始めた日のことを覚えている。

ジャーナリストの方と仕事をすると自分に欠けていることに気づく。研究者はできるだけ論理的に冷静に、そして学問領域の理論を用いながら物書きをする。いわゆる「学術論文」というのはその数が限定される同業者に向けて書くもので、一般読者は主な対象ではない。他方、ジャーナリストの方は、しばしば混沌としている現場に身を投じ、証言者の声に真摯に耳を傾け、それをストーリー化して現場の熱と共に多数の一般読者に伝える。

私はジャーナリストの真似はできない。2020年の大統領選挙の時に、サウスカロライナ州の予備選挙に、執筆者の一人でもある金杉貴雄さんに同行させてもらった。初めての経験で楽しみだったが、現場の熱が乗り移ったのか途中で体調を崩して一時伏せてしまった。

ジャーナリストの真似はできないが、一緒に本を書いてみたいと思ったのは、この経験を経てからだ。特定の学問領域を極めたからこそ持てる研究者の視点と、現場を歩き続けたジャーナリストの視点ががっぷり四つで組み合った時に、面白いシナジー効果が生まれるのではないかと思った。本書で他の本では味わえない読後感を読者の方に持っていただけたなら幸いである。

本書は、南山大学の英米学科と国際教養学科で合計10期になる「山岸ゼミ」の学生のエネルギーによって生み出されたものでもある。若者の、知りたい、学びたいという好奇心は本当に社会の中の宝だと思う。私も彼女ら彼らのエネルギーをもらいながら研究を続けているようなものだ。

特に今回は表紙のデザイン作成にもゼミOG・OBが関わってくれた。デザインをやってくれる人をOG・OB会のLINEグループで募集したら、一気に複数人が手を挙げてくれて、「コンペをやろう！」ということになった。コンペに参加してくれた、猪口茉耶、大岡愛、吉良栞、近藤葉月、松本月菜、森満美子の６名にはここで感謝したい。また、本書の出版のために裏方作業をしてくれたリサーチアシスタントの西村祥子さんにもお礼を言いたい。

最後に、いつも研究活動を応援してくれている妻の由佳と、２人の息子の慶良と和史に一言、「いつも本当にありがとう」。

山岸敬和

私が最初にワシントンに赴任したのは2008年の夏、大統領選のまっただ中だった。選挙は、民主党のバラク・オバマ氏が共和党のジョン・マケイン上院議員（故人）を破り、史上初めて黒人の大統領が誕生。「Hope」「Change」「Yes, We Can」…。若く、雄弁な大統領に肩入れしたつもりはなかったものの、その頃書いた記事をあらためて見返すと、分断国家の解消に自ら期待を寄せていた当時の様子が浮かび、気恥ずかしい。当時は世界で期待が先行していた。2009年４月のプラハ演説で「核兵器のない世界」を訴えたことにより、その年のノーベル平和賞を授与されたことがよい例だろう。

だが、山岸敬和さんとワシントンDCで初めてお会いした2011年の夏ごろには、期待値はすでに下がる一方だった。その行き着いた先が、「アメリカ第一主義」を掲げ、国民の分断をいとわないトランプ大統領の誕生だった。

再びアメリカ取材にかかわってからは、そのトランプ氏がもたらした予測不可能な政治展開に戸惑った。北朝鮮と一触即発の危機に陥ったと思えば、史上初の米朝首脳会談を実現させる。気に入らない高官は次々と更迭する。二度にわたり弾劾訴追を受け、新型コロナウイルスの感染拡大という未曾有の危機に自らウイルスに感染する…。メディア不信の強いトランプ氏はそうした情報の多くをツイッターで発信した。2021年１月６日のトランプ氏支持者らによる連邦議会襲撃事件後、「暴力を煽っている」としてツイッター社からアカウントを凍結されるまで、世界中でトランプ氏のツイッターをフォローする約8,800万人がアメリカ政府の最高指導者による一次情報を共有した。

SNSの発展で情報の伝達が加速化し、ともすればニュースに振り回されがちな中、単に日々起きる事象を追いかけるだけでなく、その背景を丹念に取材し分析する―。アメリカにのめり込んだ記者たちはそれぞれ、自ら関心を持ったテーマについて「なぜ」を追い求め、読者の目線に立ってわかりやすく説明しようと努めた。この共著で、その取材成果を研究者のみなさんの理論的な分析とともに、山岸さんの指摘する歴史的な地殻変動の一部と捉えて再編集でき、とても嬉しく思う。

取材は、浦野英里、Conrad Chaffee, Christopher Kelly, Alexander Hassanein, Hyo-Jung Yoon, Leah Sorkin ら優秀で献身的なスタッフの支えがなければ不可能だった。ここであらためて感謝したい。特派員は本社の支えがあって初めて自由に取材活動ができる。2020 年大統領選を担当した加藤美喜総括デスク（現ロンドン特派員）をはじめ、日々出稿した記事を受けとめてくれた外報部のみなさんに感謝申し上げたい。

今秋亡くなった母は、いつも私の記事を楽しみにしていた。妻千鶴と、長男義弘、長女実樹は最初の赴任で慣れない外国生活を共にし、その後も身勝手な夫・父親の仕事をいつも理解、応援してくれている。どうもありがとう。

岩田仲弘

東海地区にゆかりがある執筆者とジャーナリストによって本書は書かれた。トヨタをはじめ製造業が盛んな地域ということで、この地域の多くの企業がアメリカに生産拠点を置く。またアメリカ企業の拠点も多い地域でもある。名古屋にはアメリカ領事館もあり、このような両国の経済活動の橋渡しや文化交流が積極的に行われている。研究の面でも、南山大学にはアメリカ研究センターがあり、地域のアメリカ研究を先導している。この地域には本書の執筆者以外にも多くのアメリカ研究者がいる。また、中日新聞は地域密着の新聞として親しまれていると同時に、世界に支局を展開して独自の国際報道も行っている。「地方紙」ではあるが、発行部数は世界有数だ。全国的にはあまり知られていないアメリカ研究の拠点としての東海地区をアピールするとともに、同地域の知的インフラを発展させたいという思いも本書にはあった。

本書は、様々な人々に支えられた結果ではあるが、本書の足りない部分は、それは一重に編者の責任である。

最後に、本著の出版を企画段階から相談に乗っていただき、出版まで導いていただいた大学教育出版の佐藤守氏にはここで深く感謝申し上げたい。

編者一同

人名索引

ア行

カ行

サ行

タ行

ナ行

ハ行

マ行

ヤ行

ラ行

ワ行

事項索引

A～Z

ア行

カ行

マ行

ヤ行

ラ行

ワ行

著者紹介

【編者・第２章】

山岸　敬和　（やまぎし　たかかず）

現在の所属・職位：南山大学国際教養学部　教授

最終学歴：Ph.D. in Political Science, Johns Hopkins University

主要業績：

・『ポスト・オバマのアメリカ』（共編著）（大学教育出版、2016 年）。

・『アメリカ医療制度の政治史 ― 20 世紀の経験とオバマケア ―』（名古屋大学出版会、2014 年）。

・*War and Health Insurance Policy in Japan and the United States* (Baltimore: Johns Hopkins University Press, 2011).

Twitter: @dryamagishi

【編者・第８章・第９章・第 16 章】

岩田　仲弘　（いわた　なかひろ）

1995 年入社。前橋、横浜両支局、政治部を経て 2008 ～ 11 年にアメリカ総局（ワシントン DC）。千葉支局、外報部両デスクを経て 19 ～ 21 年にアメリカ総局長。現東京本社デジタル編集部デスク。

Twitter: @nakahiroiwata

【第１章】

松本　俊太　（まつもと　しゅんた）

現在の所属・職位：名城大学法学部　教授

最終学歴：Ph.D. in Political Science, Florida State University

主要業績：

・『アメリカ大統領は分極化した議会で何ができるか』（ミネルヴァ書房、2017 年）。

・「アメリカ 50 州における選挙管理組織：何がトップの選出方法を説明するのか」『年報政治学 2018-II　選挙ガバナンスと民主主義』（2018 年）。

・「政党指導部は今でも所属議員の代理人なのか？ (一)／(二) ― アメリカ連邦議会における政党指導部の発達と分極化」『名城法学』第 69 巻 3 号／ 4 号（2020/2020）。

【第３章】

武井　寛　（たけい　ひろし）

現在の所属・職位：岐阜聖徳学園大学外国語学部　准教授

最終学歴：一橋大学大学院社会学研究科博士後期課程　博士（社会学）

主要業績：

・「『ポスト人種社会』論の課題 ― 2008 年大統領選挙とバラク・オバマ」『アメリカ史研究』35 号（2012 年 8 月）、pp. 80-96.

・“The Unexpected Consequence of Government Manipulation: Racial Disturbances at Chicago's Public Housing for Veterans in the 1940s,” *The Journal of American and Canadian Studies* No.31（2013）: pp. 49-77.

・「キャサリン・バウアー・ウースターの人種観と住宅政策」『立命館言語文化研究』31（1）、（2019 年）、pp. 159-17.

【第４章】

松本　佐保　（まつもと　さほ）

現在の所属・職位：日本大学国際関係学部　教授（前職：名古屋市立大学 教授）

最終学歴：英国ウォーリック大学博士号（PhD）

主要業績：

・『アメリカを動かす宗教ナショナリズム』（筑摩新書、2021 年）。

・『熱狂する神の国アメリカ』（文春新書、2016 年）。

・『バチカンと国際政治』（千倉書房、2019 年）。

【第５章】

佐藤　雅哉　（さとう　まさや）

現在の所属・職位：愛知県立大学外国語学部英米学科 講師

最終学歴：一橋大学大学院社会学研究科博士後期課程 博士（社会学）

主要業績：

・「戦略としての人道主義 ― 占領下パレスチナの人権運動」『歴史評論』844 号（2020 年 8 月）、pp. 28-40。

・「冷戦政治文化の変容とイスラエル認識 ― 1960 年代後半～ 1970 年代前半における連邦議会の冷戦改革派に着目して」『アメリカ研究』第 53 号（2019 年 5 月）、pp. 191-212.

・“Bella Abzug's Dilemma: The Cold War, Women's Politics, and the Arab-Israeli Conflict in the 1970s,” *Journal of Women's History* 30, no.2（Summer 2018）: pp. 112-135.

【第６章】

花木　亨　（はなき　とおる）

現在の所属・職位：南山大学外国語学部英米学科　教授

最終学歴：Ph.D. in Communication Studies, Ohio University

主要業績

・『大統領の演説と現代アメリカ社会』（大学教育出版、2015 年）。

・“Justice and Dialogue in Japan's Top Press: Philosopher Michael Sandel as Cultural Authority,” *Communication, Culture & Critique*, 7（2014）, pp. 472-486.

・「アメリカン・ドリームの物語 ― コミュニケーション研究における五つの語られ方」『日本コミュニケーション研究』第 43 巻第 1 号（2014 年）、pp. 29-47.

【第７章】

長畑　明利　（ながはた　あきとし）

現在の所属・職位：名古屋大学人文学研究科　教授

最終学歴：東京外国語大学外国語学研究科

主要業績：

・『21 世紀から見るアメリカ文学史（改訂版）』（共著）（英宝社、2018）。

・「終末の詩人ボブ・ディラン」『港』23（2018 年）、 pp. 2-24.

・『語り明かすアメリカ古典文学 12』（共著）（南雲堂、2007 年）。

【第 10 章】

白石　亘　（しらいし　わたる）

1997 年入社。春日井支局、岐阜支社報道部を経て、名古屋経済部。名古屋社会部、東京経済部などを経て、2018 年～ 21 年にアメリカ総局。現名古屋経済部トヨタ自動車担当キャップ。

【第 11 章・第 12 章】

赤川　肇　（あかがわ　はじめ）

2001 年入社。小松、松本両支局、名古屋本社社会部などを経て 17 ～ 20 年にニューヨーク支局、同支局長。現名古屋本社社会部。

【第 12 章・第 13 章】

杉藤　貴浩　（すぎとう　たかひろ）

2001 年入社。東京整理部、宇都宮支局、東京経済部、名古屋社会部などを経て 2020 年からニューヨーク支局長。

【第14章】

吉田　通夫　（よしだ　みちお）

1999年入社。静岡総局、宇都宮支局を経て2005年に東京本社経済部。19年に連載企画「働き方改革の死角」取材班のメンバーとして貧困ジャーナリズム賞受賞。21年3月からアメリカ総局。

【第15章】

金杉　貴雄　（かなすぎ　たかお）

2000年入社。千葉、横浜両支局を経て06年に東京社会部。08年から政治部で防衛省、外務省、首相官邸などを担当。19年にアメリカ総局、21年5月から同総局長。

激動期のアメリカ
― 理論と現場から見たトランプ時代とその後 ―

2022年3月10日　初版第1刷発行

■編 著 者――山岸敬和・岩田仲弘
■発 行 者――佐藤　守
■発 行 所――株式会社 大学教育出版
〒700-0953　岡山市南区西市855-4
電話（086）244-1268　FAX（086）246-0294
■印刷製本――モリモト印刷㈱

ISBN978－4－86692－182－2